职业教育汽车车身修复专业(方向)理实一体化教材

Qiche Cheshen Xiufu Jishu

汽车车身修复技术

王金泰　主　编
贾超超　副主编
王亚平　主　审

人民交通出版社股份有限公司
北　京

内 容 提 要

本书为职业教育汽车车身修复专业(方向)理实一体化教材。全书分为5个项目,内容包括概述、板件手工成型、车身板件损伤修复、车身板件更换和车身损伤分析及维修方案编制。

本书可作为职业院校汽车车身修复技术专业(方向)及相关专业的教材,也可作为汽车车身维修人员自学参考书。

图书在版编目(CIP)数据

汽车车身修复技术/王金泰主编.—北京:人民交通出版社股份有限公司,2021.12

ISBN 978-7-114-17709-5

Ⅰ.①汽… Ⅱ.①王… Ⅲ.①汽车—车体—车辆修理—高等职业教育—教材 Ⅳ.①U472.4

中国版本图书馆CIP数据核字(2021)第233562号

书 名:**汽车车身修复技术**
著 作 者:王金泰
责任编辑:时 旭
责任校对:孙国靖 卢 弦
责任印制:张 凯
出版发行:人民交通出版社股份有限公司
地 址:(100011)北京市朝阳区安定门外外馆斜街3号
网 址:http://www.ccpcl.com.cn
销售电话:(010)59757973
总 经 销:人民交通出版社股份有限公司发行部
经 销:各地新华书店
印 刷:北京市密东印刷有限公司
开 本:787×1092 1/16
印 张:14.5
字 数:248千
版 次:2021年12月 第1版
印 次:2021年12月 第1次印刷
书 号:ISBN 978-7-114-17709-5
定 价:39.00元

前言

为贯彻落实《国家职业教育改革实施方案》《职业教育提质培优行动计划(2020—2023年)》精神,结合《教育部关于职业院校专业人才培养方案制订与实施工作的指导意见》(教职成〔2019〕13号)、《职业院校教材管理办法》等文件要求,深化职业教育教学改革,积极推进课程改革和教材建设,满足职业教育发展的新需求,人民交通出版社股份有限公司组织全国职业院校汽车相关专业的骨干教师及相关企业的专业人员,编写了本套职业教育汽车车身修复专业(方向)理实一体化教材。

《汽车车身修复技术》在组织编写过程中,认真总结了全国职业院校多年来的专业教学经验,注意吸收发达国家先进的职教理念和方法,形成了以下特色:

(1)体现任务驱动的课程教学理念。以职业岗位的典型任务为驱动,确定理论与实践一体化的学习任务,按照工作过程组织学习过程。每个学习任务既有知识学习,又有技能操作,是工作要求、工作对象、设备工具、操作方法与劳动组织方式的有机整体。

(2)倡导行动导向的引导式教学方法。本教材注重对学习目标和任务引导的设计,以学生为主体,强化学生的地位,给学生留下充分思考、实践与合作交流的时间和空间,让学生亲身经历从思考→操作→交流→反思的活动过程。

(3)提供紧密结合职业岗位的技术内容。教材中理论知识准备模块及任务实施模块的内容,力求符合最新的国家、行业相关技术岗位标准以及技能鉴定的要求,同时融合了当前最新的修复技术与修复理念,为学生今后的职业发展奠定良好的基础。

(4)融合日常教学内容与技能竞赛试题。任务实施案例融合了近几届世界技能大赛全国选拔赛试题,将技能竞赛内容融入日常教学,达到以赛促学、以赛促教的目的。

(5)采用全新的结构编排模式。本教材打破了传统教材的章节体例,以典型学习任务为一个完整的学习过程,每个学习任务的内容相互独立但又有内在的联系。在每个学习任务开篇处,都以解决职业问题、完成任务为导引,设定“学习目标”“任务描述”,围绕工作任务聚焦知识和技能;正文由“理论知识准备”“任务实施”“学习拓展”“评价与反馈”“技能考核标准”五部分内容组成,实现了理论实践一体化。

(6)配备操作视频二维码。在部分学习任务中,对操作内容拍摄了实操视频,使学生更直观地了解操作过程,有助于提升教学效果。

本书由四川交通职业技术学院王金泰担任主编,并负责全书统稿;四川交通职业技术学院贾超超担任副主编。参加编写工作的有王金泰(编写学习任务1、2、5、6、7、8),贾超超(编写学习任务9、10),天津交通职业学院欧玉君(编写学习任务3、4),重庆工业职业技术学院王亮亮(编写学习任务11、12),浙江交通职业技术学院沈利华(编写学习任务13)。四川交通职业技术学院历届车身修理赛项选手李晓东、陈科羽、常锐、朱玉参与了资料收集和照片拍摄工作,成都博兴汽车维修服务有限公司文甫提供了部分资料,在此表示感谢。陕西交通职业技术学院王亚平教授担任本书的主审,并提出了宝贵意见。

限于编者经历与水平,书中不当之处在所难免,希望各教学单位在积极选用和推广本系列教材的同时,注重总结经验,及时提出修改意见和建议,以便再版修订时补充完善。

编　者

2021年7月

目录

Catalogue

项目一　概　　述

学习任务 1　车身修复概述

学习目标

☆ **知识目标**

1. 能描述车身修复的概念和特点；
2. 能描述车身修复的维修要求；
3. 能描述车身修复的典型工作任务。

☆ **技能目标**

1. 能识别车身修复车间各工位；
2. 能识别车间的电路、气路等装置。

建议课时

2 课时。

任务描述

学生小张通过考试进入职业院校汽车车身修复专业学习，现在小张同学要学习汽车车身修复的概念、特点等基础知识。

一、理论知识准备

(一) 车身修复的概念

汽车在使用过程中，因各种原因会造成汽车车身的损伤，如车身板件或结构件因防腐涂层破坏而造成的腐蚀损伤，车身板件或结构件因长期使用造成的疲劳损伤，车身板件或结构件因碰撞、剐蹭而造成的变形损伤等。在所有车身修复作业中，凹陷修复作业、板件更换作业、车身测量作业分别占所有车身修复作业的 80%、15% 和 5%。如图 1-1 所示为两辆汽车发生碰撞而造成的损伤，图 1-2 所示为转弯半径过小使汽车车身剐蹭到路桩造成车门凹陷损伤。

图 1-1　碰撞损伤

图 1-2　剐蹭损伤

车身修复是指维修人员使用车身修复工具或设备对遭受碰撞、剐蹭等事故造成车身变形的损伤进行修复,修复后的汽车车身应能达到可以重新喷漆的状态。

对于受到严重事故的车身,维修人员在修理时往往需要通过电子测量设备,精准地测量出车身损伤及变形的程度,在保证不破坏整体结构、性能及车貌的前提下矫正及修复受损的车身。在修复过程中需要使用焊接、切割、打磨、整形及粘接等技术。对于未涉及车身尺寸的小损伤,车身修复人员需要使用相应的修复技术对车身的板件进行修整。

作为车身修复人员,除了会使用所有特定的手动和动力工具对车身进行修复外,还应掌握相应的安全、环保等方面的知识和技能,在车身修复中做到安全地工作,对在车身修复中产生的有毒、有害等废弃物要进行环保处理。

车身修复的意义在于完善车辆的整体使用性能,恢复车身各部位的机能,保证车辆正常使用的各项指标,尤其是安全性指标。车身修复中对车身各部位检查、修复的质量直接关系到人们的生命财产安全,并不仅仅是车辆外形的美观和车辆本身价值的高低。

(二)车身修复的特点

汽车车身是汽车的重要组成部分之一,是载人装货的主体,也是汽车其他零部件和总成的安装载体。车身修复与汽车其他总成的修理有着非常密切的联系,只有当汽车上所有相关的总成都能够发挥各自最大的工作能力时,汽车才能达到最好的技术状况。车身修复与汽车其他总成的修理既有相同的地方,又有许多的不同点,车身修复的特点主要有以下三点。

1. 车身修复工艺的复杂性

车身修复除需要恢复车身的形状外,还需要使维修部位的强度和刚度达到安全标准,同时还要顾及车身本身的设计,如内部装饰、取暖通风、减振降噪、密封防尘、车身上主动及被动安全装置的效能等。由于需要修复的车身基本都会出现磨损、腐蚀、疲劳和机械损伤等各种损伤,这些损伤要根据实际情况采用整体或局部的整形、更换、喷涂等方法予以修复。因此,车身修复的技术复杂程度、难度较汽车其他总成修理更高,对车身维修技术人员的基本素质和操作技能要求也非常高。这不仅要求操作者掌握科学的工艺和方法,而且需要一定的技术经验。车身维修技术人员除要具备车身修复的基本技能外,还要具备相关的力学知识和汽车机械维修(简称机修)、电气、喷涂等知识。

2. 车身材料的多样性

由于车身制造所采用的材料品种很多,除钢铁和有色金属合金以外,还大量使用各种非金属材料,以及一些复合材料,如碳纤维车身、玻璃钢车身等。

客车与轿车车身覆盖件所用的钢板约占汽车材料构成的50%,这些覆盖件的加工方法大多采用冷冲压制造。为了改善车身覆盖件的防锈机能,从20世纪80年代以来,国外轿车车身开始大量使用镀锌板,有些车辆还采用了各种高强度钢板和减振复合板等。此外,为了减轻车辆的自重和提高安全性、舒适性,目前大量汽车制造厂采用铝合金制造车身,非金属材料车身的使用比例也逐渐增加。因此,在车身修复时,必须清楚各构件的材料特性及其结构特点,有针对性地选用适合的修复方法,以期达到良好的修复目的。

3. 车身修复后的质量检验不易确定

机修和电气修理等车辆其他总成部件的修理一般都有相应的维修技术标准可循,但车身修复的技术标准则不好确定。

车身修复完毕后,并不能单纯依靠车身主要控制点尺寸测量或车身喷涂外观质量就可以断定车身修复的质量高低,虽然这些指标是可以进行量化的,而且也是必须保证的。车身修复后的质量检验不易确定表现在:整体强度指标究竟达到了原车的什么程度无法确定,防腐涂层的防腐能力究竟达到何种程度也无法确定,甚至车身板件整形修复到何种平整程度才可以进行填充修复也不好确定指标。所有这些,对车身的修复强度都有着至关重要的影响。因此,我们强调:无论是在车辆损伤情况确定时,还是在车身进行修复时,抑或在车身修复完成后,都要以严肃认真的态度对待每一个修复问题,切不可只注重外观修复和经济效益而忽视修复质量。

基于以上原因,车身修复时必须根据车身的损伤部位和类型采用科学合理的修复方法。在保证修复质量的同时,兼顾修复效率和经济效益。

(三)车身修复的要求

1. 确保车身各要素与基准要素之间的相互位置准确可靠

车身是车辆的主要承载体,在正常使用过程中或发生碰撞之后,很多的零部件、总成等会相对车身发生位置的错动,这些错位会严重影响到车辆的正常使用。另外,车身是由许多板件冲压成形后再连接成一体,在发生碰撞事故时,碰撞力将沿着车身结构件或覆盖件传递和分解,通过分散开的车身构件的变形来有效吸收冲击能量并实现对人员的安全保护。

冲击变形往往发生在支持车身整体强度的基础件或车身与行驶装置的接合部位上,对于不是很严重的撞击,如行驶中的颠簸冲击等偶发因素也会导致主要定位参数的变化,引起车轮定位失准,传动系统等重要部件的运动产生运动干涉,导致车辆行驶跑偏、摆振、机械异响等。通常,人们对于车辆碰撞后的外观修复非常重视,而忽略对整体尺寸的恢复,但正是由于车身主要控制尺寸、参数的变化才严重影响了车辆的正常使用。因此,在车身修复中使车身各部位的基本尺寸保持与基准尺寸的相互位置准确可靠是非常重要的。

2. 恢复车身结构件的刚度与强度

对于有车架的非承载式车身,车架作为车身基础件起着重要的承载作用,抵抗冲击变形和吸收碰撞能量主要由车架承担。承载式车身虽然没有独立的车架,但由于车身主体与类似于车架功能的车身底板、采用组焊等方式连接的整体刚性框架等使整个车身都参与承载,这样分散开来的承载力会分别作用于各个车身结构件上,车身的整体刚度同样可以得到保证。由此可见,车身上主要结构件的技术状况、刚度和强度等对车身整体性能的影响是很大的。

然而,由于生产工艺、设计方案、材料缺陷等造成车身薄弱环节;冲击、振动、过载等原因引起局部变形;焊接部位氧化脱落加之防腐处理不当引起锈蚀;焊接技术掌握不当或对不同金属材料的焊接特性了解不周,使用错误的焊接工艺等造成焊口断裂;校正工艺不当造成过度损伤等。这些都会使车身结构件的技术状况变坏,导致车身整体强度劣化,严重时还会诱发不测事故。车身维修中应注意对车身零件和关键结构件强度、刚度、损伤、锈蚀等技术状况的检查,确定正确的维修工艺方法,有针对性地采取校正、补强、防腐等处理措施,及时消除车身整体的强度劣化现象也是车身修复中的一个重要目标。

3. 保证车身各部件的性能良好

为恢复车身各部件性能而实施的作业在车身维修中也占有很大的比例。例如，铰链、支架、玻璃升降器等零件、总成，在频繁使用中造成的变形、磨损；车门、车窗、发动机舱盖与行李舱盖等的运动轨迹偏移；车身密封件的磨损、老化；防腐与装饰涂层的脱落、褪色等，都会不同程度地导致车身零件的机能下降、启闭定位失准、密封状况劣化、金属材料锈蚀和车身外观变坏等。通过对上述构件的检查、维修、调整、更换等可以有效地恢复其使用性能。

4. 恢复车身的亮丽外观，提高车身抵抗外界侵蚀的能力

车身涂层既是车辆的“外衣”，体现整个车辆的外观状况，也是金属板件防腐的重要屏障。在车身修复中，不但要注意针对车身强度、尺寸等的修复，也要注意车辆防腐的操作。防腐涂层做得好，金属构件腐蚀的机会就会大大降低，车身的整体强度就可以得到一定程度上的保证。另外，车辆外观亮丽也会提高该车辆的整体价值。

(四) 车身修复的典型工作任务

1. 车身板件修复

车身板件修复主要对车身覆盖件的变形损伤进行修复，如车门凹陷件修复、保险杠裂纹修复等。车身板件修复的工艺包括手工修复、介子机修复等。车身板件修复是车身维修技师日常工作中最主要的工作内容。板件修复的材料包括钢板、塑料等。如图 1-3 所示为车门板件修复。

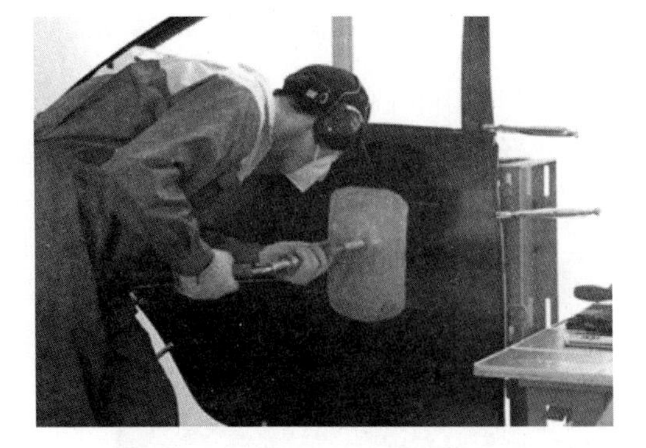

图 1-3 车门板件修复

2. 板件更换

板件更换是对无法修复或修复成本较高的车身损伤板件进行更换。如前纵梁更换、后翼子板更换等。板件更换的工艺包括板件分离、板件结合等。如图 1-4所示为车身板件更换。

3. 车身测量与校正

车身测量与校正是使用车身测量与校正平台将车身结构尺寸恢复到生产厂

商要求的标准。如B柱的校正、前纵梁的校正等。车身测量与校正的工艺包括车身尺寸的测量、车身尺寸的校正等。如图1-5所示为车身测量与校正。

图1-4　车身板件更换　　　　图1-5　车身测量与校正

（五）车身修复未来发展趋势

随着科学技术的不断进步，汽车上也应用了越来越多的先进技术。对于车身修复来说，也发生着巨大的变化。汽车车身的结构更加趋向于保护驾乘人员，一方面在车身上设计了很多的吸能装置，同时通过计算机的模拟，可以使汽车车身的结构更加优化；另一方面，随着对环保要求的提高，汽车车身材料的应用也向轻量化发展，如使用高强度钢板、铝合金材料、塑料件等轻量化材料。车身结构的不断发展，以及新的材料应用到车身上，使车身修复也在不断地变化，未来车身修复的变化主要体现在车身维修设备智能化、车身损伤多样化等方面。

1. 车身修复设备智能化

汽车车身修复已从早期的敲敲补补转变为使用专业设备进行维修，如使用修复机进行凹陷修复，使用测量平台对车身数据进行测量。车身修复设备随着科技的发展不断进步，车身修复设备将向智能化发展。

图1-6　车身智能化电子测量

设备的智能一方面体现在车身修复的数据更加精确。早期的碰撞事故修复时，使用卷尺或轨道式量规进行车身数据测量，不在同一平面的尺寸测量误差较大。随着车身修复的智能化，使用电子测量系统可以精确地对车身损伤进行测量，保障修复质量。如图1-6所示为车身智能化电子测量。

操作简单是车身修复设备智能化的另一方面体现，如早期的电阻点焊机需要设置焊接的时间、焊接电流、板件厚度等参数，而现在有些电阻点焊机不需要进行上述参数的设置，只需按下焊接按钮即可进行焊接。在维修中，维修设备智能化可以减少设备的操作步骤，降低设备的操作难度。

2. 车身损伤多样化

汽车制造厂在设计、制造车身时通过计算机模拟汽车车身的强度；通过碰撞测试检验汽车在碰撞时的损伤，使汽车车身能更好地保护驾乘人员，减少事故中对驾乘人员的伤害，减轻对行人的伤害。汽车车身的结构越来越紧凑、越来越复杂，在发生碰撞事故时车身的损伤也呈多样化的趋势。

车身使用的材料采用了强度更高、质量更轻的材料，使用先进的制造工艺增加了车身修复的维修难度。

(六) 如何学好车身修复技术

1. 掌握车身修复的基础知识

对受损车身进行修复，除了要有较强的动手能力外，还需要了解车身材料、损伤分析、碰撞分析等方面的内容，所以要学好车身修复技术，需要掌握相应的车身修复理论基础知识。如：了解车身部件常用材料的特性、性能；会分析不同类型的碰撞所造成的损伤；会根据不同的损伤，合理地制订车身修复的方案和工艺，保证车身修复作业的质量与效率。

2. 勤于动手，善于总结，乐于思考

汽车车身修复技术是一门实践性很强的课程，在课程学习中，应勤于动手，这样能更快地掌握车身修复的基本技能。同时车身修复过程中很多的损伤都是类似的，应对类似的损伤进行修复经验总结。总结经验便于提高修复的效率，但在修复过程中还应思考有没有其他修复方法进行修复，或者有没有更好的工具简化修复流程。

3. 不断学习先进维修工艺

车身修复作业已经由原始的“砸焊拉补”发展成为车身二次制造装配。碰撞事故车辆的修复不再是简单的汽车钣金“敲敲打打”，修复的质量也不再是单靠肉眼去观察车辆的外观缝隙，而是维修人员要了解车身的技术参数和外形尺寸、碰撞受力点、力传递的特性、车身变形趋势以及车身的生产工艺等。

车身修复技师要牢固树立以维修质量为本的指导思想，摒弃以往以外观修复为目的，只注重表面而忽视整体强度的维修方法和不适合车身发展现状的维修技术，努力学习新技术新知识，不断完善自我，力求更好地完成每一项车身修复工作。

二、任务实施

车身修复车间认知

1. 准备工作

(1)场地设施:装有废气抽排系统和消防设施的车身修复场地,场地应配备相应的压缩气源和电源。

(2)设备设施:车身修复常用工具。

2. 技术要求与注意事项

(1)进入车间,应遵守实训车间安全规定。

(2)未经许可,不得使用车间的任何工具。

(3)穿着干净整洁的工作服。

(4)不得嬉戏打闹。

3. 操作步骤

车身修复车间主要完成事故车辆的检查、车辆零部件拆卸、板件修复、车身测量校正、车身板件更换和车身装配调整等工作。

(1)车间总体布置。图1-7所示为某公司车身修复车间平面图。车身修复车间主要完成车身修复工作,车身修复工作区一般分为拆检工位、车身校正工位、板件更换工位、举升工位、拆装工位及凹陷修复工位等。同时对于维修过程中拆卸待装配的拆装件,如车门内饰板、座椅等,还有专门拆装件存储区。车身修复的工具较多,还有相应的工具间存储工具。

<table>
<tr><td colspan="2">举升工位</td><td>板件更换工位</td><td>车身校正工位</td><td>拆检工位</td></tr>
<tr><td colspan="5">过道</td></tr>
<tr><td>拆装件
存储区</td><td rowspan="2">凹陷修复工位
2</td><td rowspan="2">拆装工位
2</td><td rowspan="2">凹陷修复工位
1</td><td rowspan="2">拆装工位
1</td></tr>
<tr><td>工具间</td></tr>
</table>

图1-7 某公司车身修复车间

车身测量与校正、车身焊接、车身装配调整工作一般在一个固定的工位进行,即在车身校正仪上完成这些工作。车身校正工位是车身修复工作区最重要的工位，同时也是完成工作最多的工位。此工位要放置一台车身校正仪，车身校正仪平台的长度一般为 5 ~6m，宽度一般为 2 ~2.5m，要有足够的安全操作空间。在车身校正平台外围至少要有 1.5 ~2m 的操作空间，车身校正工位长度一般为 8 ~10m，宽度一般为 5 ~6.5m。有些车身修复车间还有举升工位，这是为了修复非承载式车身时，可以使用举升机将车身与车架分离，方便进行维修。

车身修复车间的工作要使用电和压缩空气，所以合理的电路和气路布置非常重要。

(2)车间电路认识。车身修复焊接工作的用电量很大，特别是气体保护焊和电阻点焊机焊接，气体保护焊焊接时的电流不能小于 15A，而大功率的电阻点焊机焊接时的电流不能小于 30A。在车身校正工位附近应该设置一个专用的配电箱供车身修复焊接用，配电箱位置距离车身校正仪不能超过 15m，否则，焊机接线过长会引起线路过热。

(3)车间气路认识。车身修复的工具大多都为气动工具，需要使用压缩空气作为气动工具的动力源。维修车间内压缩空气的压力一般为 0.5 ~0.8MPa。一般车间使用一个空气压缩机房，通过车间布置的气路将压缩空气送往各工位。如图 1-8 所示为车间气路整体布置示意图。

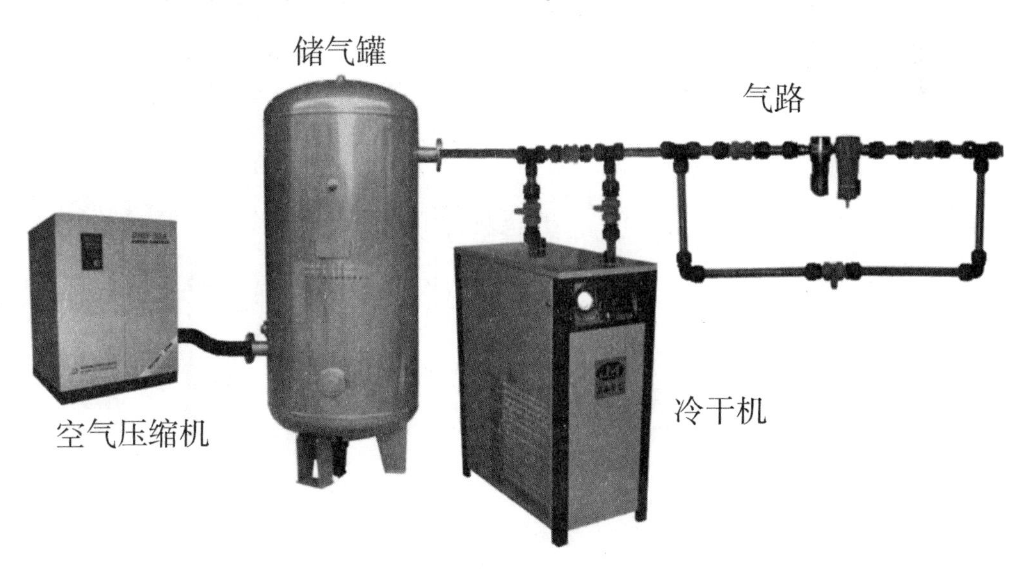

图 1-8　气路整体布置示意图

空气压缩机房包含空气压缩机、储气罐、冷干机等设备。空气压缩机房的目的是供给足量、清洁、干燥的压缩空气，确保车身车间所有气动设备的正常工作。对空气压缩机房的要求：空气洁净、通风环境好、隔声措施好、排污系统好。

空气压缩机的作用是生产压缩空气,将普通空气加压,使空气压力提高。产气量主要由空气压缩机自身的功率决定。

从空气压缩机出来的压缩空气,温度极高,而且含有大量气态水,它对精密仪器、气动工具、气动设备、阀、仪表、管路等造成很大的伤害,会造成锈蚀、堵塞仪器、损坏设备而且需要大量的修理维护工作,所以加装压缩空气过滤系统是必要的。储气罐、冷干机及油水分离器能对压缩空气起到一定的过滤作用。

储气罐可以除去压缩空气中的部分气态水。储气罐的作用是:储气,暂时地储存压缩空气;排水,压缩空气降温,部分气态水冷凝;平衡气压和气流量;避免空气压缩机的频繁启动。如图 1-9a) 所示为储气罐示意图,气体从下部的进气口进入,从上部的出气口向外输送压缩空气,这样可以将冷却液存储于储气罐底部,储气罐底部设有放水阀。如图 1-9b) 所示为储气罐实物图。

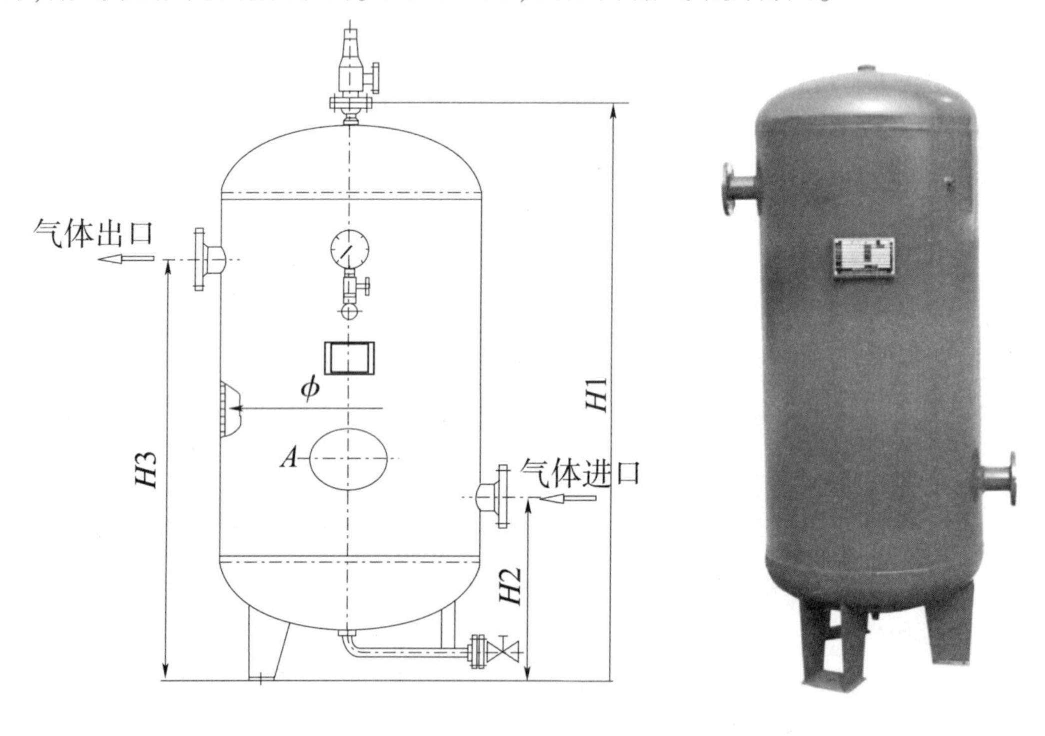

a)储气罐示意图　　b)储气罐实物图

图 1-9　储气罐

冷干机是利用冷媒与压缩空气进行热交换,把压缩空气温度降到 2℃ ~ 10℃范围的露点温度,使压缩空气中含水量趋于超饱和的状态,从而除去压缩空气中的水分。

油水分离器,借助离心力将主管路上 95% 的液态水除掉。如图 1-10 所示为油水分离器示意图。

压缩空气从空气压缩机房出来后，通常从主气管路分流到各工位的分管路要通过三通阀连接，三通阀分流出的气路要鹅颈形状布置，防止主管路冷凝的油、水流入分管路。车间气路布置如图 1-11 所示。

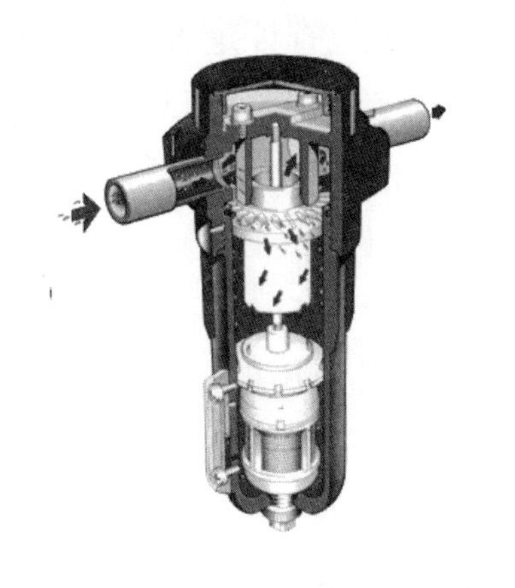

图1-10 油水分离器示意图

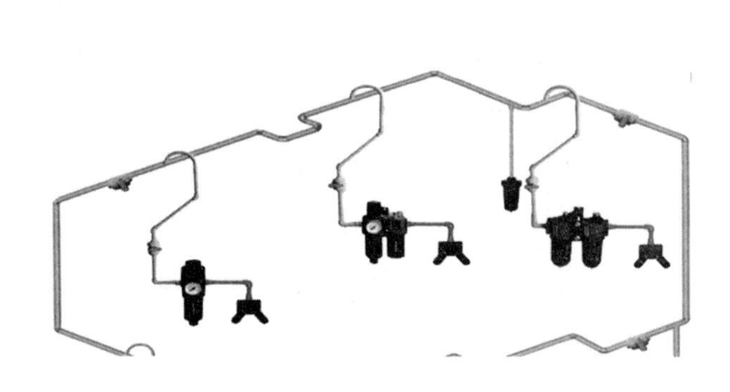

图 1-11 车间气路布置示意图

工作岗是整个供气系统最末端部分，一端与主管道连接，另一端借助供气软管与车身修复工具相连。通常在工作岗还配有气管快速接头、插头，便于与维修工具进行连接。

快速接头及快速插头，都是汽车维修企业最常用的连接件，它们的质量要求很高，不光要求耐用、不漏气，而且要求使用安全方便。

(4)根据实训车间的布置，了解实训车间的整体布置，同时了解电路及气路的布置等。

(5)任务实施完后，按照 5S 管理标准，整理操作工位及场地。

三、学习拓展

车身修复标准介绍

车身修复与发动机等其他车辆总成的维修相比，在标准方面是不全面的。发达国家在 20 世纪 70—80 年代就开始制定和执行有关汽车碰撞(被动)安全性的技术法规，主要用于促进车辆研发和制造等领域，随后车身修复行业也不断研究和制订了有关车身修复质量的评定办法，并推荐有利于保证车辆安全的维修方法。我国在这方面起步较晚，虽然在 1989 年就公布了有关汽车碰撞的安全性国家标准，但未能强制执行。其主要原因：一是我国汽车行业对汽车碰撞安全性了解较少，缺乏在这方面的独立研发能力；二是我国汽车行业缺乏在这方面的试验和测试能力。

近年来我国的汽车工业蓬勃发展,随着有关部门和领导的重视,车身安全性的研发工作也很快发展起来。尤其是各地汽车维修行业协会的成立,对车身修复技术标准的制订也提上日程,有些技术指标也已经正在制订当中。

目前我国执行的车身修复标准主要是《汽车修理质量检查评定方法》(GB/T 15746—2011)。该标准是2011年开始执行的,标准中介绍了汽车车身修复质量评定项目及技术要求。由于该标准主要是在原则上对车辆的大修进行了规定,一些具体细致的相关尺寸和参数出自车辆的维修手册。因此,在广大维修行业中针对某种车型的具体维修应以车身修复手册为准。

车身修复手册是车辆制造厂商提供的专供车身修复时使用的,其内容丰富,不但具有该种车型的所有技术参数(如车身各部位的尺寸),还有对车身上各部位损伤修复的推荐方法和车身各部位主要的材料等,有的还标有车身各配件的编号,便于在需要更换时订货使用。

在进行维修时,维修人员可以参照车身修复手册提供的信息制订维修方案,对保证车辆维修质量具有很大的意义。要培养使用维修手册的习惯,了解车辆的具体结构、参数尺寸、使用材料及推荐维修方法,并灵活运用到工作中去。

四、评价与反馈

1. 自我评价

(1)通过本学习任务的学习你是否已经知道以下问题:

①车身修复的典型工作任务有哪些?

______________________________。

②车身修复的特点是什么?

______________________________。

(2)车身修复的要求有哪些?

______________________________。

(3)实训过程完成情况如何?

______________________________。

(4)通过本学习任务的学习,你认为自己的知识和技能还有哪些欠缺?

______________________________。

2. 小组评价

小组评价见表1-1。

小组评价 表1-1

序号	评价项目	评价情况
1	着装是否符合要求	
2	是否合理规范地使用仪器和设备	
3	是否按照安全和规范的流程操作	
4	是否遵守学习实训的规章制度	
5	是否能保持学习实训地整洁	
6	团结协作情况	

3. 教师评价

____

____。

签名:__________ ________年____月____日

五、技能考核标准

考核的方式建议采用每个人独立完成学习领域中的实训任务,培养学生独立自主完成任务的能力。实训任务综合性较强,以根据学生完成实训任务的情况评价整个学习领域的学习效果。表1-2为技能考核标准。

技能考核标准表 表1-2

序号	项目	操作内容	规定分	评分标准	得分
1	劳保用品	劳保用品穿戴	15分	工作服、工作帽、劳保鞋、护目镜,一项未穿戴扣5分,扣完为止	
2	车间工位认知	车身修复车间工位认知	25分	车间典型工位认知,每错误一个扣10分,扣完为止	

续上表

序号	项目	操作内容	规定分	评分标准	得分
3	车间电路认知	车间的电路布局	20分	车间电路认知，每错误一个扣10分，扣完为止	
4	车间气路认知	车间的气路布局	20分	车间气路布局认知，每错误一个扣10分，扣完为止	
5	5S整理	场地整理	20分	未对场地进行5S整理扣20分，每项5S整理不符合要求扣5分，扣完为止	
总分			100分		

学习任务2　安全与健康

学习目标

☆**知识目标**

1. 能描述车身修复车间安全准则；
2. 能描述车身修复典型工作对人体的伤害；
3. 能描述车身修复劳保用品的作用。

☆**技能目标**

1. 能正确使用车间的安全设施；
2. 在进行车身修复作业时，能正确对劳保用品进行选取及穿戴。

建议课时

4课时。

任务描述

在车身修复过程中，会产生粉尘、挥发物等污染环境，噪声、挥发物、铁屑等对车身修复人员的健康也会造成伤害。我们在进行车身修复时，要防止或减少修复过程中各种有害物对环境造成污染，穿戴好防护用品，保护车身修复人员的健康。

一、理论知识准备

（一）车间安全

1. 车间消防安全

车身修复车间中有各种易燃物品，焊接和切割金属中产生的飞溅火花，很容易造成火灾，车间必须配备足够的灭火装置和灭火材料，例如干粉灭火器、防火沙等。灭火器要摆放在车间的固定位置，并要有明显的标志，方便取出；应定期检查、定期重新加注。

在车身修复操作时应该注意以下防火事项：

（1）车身修复车间禁止吸烟，在车间内也不要随身携带火柴或打火机。

（2）进行焊接或切割时，注意待修车辆周围及车上的易燃材料，必须让它们远离热源或者得到有效的覆盖。在没有确定容器原来所盛的具体材料之前，切勿进行切割或焊接。

（3）不要在油漆、稀释剂或其他可燃液体或材料周围进行焊接或切割。

（4）不要在蓄电池周围进行焊接或打磨。蓄电池充电时可产生氢气，从而存在爆炸的可能。

（5）在维修靠近燃油过滤管的板料，或是靠近油箱的框架和底板损坏需要维修时，应将燃油箱排空后拆下，并将它和汽油放在安全位置，再进行维修，同时应在周围放置一个灭火器或防火沙。

（6）使用外形修复机、电阻点焊机等车身修复设备或进行拆装电子装置前，一定要断开汽车蓄电池的负极，不要让车辆上的导线短路，造成电气火灾，也避免损坏汽车的电子控制系统。

如果不慎发生了火灾，不要慌张，要谨慎处理，及时拨打火警电话，人要贴近地面，避免吸入烟气，如果过热或烟气过大，要及时离开。

2. 工具设备安全

车身修复过程中需要很多类型的设备及工具，而这些不同类型设备及工具的性能直接关系到车身修复的质量，操作不当也会直接影响操作者的人身安全。工具设备的安全注意事项如下：

（1）手动工具必须保持干净整洁和状态完好，任何断裂、毛刺和削口等都有可能造成操作者受伤或引起被修车辆及其他工具设备不必要的损伤，油污可能会造成手动工具脱落而引发危险。

(2)使用电动工具时要确保搭铁可靠;检查绝缘状况;在接通电源之前确保开关处于关闭状态,用毕应切断电源;使用手持电动工具时不要站在潮湿的地面上。

(3)进行动力打磨、修整和钻削等工作时,必须佩戴防护目镜,使用高速电钻时不得戴手套,打磨小件时不得用手持握工件。使用液压千斤顶和其他液压工具时,要保证使用的安全性,做好防护工作。在举升器等设备下工作时要确保安全锁的工作正常。

(4)焊机的电缆线外皮必须完整,绝缘良好、柔软。焊机电缆线应使用整根电缆线,中间不应有连接接头,当电缆线需要接长时,应使用接头连接器连接,连接处应保持绝缘良好,而且接头不宜超过两个。焊机应按额定负载持续率和额定电流使用,严禁超载运行,避免绝缘烧损。焊机必须装有独立的专用电源开关,其容量应符合要求。禁止多台焊机共用一个电源开关。焊接用的气瓶要固定牢靠,防止倾倒产生危险。使用完毕后应关上气瓶顶部的主气阀,避免气体泄漏流失或爆炸。

(5)在进行任何操作时,不要把冲子或其他尖锐的手动工具放到口袋里,否则,可能会刺伤自己或损坏车辆。

(6)将所有的零件和工具整齐、正确地存放在指定位置,保证其他工作人员不会被绊倒,同时还能缩短寻找零件或工具的时间。

(7)不要用压缩空气来清洁衣物。压缩空气不能直接对着皮肤吹,即使是在较低的压力下,压缩空气也能使灰尘粒子嵌入皮肤,可能会导致皮肤发炎。

在进行修复作业前,应对工具、设备进行检查,在确保安全的情况下再进行操作。在工作中应树立安全意识,对修复过程中存在的安全隐患应及时消除。

(二)危害车身修复人员的因素

车身修复作业对维修人员最主要的危害主要有:粉尘及有害气体、弧光、噪声及机械损伤等。

1.粉尘及有害气体的危害

车身修复作业时,去除旧漆膜会产生粉尘,在进行焊接操作时会产生金属烟尘,在焊接电弧周围会产生有害气体,这些都会对维修人员的健康造成伤害。

长期吸入粉尘或有害气体,会使呼吸系统、神经系统等发生多种严重的病

变,主要体现为以下方面:

(1)长期吸入粉尘、烟尘和有害气体,会使肺组织纤维化,造成尘肺。

(2)长期进行焊接工作,吸入氧化铁及氟化物,轻者表现为头痛、发热、恶心、寒战、刺激性咳嗽,重者有喉头水肿和中毒性肺炎发生。

2. 弧光的危害

在进行焊接作业时,会产生焊接弧光。焊接弧光包含红外光、紫外光和强可见光。如图 2-1 所示为焊接时产生弧光。

焊接弧光的危害主要体现为以下方面:

图 2-1　焊接弧光

(1)红外光对人体的危害主要是引起组织热作用,灼伤视网膜和角膜,引发白内障。焊接作业时,眼部受到强烈的红外辐射,立即感到强烈的灼伤和灼痛,会发生闪光幻觉。

(2)紫外光被眼角膜及皮肤吸收后产生一种光化学作用,会引发电弧眼、白内障和皮肤癌。电弧眼是指焊接电弧灼伤眼角膜使之发炎,刚开始不产生疼痛,但在日光下暴露数小时后会有沙土进入眼睛的感觉,眼睛红肿,症状会持续数天。

(3)强可见光照射眼睛,会使人短暂失明,并且还会灼伤视网膜。

3. 噪声的危害

噪声是一类能使人烦躁或因音量过强而危害人体健康的声音。车身维修噪声主要来源于板件进行整形时的敲打和锤击,一般都在 100dB 以上。噪声给人带来生理和心理上的危害主要有以下方面:

(1)损害听力。有检测表明,如果人连续听摩托车声,8h 以后听力就会受损;若是在摇滚音乐厅,0.5h 后人的听力就会受损。

(2)对人的心血管系统有害。我国对城市噪声与居民健康的调查表明,噪声每上升 1dB,高血压发病率就会增加 3%。

(3)影响人的神经系统,使人急躁、易怒。

(4)影响睡眠,造成疲倦。

4. 机械损伤

车身修复技术人员受到的机械损伤有很多,受损板件的边缘会变得十分锋利，车身修复技术人员一不小心就会被划伤。在实际工作中要经常操作举升机、电动切割机等，如果不注意安全操作，很容易会对操作者的身体造成伤害。

正因如此，为了自己和他人的安全，一定要使用安全防护用品，严格按照设备的使用说明去操作。

（三）个人防护

在进行车身修复作业时，车身修复技术人员应做好个人防护，将车身修复中的危害降到最低。个人防护主要包括：呼吸系统防护、头部防护、面部及眼睛防护、耳朵防护、身体防护、手部防护及脚部防护等。

1. 呼吸系统防护

对钢板进行焊接时产生的焊接烟尘，去除旧漆膜时产生的微尘，清洗部件时挥发的溶剂，以及喷射防腐剂时挥发的液滴，都可能会被吸入呼吸系统，对人体产生暂时的甚至永久的伤害。在进行这些操作前，都应该佩戴相应的呼吸系统防护用品。针对车身修复技术人员来说，呼吸系统的防护用品主要有：防尘口罩、防尘面罩和防毒面具等。

如图 2-2 所示为防尘口罩，通常有耳带式和头带式两种。防尘口罩一般是用多层滤纸制作的廉价纸质过滤器，它能够阻挡空气中的微粒、粉尘进入人的鼻腔、咽喉、呼吸道和肺部，但防尘口罩不能阻挡蒸气和喷漆雾。在进行打磨旧漆膜、研磨板件或用吹尘枪吹净板件操作时会产生大量的粉尘，应佩戴防尘口罩。

如图 2-3 所示为防尘面罩。防尘面罩上有一个特殊的滤筒，滤筒中装有滤棉来吸收焊接的烟尘。防尘面罩中的滤棉是可以进行更换的。防尘面罩通常用于焊接时的防护。相比于防尘口罩，防尘面罩穿戴的舒适性较强。

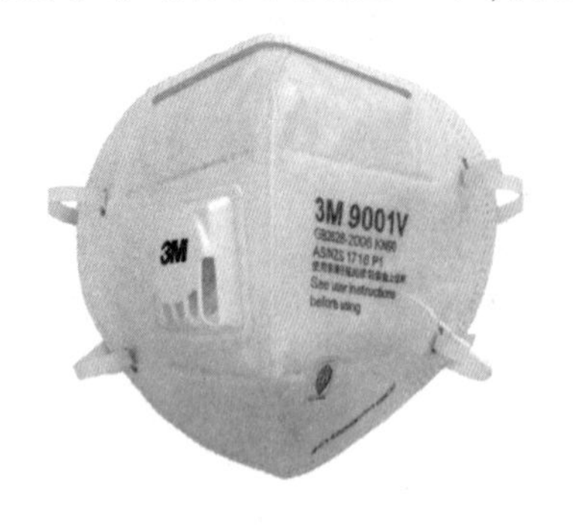

图 2-2　防尘口罩

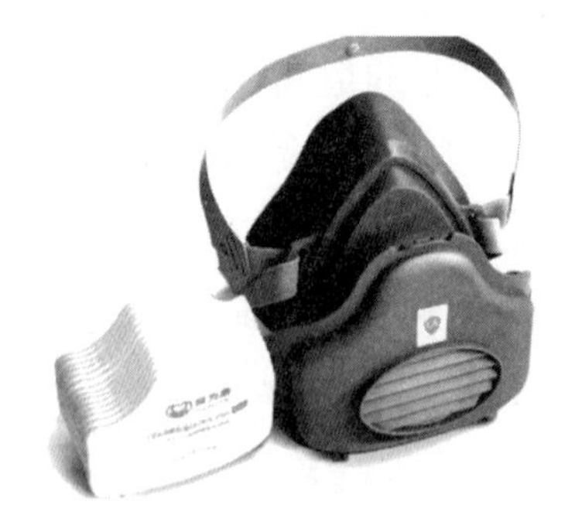
图 2-3　防尘面罩

如图 2-4 所示为防毒面具。防毒面具又称滤筒式呼吸器。防毒面具通常有一个橡胶面罩，有可换的预滤器和滤筒，能够贴合人脸部轮廓，保证气密性。防毒面具能

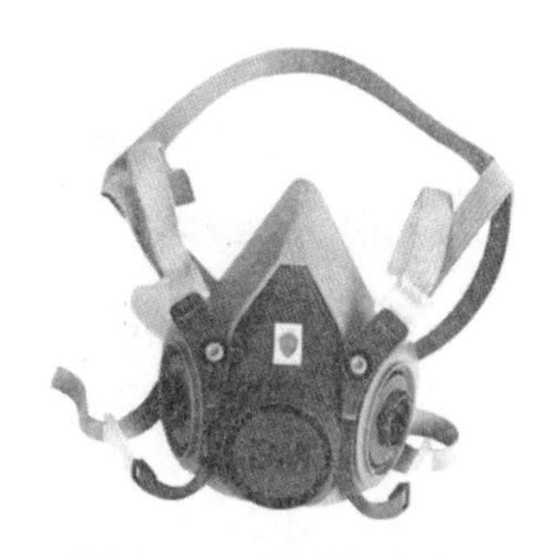
图2-4　防毒面具

够清除空气中的溶剂和其他蒸气,有进气阀和出气阀,保证所有吸入的空气都通过过滤器。在使用挥发性溶剂时,应佩戴防毒面具,如对板件进行除油操作时应佩戴防毒面具。

呼吸系统防护用品的密封性非常重要,它能防止污染的空气通过滤清器进入肺部。因此,在使用呼吸系统防护用品前要检查有无空气泄漏。当使用呼吸系统防护用品感觉呼吸困难时应立即停止工作,摘掉防护用品,呼吸新鲜空气。对于到达更换周期的滤棉应及时更换。定期检查面罩,确保没有裂纹或变形。呼吸系统防护用品应保存在气密容器内或塑料自封袋中,保持清洁。

2. 头部防护

在进行修复操作时应对头部进行防护,避免头部撞伤,防止灰尘或油污的污染,保持头发的清洁。通常情况下,在进行维修作业时应佩戴工作帽。工作帽有棉质工作帽和硬质工作帽,硬质工作帽也称安全帽,以工程塑料为其主要材质。

如图2-5所示为棉质工作帽。在进行凹陷修复、板件更换等操作时,应佩戴棉质工作帽。特别是在进行焊接时,棉质工作帽可以将头顶部完成遮住,可以有效避免头部被焊接的飞溅烫伤。在车下作业时,可以防止碰伤头部。同时对于长发者,也可以起到束缚头发的作用。

如图2-6所示为硬质工作帽。在进行车身测量与校正作业时应佩戴硬质工作帽。

图2-5　棉质工作帽

图2-6　硬质工作帽

3. 面部及眼睛防护

在进行切削、钻孔等操作时会有铁屑产生,焊接操作时会有强光、飞溅等产生,这些可能会对维修人员的面部及眼睛产生伤害。在维修作业时,应根据实际需要选择面部及眼睛的防护用品。车身修复时面部及眼睛的防护用品主要有:护目镜、防护面罩及焊接面罩等。

如图2-7所示为护目镜。护目镜主要对眼睛进行防护,可以避免飞溅、铁屑等进入眼睛。通常情况下,只要进行维修作业都应佩戴护目镜。

图 2-7　护目镜

如图 2-8 所示为防护面罩。防护面罩为透明材质,可以对维修人员的整个面部进行防护。在进行可能会造成严重面部伤害的操作时,仅戴防护眼镜无法提供足够的保护,还应佩戴全尺寸防护面罩。在进行电阻点焊操作时,应佩戴防护面罩。

如图 2-9 所示为焊接面罩。焊接面罩可以保护面部免受高温、紫外线或熔化金属的灼伤,焊接面罩的变色镜片可以保护眼睛免受过亮光线或电弧紫外线的伤害。在进行气体保护焊、等离子切割等操作时,应佩戴焊接面罩。

图 2-8　防护面罩

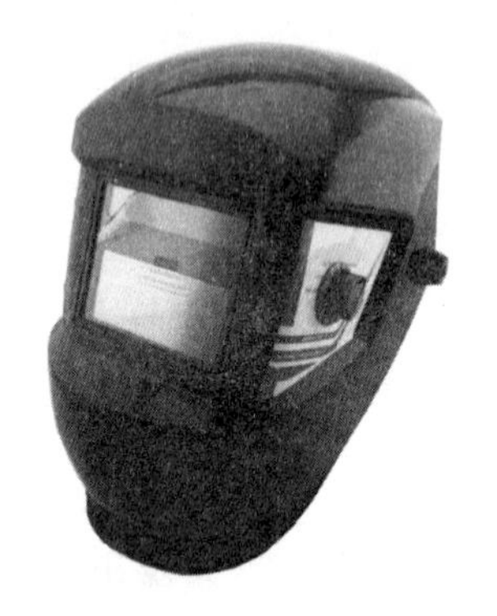

图 2-9　焊接面罩

4. 耳朵防护

在进行车身修复敲击、打磨、切割等作业时,会产生大量的噪声。长时间处于高噪声的环境中,会使操作者的听力下降,影响人的神经系统,使人急躁、易怒。在维修作业时,应根据实际需要选择防噪声的防护用品。防噪声的防护用品主要有防噪耳塞(图 2-10)和防噪耳罩(图 2-11)。

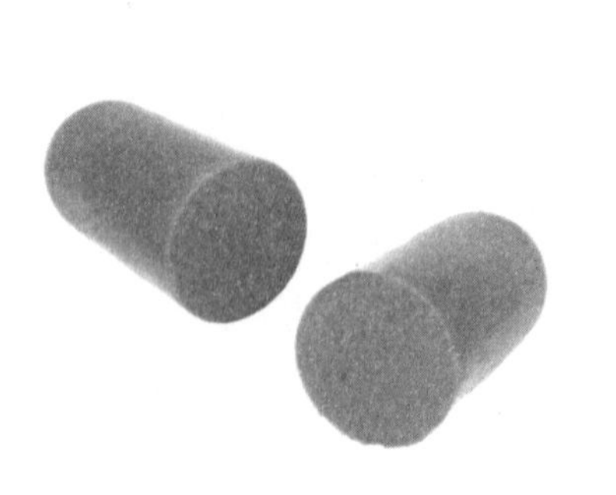

图 2-10　防噪耳塞

图 2-11　防噪耳罩

5. 身体防护

进行车身修复作业时，应穿合身的工作服以利于工作，同时可以避免将赤裸皮肤暴露在外。车身修复的工作服通常为长袖棉质工作服，如图 2-12 所示为连体工作服。工作服应避免皮带、带扣、纽扣暴露在外，因为这样可能在维修车辆时将车辆油漆刮伤。

焊接作业时，棉质工作服不能抵御焊接时的高温飞溅，此时还应穿焊工夹克或焊接护裙，如图 2-13 所示为焊接护裙。

图 2-12　连体工作服

图 2-13　焊接护裙

6. 手部防护

车身修复作业时，通常需要佩戴线手套，避免板件上的毛刺等划伤手。如图 2-14 所示为线手套。在进行钻孔、电阻点焊等操作时，应佩戴如图 2-15 所示的皮手套。

图 2-14　线手套

图 2-15　皮手套

如图 2-16 所示的焊接手套，在进行气体保护焊接作业时佩戴，可以有效防止手被熔化的金属烧伤。如图 2-17 所示为防溶剂手套,在进行除油剂板件清洁时或施涂环氧底漆时应佩戴。

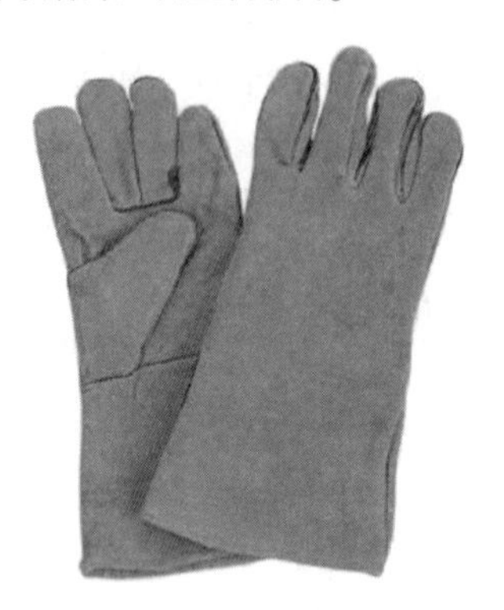

图 2-16　焊接手套

图 2-17　防溶剂手套

7. 脚部防护

如图 2-18 所示为铁包头安全鞋。维修汽车时重物有可能意外掉落砸到脚上,为了防砸伤、防电击等,在进行车身修复作业时应穿用铁包头安全鞋。在车身修复车间不得穿运动鞋、休闲鞋和凉拖鞋等。

如图 2-19 所示为焊接护腿。在焊接时,裤长要能盖住鞋头,防止炽热的火花或熔化的金属进入鞋子,通常穿上皮质的裤子、绑腿、护脚来防止熔化的金属烧穿衣物。

图 2-18　铁包头安全鞋

图 2-19　焊接护腿

二、任务实施

1. 准备工作

(1)场地设施:装有废气抽排系统和消防设施的车身修复场地,场地应配备相应的压缩气源和电源。

(2)劳保用品:工作服、手套、防护眼镜、耳罩、劳保鞋、防护围裙等劳保用品。

2. 技术要求与注意事项

(1) 进入车间,应遵守实训车间安全规定。

(2) 未经许可,不得使用车间的任何工具。

(3) 穿着干净整洁的工作服。

(4) 不得嬉戏打闹。

3. 操作步骤

在进行劳保用品选取前,应先对工作危害进行分析,再选取相应的劳保用品。下面以车身修复中典型的工作为例,进行劳保用品的选取和穿戴。

(1) 工作危害分析。对于劳保用品的选用,并不是多多益善,应根据工作中可能存在的危害,选取适当的劳保用品进行防护。若穿戴了不必要的劳保用品,反而会影响操作。

在选用劳保用品时,应分析该工作可能对维修人员的伤害,再选取相应的劳保用品。进行凹陷修复工作时,噪声、粉尘等可能对维修人员造成伤害。进行气体保护焊作业时,会产生烟尘、弧光、噪声以及高温等对维修人员造成伤害。

(2) 劳保用品的选取。根据对凹陷修复作业的工作环境分析,在进行凹陷修复作业时需选用的劳保用品见表2-1。

凹陷修复劳保用品　　表2-1

危害因素	选用的劳保用品
烟尘	防尘口罩
噪声	耳塞

根据对气体保护焊作业的工作环境分析,在进行气体保护焊作业时需选用的劳保用品见表2-2。

气体保护焊劳保用品　　表2-2

危害因素	选用的劳保用品
烟尘	防尘口罩
弧光	焊接面罩
噪声	耳塞
高温	焊接护裙、焊接手套、焊接护脚

(3) 劳保用品的穿戴。在进行劳保用品穿戴时,应注意穿戴顺序,以穿戴方便为原则。在同一部位的防护,应从内到外进行穿戴,如进行气体保护焊作业

时,需佩戴防尘口罩和焊接面罩,就应先佩戴防尘口罩,再佩戴焊接面罩。

防尘口罩的佩戴,应使防尘口罩完全遮住口鼻。佩戴时,双手拿起防尘口罩展开两边套在耳朵(具体因防尘口罩不同而不同,有些是套在头上),双手紧压防尘口罩上端鼻梁处的金属条,使口罩上端紧贴鼻梁。

佩戴防噪耳塞前一定要先洗手。对于泡棉类耳塞,佩戴时需要先揉细耳塞本体,再把耳塞插入耳道,通常这类耳塞不可清洗,脏污后需要更换。对于预成型耳塞,佩戴时直接插入耳道,省去揉搓耳塞这一步骤,佩戴方法简便。这类耳塞可以清洗并重复使用。

护目镜的佩戴,应挑选、佩戴大小合适的防护眼镜,以防作业时脱落和晃动。

如图 2-20 所示为进行凹陷修复时穿戴的劳保用品。

佩戴焊接面罩前,应调节焊接面罩头围大小,使焊接面罩适合维修人员的头围,避免在作业过程中脱落。打开焊接面罩变光开关,调整变光强度。

进行气体保护焊作业时,也应佩戴工作帽,避免在焊接中烫伤头发。

在佩戴焊接护裙、焊接手套、焊接护脚时,应先佩戴焊接护脚,再佩戴焊接护裙,最后佩戴焊接手套。

如图 2-21 所示为进行气体保护焊作业时穿戴的劳保用品。

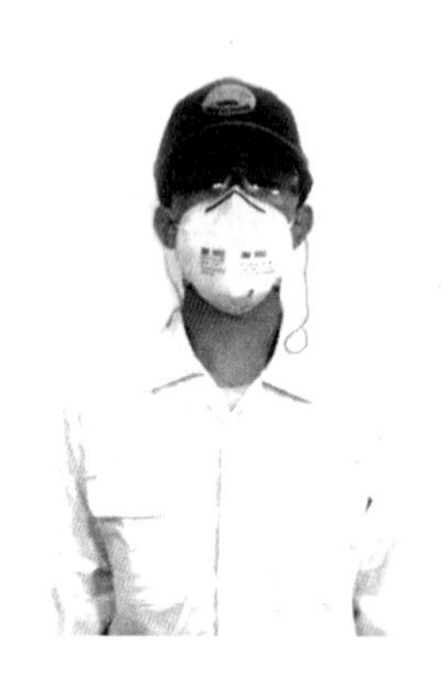

图 2-20　凹陷修复劳保用品

图 2-21　气体保护焊劳保用品

在作业完成后,应及时取下劳保用品,同时按照要求对劳保用品进行归类放置。对于一次性劳保用品应按照要求做好废弃物处理,对于多次使用的劳保用品应整理归位,便于下次作业时使用。

(4)任务实施完后,按照 5S 管理标准,整理操作工位及场地。

三、学习拓展

现在路面上行驶的新能源汽车越来越多,新能源汽车发生事故后,也需进行车身修复,下面就新能源汽车进行车身修复时的防护及安全注意事项进行说明。

1. 新能源汽车修理基础知识

如图 2-22 所示为新能源汽车高压部分布置示意图,新能源汽车高压部分包括:动力电池、动力控制单元、高压电缆等。

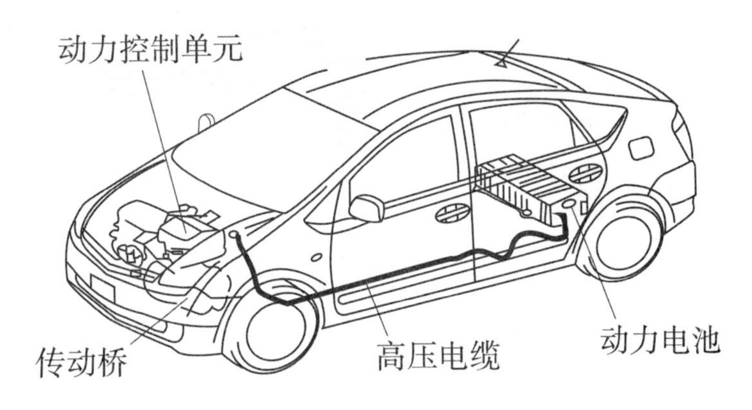

图 2-22　新能源汽车高压部分布置示意图

为防止触碰高压线束或高压电气装置时发生电击,提供了相应措施,如对高压电缆进行标识,如图 2-23 中所有高压电缆用橙色的电缆表示。高压部件(如动力电池、动力控制单元等装置)上贴有"标签",警告此类单元内有高压电流。如图 2-24 所示为高压标识。不同的车型对高压部件的标识可能不同。

图 2-23　高压线路

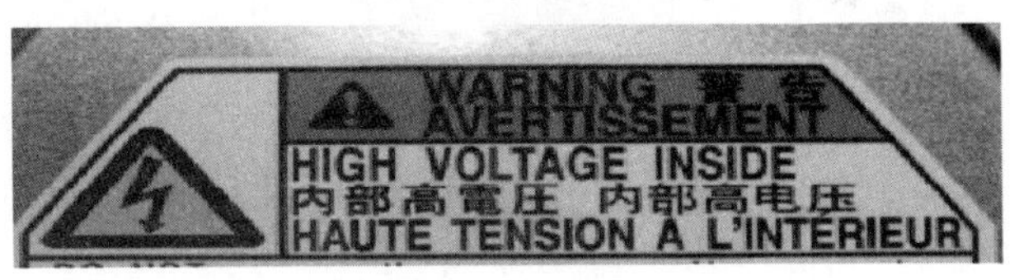

图 2-24　高压标识

2. 新能源汽车车身修复作业步骤

在进行新能源汽车车身修复时,应注意新能源汽车高压系统、谨防电击,并遵照维修手册操作步骤进行操作。通常在进行新能源汽车维修时,需进行高压电断电操作,高压电断电操作如下。

1)作业前

在进行新能源汽车维修时,应穿戴绝缘手套、带有侧防护功能的护目镜以及绝缘安全鞋。同时维修人员不要携带掉落时可能导致短路的物品,如金属自动铅笔或直尺等。

如图 2-25 所示为绝缘手套。绝缘手套有两个功能:一是防触电,绝缘手套通

常能够承受1000V以上的工作电压;二是防止工作中接触高压动力电池组的钾氢氧化物等化学物质时对维修人员的伤害。在使用前应检查绝缘手套的气密性。

如图2-26所示为带侧防护功能的护目镜,可以防止动力电池液的飞溅及维修过程中产生的电火花对眼睛的伤害。

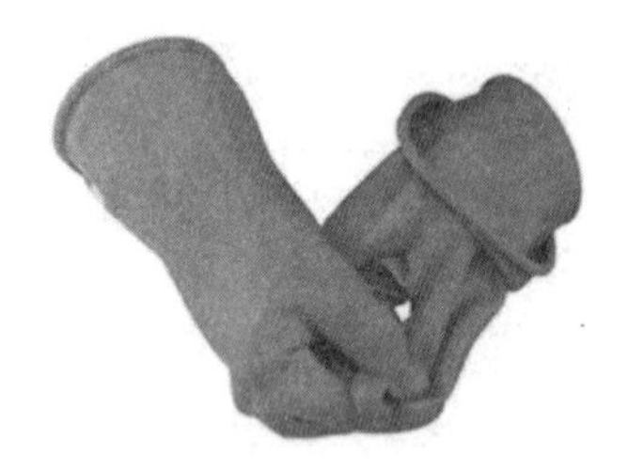

图2-25 绝缘手套

图2-26 带侧防护功能的护目镜

在进行新能源汽车作业时,还应该在车辆的顶部放置正在作业的警示类标识牌,用标牌警示提醒他人该车正在执行涉及高压电气的作业,如图2-27所示。

图2-27 警示牌的放置

2)作业步骤

(1)切断高压电路。

在整个新能源汽车作业中,应使用绝缘安全器具,切断高压电路,断开维修塞,如图2-28所示。经过规定时间后,通过检查电压检查并确认动力控制单元电容器已放电。使用自动量程或手动1000V量程的检测仪确保端子为0V,如图2-29所示。

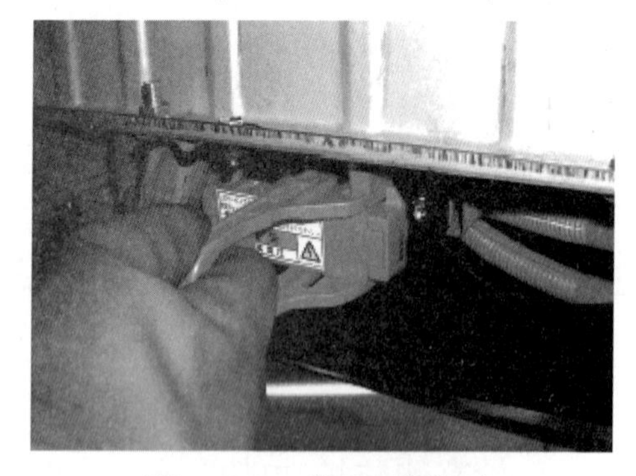

图2-28 断开维修塞

图2-29 检查逆变器放电系统

(2)检查高压端子电压。

在拆下绝缘盖的情况下触碰高压端子,触碰高压端子前使用检测仪确保电压为0V。如图2-30所示为检查高压端子的电压。

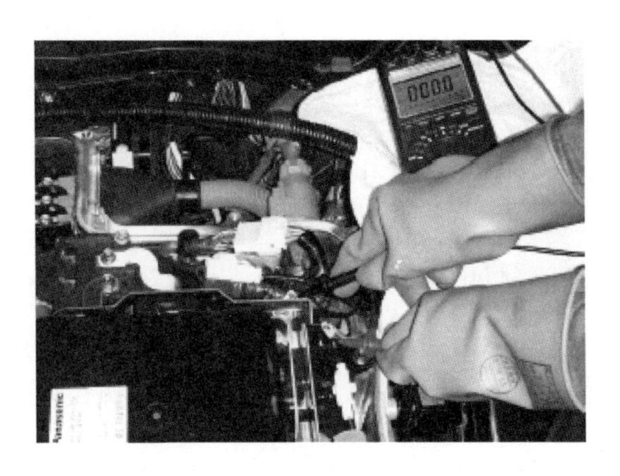

图 2-30　检查高压端子的电压

(3)拆卸高压线端子。

在进行拆卸时,务必使用绝缘工具。如果工具触碰到高压电路的正极或负极端子,则可能发生短路,这是非常危险的。如图 2-31 所示为使用绝缘工具拆卸高压线端子。拆下高压连接器或端子后,使用绝缘胶带将其绝缘。如图 2-32 所示为拆卸后的高压线端子使用绝缘胶带对绝缘保护。

图 2-31　绝缘工具拆卸高压线端子

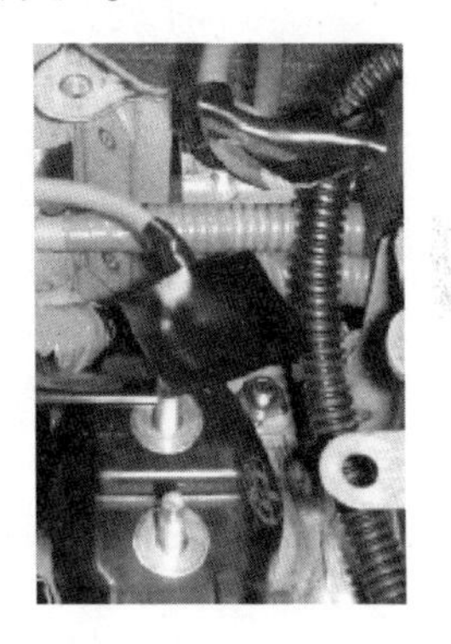

图 2-32　高压线端子用绝缘胶带绝缘

若在操作中不慎触电,应立即拨打急救中心电话进行急救,同时可以对触电者采取心肺复苏等急救措施。

四、评价与反馈

1. 自我评价

(1)通过本学习任务的学习你是否已经知道以下问题:

①车身修复车间有哪几类消防设施,在进行修复作业中有哪些防火注意事项?

____。

②危害车身修复人员的因素有哪些?

____。

(2)选用劳保用品的原则是什么?

____。

(3)实训过程完成情况如何?

____。

(4)通过本学习任务的学习,你认为自己的知识和技能还有哪些欠缺?

____。

2. 小组评价

小组评价见表2-3。

小组评价　　表2-3

序号	评价项目	评价情况
1	着装是否符合要求	
2	是否合理规范地使用仪器和设备	
3	是否按照安全和规范的流程操作	
4	是否遵守学习实训的规章制度	
5	是否能保持学习实训地整洁	
6	团结协作情况	

3. 教师评价

____

____。

签名:____________ ________年____月____日

五、技能考核标准

考核的方式建议采用每个人独立完成学习领域中的实训任务,培养学生独立自主完成任务的能力。实训任务综合性较强,以根据学生完成实训任务的情况评价整个学习领域的学习效果。表2-4为技能考核标准。

技能考核标准表 表2-4

序号	项目	操作内容	规定分	评分标准	得分
1	工作环境分析	车间安全设施认知	15分	能正确识别安全设施、设备(如应急出口、逃生路线、灭火设施等),对车间安全设施、设备漏认知一项扣3分,扣完为止	
2	劳保用品穿戴	呼吸类劳保用品	15分	正确佩戴呼吸类劳保用品(如防尘口罩、防毒面具等),每佩戴错一项扣5分,扣完为止	
3		身体类劳保用品	20分	正确佩戴身体类劳保用品(如防噪耳塞、护目镜、焊接围裙等),每佩戴错一项扣5分,扣完为止	
4	典型工作劳保用品佩戴	凹陷修复劳保用品佩戴	20分	未正确分析凹陷修复中可能存在对人体造成的伤害扣10分,每漏、错一项扣5分,扣完为止	
5		气体保护焊劳保用品佩戴	20分	未正确分析气体保护焊中可能存在对人体造成的伤害扣10分,每漏、错一项扣5分,扣完为止	
6	5S整理	场地整理	10分	未对场地进行5S整理扣10分,每项5S整理不符合要求扣2分,扣完为止	
总分			100分		

项目二　板件手工成型

学习任务3　展开放样工艺

☆ **知识目标**

1. 能描述展开的基本概念及展开图的画法;
2. 能描述放样的概念及放样的基准选择。

☆ **技能目标**

1. 能正确选取展开放样的工具;
2. 能对汽车翼子板进行正确的展开放样。

6 课时。

任务描述

某荣威350轿车因事故导致左前翼子板损坏,需要更换,但市面无法采购到该部件,要通过手工成形工艺制作,现需做出该车左前翼子板的展开放样图纸。

一、理论知识准备

(一)展开及展开图的画法

1. 展开的概念

将构件的各个面,按它的实际形状大小依次摊开在一个平面上,称为展开。在平面上展开后获得的平面图形,称为构件的展开图。画展开图的过程称为展开放样,如图3-1所示。

工件表面根据其展开性质,可分为可展和不可展两类。若构件表面能全部平整地平摊在一个平面上,而不发生撕裂或皱折,这种表面称为可展表面,如圆柱体、多边平面立体、锥体，它们的素线均为直线，相邻两条素线构成一个平面或单向弯曲的曲面，因而能全部平整地摊在一个平面上，因此说其是可展的，如图 3-2 所示。

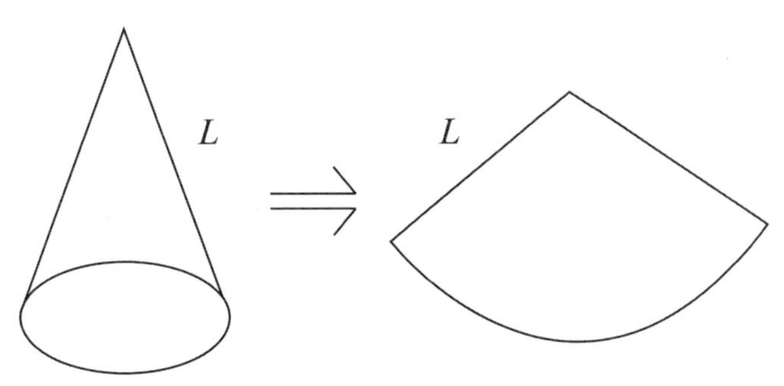

图 3-1　展开图形

对球形物体，不可能将其表层在不改变其表面积的情况下平整地铺展在一个平面上，也就是说球面不可展。还存在很多不可展开的表面形状，这一类曲面称为不可展曲面。如图 3-3 所示三维环面为不可展开图形。

图 3-2　可展开图形

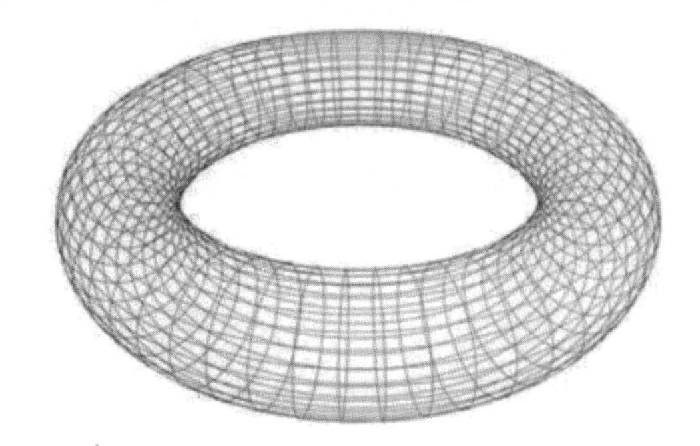

图 3-3　不可展开图形

2. 展开图的画法

一个钣金构件的制作，必须在放样图的基础上，将其表面展开，才能依据展开图下料制作。所谓展开图，就是对板料构成的零件，根据投影原理，通过几何作图将其表面形状展开成平面图形的过程。

(1) 平行线展开法。

用平行线作展开图的方法称为平行线展开法，简称平行线法。平行线展开法常用来展开柱形体零件的侧表面，如果壳体的侧表面是由一组平行的直素线构成，即可利用足够多的素线将其表面划成足够多的小平面梯形或小平面矩形(近似平面)，则这些梯形或矩形所包围成的整体就是壳体的侧表面，把这些小梯形依次毗连地摊平开来，壳体侧表面即被展开，这个原理与打开一个卷着的竹

帘类似,如图 3-4 所示。

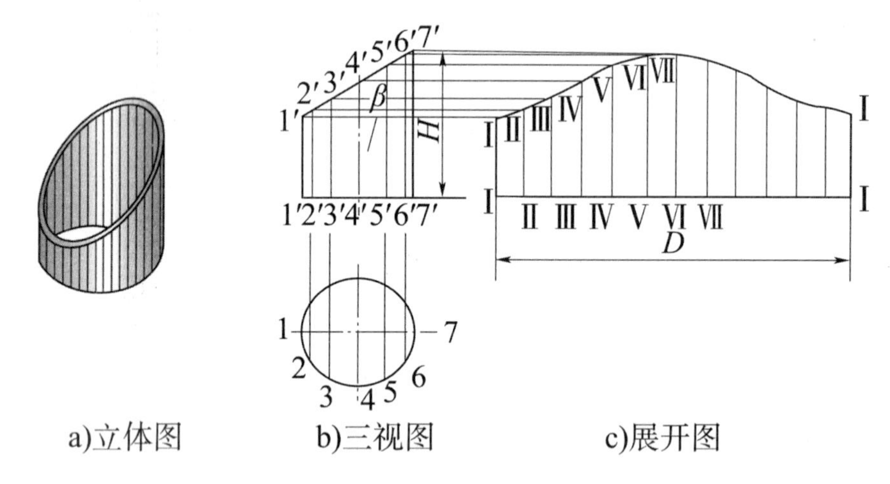

图 3-4　平行线展开图

平行线展开法的作图步骤,可归纳为:

①等分断面图,并求各等分点直线(素线)的高度。

②作基准延长线,并按等分距离(边长或弧长)截取长度。

③边等分点引垂线,截取相应等分点直线(素线)的高度。

④依次连接各所得高度点,完成展开图。

(2)放射线展开法。

用一组汇交于一点的直线作展开图的方法,称为放射线展开法,简称放射线法。放射线展开法主要用于锥体侧表面及其截体的展开,当锥体侧表面是由一组汇交于一点的直素线构成时,即可利用足够的素线将其侧表面划分成足够多的小平面三角形(近似平面),当把这些小三角形依次连接摊平时,其侧表面就被展开了,如图 3-5 所示。

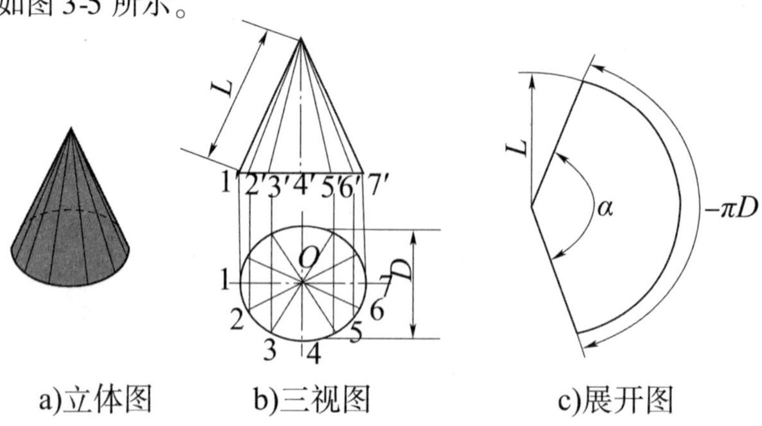

图 3-5　放射线展开图

放射线展开法的作图步骤，可归纳为：

①在二视图中（或只在某一视图中），通过延长投影边等手段完成整个锥体的放样图。

②通过等分断面周长（或任意分割断面全长）的方法，作出各分点所对应的断面素线（包括棱锥侧棱以及侧面上过锥顶点的直线），将锥面分割成若干小三角形。

③应用求实长的方法（常用旋转法、直角三角形法），把所有不反映实长的素线，与作展开图有关的直线实长一一求出来。

④以实长为准，利用交轨法（正锥体可用扇形法），作出整个锥体侧面的展开图，同时作出全部放射线。

⑤在整个锥体侧面展开图的基础上，以放射线为骨架，以有关实长为准，画出锥体被截切部分所在曲线的展开曲线，完成全部展开图。

（3）三角形展开法。

三角形展开原理是先将构件的表面分割成由一系列小三角形组成的表面，然后再在平面上把这一系列三角形按其真实形状的大小依次画在平面上，这样的图形就构成构件的展开图，它所使用的方法称为三角形展开法，如图 3-6 所示。

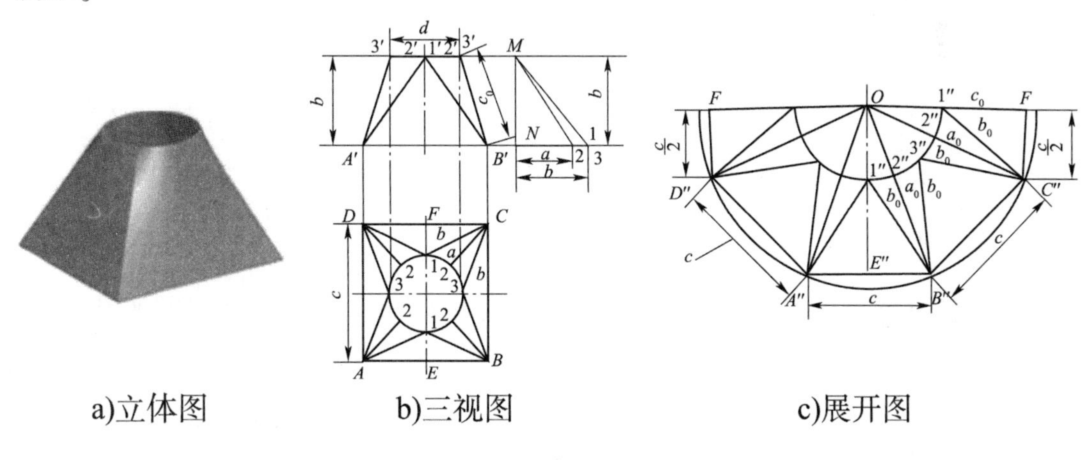

a)立体图　b)三视图　c)展开图

图 3-6　三角形展开图

（二）放样及放样基准的选择

1. 放样的概念

放样又称放大样，根据施工图的要求，按投影原理，把构件的形状、尺寸按 1:1的实际形态画到施工板料或样板材料上，这样画出来的图就叫作放样图。基本的放样方法为实尺放样,随着科学技术的不断发展,已经出现了光学放样自动下料的新工艺和电子扫描放样的新技术,并正在逐步推广应用。在汽车车身维修实际工作中,多为单件作业,通常采用的基本放样方法是实尺放样。

实尺放样是按1:1的比例(或一定的比例)在放样台上画出构件的轮廓,准确地定出其尺寸。实尺放样能准确地反映结构实际形状和尺寸,帮助确定一些结构在图样上未标出的尺寸,为零件和样板的制造提供了依据,而且还确定了零件之间的相对位置,可作为装配的依据。

2. 放样基准的选择

放样时应选取合适的放样基准。放样基准实际上就是画线基准,即放样画线时起点的基准线、基准面、基准点。基准的确定,通常情况下应选构件的对称面、底面、重要的端面以及回转体的轴线等。在板料放样画线中,基准一般只选择两个,具体可根据以下三种情况来选择:两个互相垂直的平面或直线作为基准,以一个平面和一条中心对称轴线作为基准,以一个平面和两条中心对称轴线作为基准。如图3-7所示为部分图形放样时基准的选择。

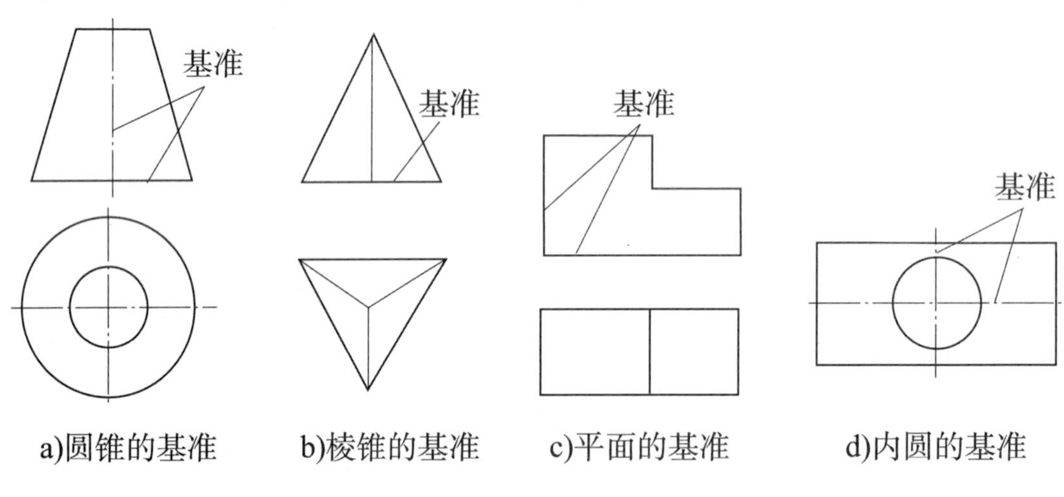

图3-7　放样基准图形

(三)展开放样的原则与方法

1. 展开放样的原则

展开放样应遵循准确、工艺可行的原则。

(1)准确原则:准确原则指的是展开方法正确,展开计算准确,求实长精确,展开图作图精确,样板制作精确。考虑到以后的排料套料、切割下料还可能存在误差,放样工序的精确度要求更高。

(2)工艺可行原则:放样必须熟悉工艺,能进行制造加工。也就是说,对于放样出的图纸还要能进行加工,不能增加加工难度;中心线、弯曲线、组装线、预留线等以后工序所需的线都要在样板上标明。

2. 展开放样的方法

在对汽车车身覆盖件进行手工制作时,应首先对车身覆盖件进行放样操作。因汽车覆盖件棱线、弧面较多,通常采用临摹的方式进行展开放样。其流程为:准备放样工具,选择放样基准,进行临摹放样。

1)展开放样的工具

在对车身覆盖件进行展开放样时,通常需要使用划针或划规。

划针主要是钳工用来在工件表面划线条的,常与钢直尺、90°角尺或划线样板等导向工具一起使用,如图3-8所示。

划规也被称作圆规、划卡、划线规等,在钳工划线工作中可以划圆和圆弧、等分线、等分角度以及量取尺寸等,是用来确定轴及孔中心位置、划平行线的基本工具,如图3-9所示。

图3-8　划针

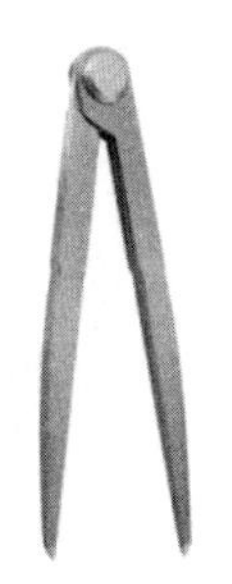

图3-9　划规

2)展开放样的流程

展开图必须是1∶1的实际长度,因此,怎样通过各视图上线段的投影去求得线段的实长是展开放样至关重要的第一步。求实长常用的方法,一是选择与实际线段平行、投影反映实长的投影面(先看基本视图,后选向视图),在该面视图上对应量取;二是通过相互关联的几个视图上对应投影之间的函数关系去设法求得。二者可以通过几何作图,也可以通过计算求得。通常画展开图也可使用临摹的方式进行。

第二步是画展开图。展开的重点是画展开曲线,即展开图样的边线。展开曲线是一般平面曲线,要画这种曲线,通常先在图纸上求出曲线一定数量的、足以反映其整体形状的点;之后再圆滑连接各点,得出所求曲线“近似版”。此版尽管是近似的,却可以设法达到事先要求的准确度,因为曲线的准确性跟点的数量有关,点越多曲线越准。展开时,为了作图方便,点的布置通常采用等分的办法;在曲线变化急剧的区域,适当插入一些更细的分点,以达到事半功倍的效果。

二、任务实施

1.准备工作

(1)场地设施:装有废气抽排系统和消防设施的车身修复场地,场地应配备相应的压缩气源和电源。

(2)设备设施:钣金工作台,翼子板支架。

(3)工量具:300mm 钢尺,划规,划针,划针盘,中心冲,手锤,磁铁。

(4)劳保用品:工作服,手套,防护眼镜,耳罩,劳保鞋。

(5)耗材:白纸,铅笔,记号笔,低碳钢板。

2.技术要求与注意事项

(1)所画的轮廓线即为毛坯或半成品的加工界限和依据,要求尺寸准确、位置正确、线条清晰。

(2)穿着干净整洁的工作服,遵守场地安全规定,注意用电安全。

(3)在放样过程中,一次将板件的轮廓线划全,以免再次补划时造成误差。

(4)正确使用划线工具,划出的线条要准确、清晰。

3.操作步骤

由于维修需要,要制作一块荣威 350 车型左前翼子板前端,现对该翼子板进行放样操作。

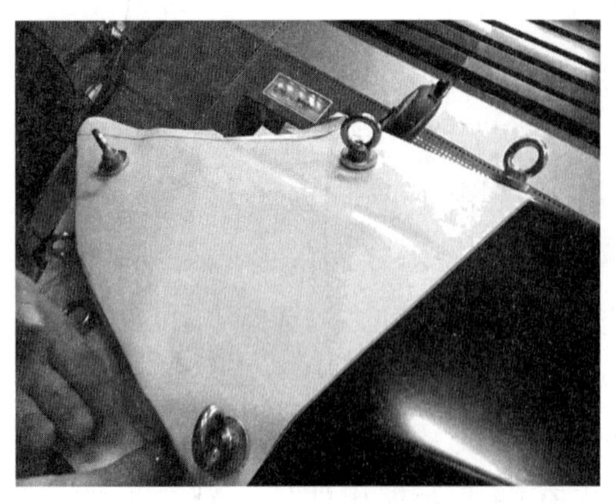

图 3-10　固定放样图纸

(1)固定图纸。

根据放样要求,在原翼子板上确定放样尺寸,并做上相应的标记,用磁铁固定住纸张,使其与翼子板贴合,如图 3-10 所示。

固定图纸

(2)画翼子板展开图。

放样图纸固定后,可以使用铅笔勾勒出翼子板的轮廓,如图 3-11a)所示。在画线时

画翼子板展开图

应保持放样纸张绷紧状态,减小画线误差。对勾勒轮廓困难的地方,可以在此处做标记。如图 3-11b)所示,翼子板上端褶皱较多,线条勾勒困难,可在此处做标记,待放样图纸取下后再画线。注意勾勒轮廓时,对于翼子板的孔洞处,也应画出。

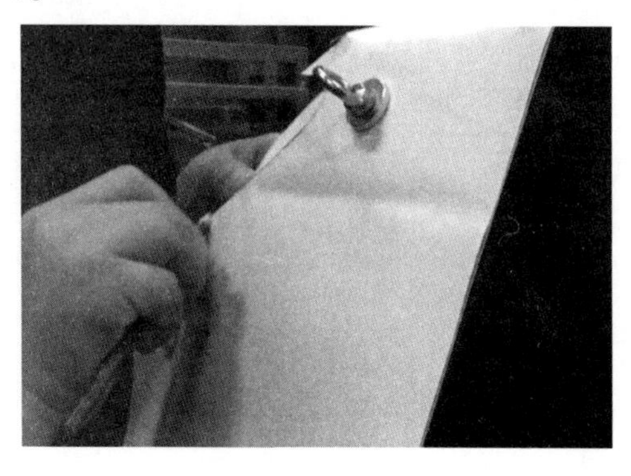
a)画线

b)做标记

图 3-11 画线

(3)裁剪图纸。

在放样图纸上勾勒出需制作的翼子板图样后,将放样图纸取下。沿画线边缘对放样图纸进行裁剪,如图 3-12 所示,裁剪一定要精准,可减小翼子板制作误差。

裁剪图纸

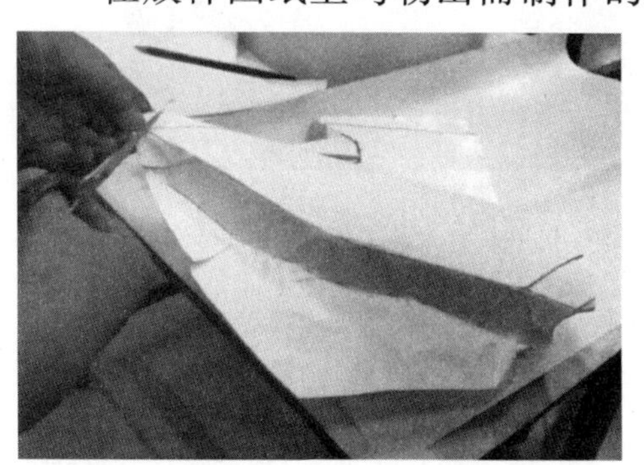
图 3-12 裁剪放样图纸

(4)翼子板背面放样。

将第(3)步裁剪后的图纸固定新钢板上放样,同样可以使用磁铁固定放样图纸。放样可以使用铅笔沿纸样边沿进行画线,如图 3-13a)所示。对于部分位置,也可以借助直尺进行画线,如图 3-13b)所示。因第(2)步张开图为翼子板展面图,在进行放样后则为翼子板背面放样图。如图 3-14 所示,翼子板背面放样完成。

翼子板背面放样

(5)冲点。

为了使翼子板的制作更加精确,在翼子板筋线、边缘等影响翼子板尺寸的位置使用冲子进行冲点,如图 3-15 所示。

冲点

(6)翼子板正面放样。

在勾勒出翼子板背面整体形状后,再次对图纸进行裁剪,只留下翼子板弧面

部分。同时在钢板的另一面将裁剪后翼子板弧面部分的图样固定。注意基准点应与背面放样一致,同时应注意保证钢板正反面同一位置的形状相同。然后在钢板上勾勒出弧面的形状,如图 3-16 所示。翼子板的弧面将影响翼子板整体的制作效果,所以对翼子板弧面进行两次放样,提高放样精度。

翼子板正面放样

a)沿纸样边沿画线

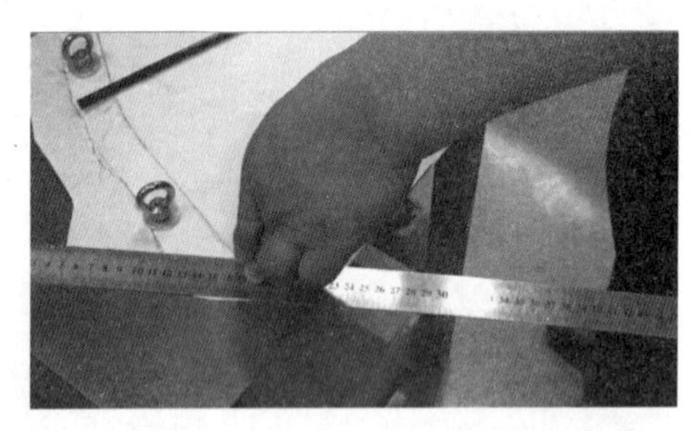

b)使用直尺画线

图 3-13 在钢板上划线

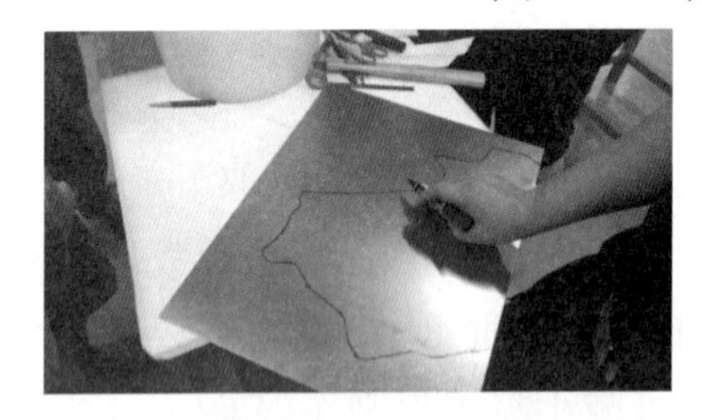

图 3-14 背面放样完成

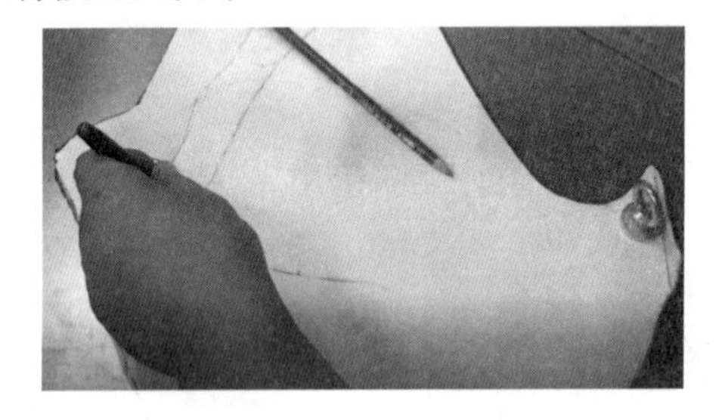

图 3-15 冲点

(7)绘制轮廓线(折弯轮廓线)。

在正反面都进行放样后,可以根据图样,再在翼子板背面勾勒一条剪切线,便于制作翼子板时先对翼子板进行粗剪切。画剪切线时,应留一定的加工余量,如图 3-17 所示。

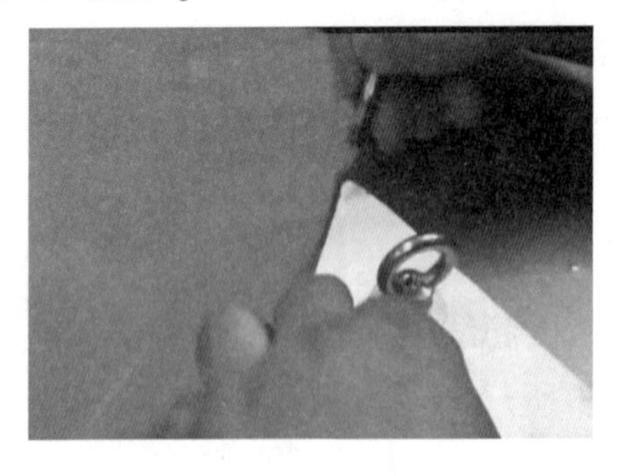

图 3-16 正面放样画线

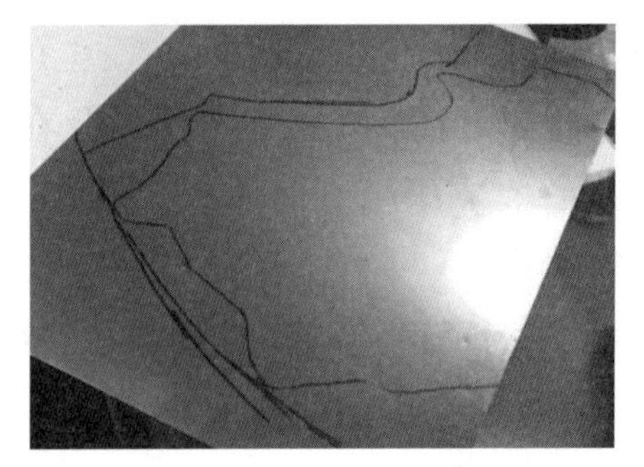

图 3-17 加工余量预留

(8)任务实施完后,按照 5S 管理标准,整理操作工位及场地。

三、学习拓展

1. 合理用料需要考虑的因素

要做到合理用料，选择用料的最佳方式需考虑的因素很多，归纳起来有如下几点：

(1)加工构件的规格尺寸；所需加工面和不加工面，加工面要求精度和需留余量；钣金加工所要求的方式是咬合对接，还是焊接；板厚处理的展开尺寸及其他工艺要求等。

(2)根据形体分析的具体情况，确定所需钣金加工材料的规格，供采购选料参考，以避免造成边角料的浪费。

(3)根据构件形体分析情况和原材料情况，合理划线、排料。

(4)根据排料方式，选择裁料下料方式，一般来讲，常用的下料方式有手工下料、机械剪切、气割和其他方式切割等。

(5)合理用料还应考虑尽量做到使用样板划线。

2. 几种下料方法对比

由于工件形状大小不一，为了合理使用材料，将使用同样牌号、同样厚度的工件集中到一起一次划线下料，这种方法称为集中下料法。这样可以统筹安排，大小搭配，小构件可使用大构件的废料，提高材料利用率。集中下料如图 3-18 所示。

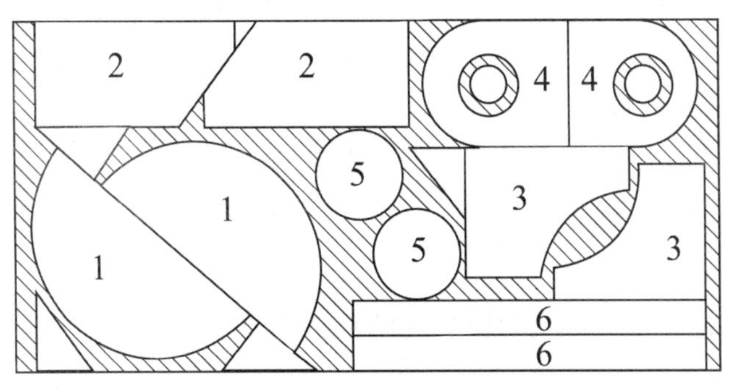

图 3-18　集中下料

实际生产中有时按整个构件排料，则挖去的下脚料太多，浪费较大，常常有意将该工件裁成几部分，然后再拼起来使用，这种方法称为零件拼整法。如图 3-19 所示为圆形件拼整。

工件下料的数量较多时，为使板料得到充分利用，必须精心安排构件图形位置，同一形状的工件或各种不同形状的构件进行排样套裁，这种方法称为排料套裁法。常用排料方式见表 3-1。

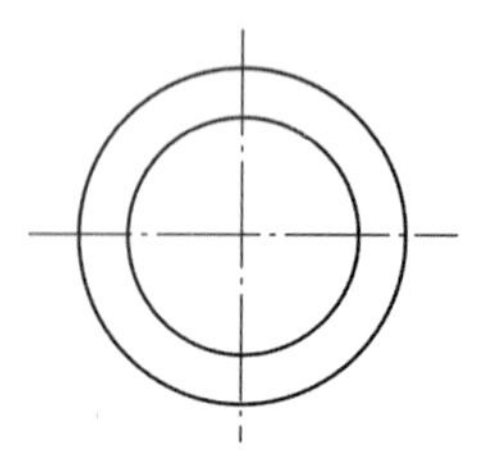

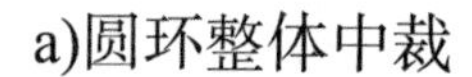

a)圆环整体中裁

b)1/2圆环拼整配裁

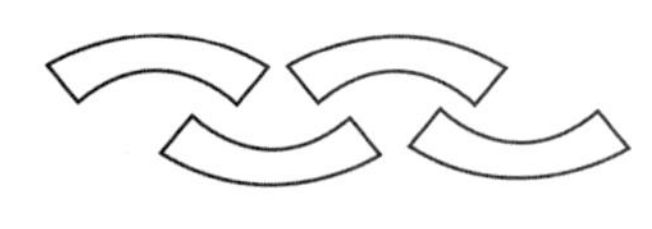

c)1/4圆环拼整配裁

图 3-19　圆形件拼整

常用排料方式　　表 3-1

序号	排样类型	排样图示	序号	排样类型	排样图示
1	直排		4	斜排	
2	单行排列		5	对头直排	
3	多行排列		6	对头斜排	

四、评价与反馈

1. 自我评价

(1)通过本学习任务的学习你是否已经知道以下问题:

①展开放样的原理是什么?

____。

②在展开放样的过程中时应注意哪些问题?

____。

(2)展开放样的步骤?

____。

(3)实训过程完成情况如何?

____。

(4)通过本学习任务的学习,你认为自己的知识和技能还有哪些欠缺?

____。

2. 小组评价

小组评价见表3-2。

小组评价　　表3-2

序号	评价项目	评价情况
1	着装是否符合要求	
2	是否合理规范地使用仪器和设备	
3	是否按照安全和规范的流程操作	
4	是否遵守学习实训的规章制度	
5	是否能保持学习实训地整洁	
6	团结协作情况	

3. 教师评价

____

____。

签名:________　________年____月____日

五、技能考核标准

考核的方式建议采用每个人独立完成学习领域中的实训任务,培养学生独立自主完成任务的能力。实训任务综合性较强,以根据学生完成实训任务的情况评价整个学习领域的学习效果。表3-3为技能考核标准。

技能考核标准表　　表3-3

序号	项目	操作内容	规定分	评分标准	得分
1	劳保用品	劳保用品穿戴	15分	工作服、劳保鞋、护目镜、耳塞、防尘口罩,每少穿戴一项扣3分	
2	划线	划线	25分	划线整齐,不多划线,不重复划线,不遗漏线条,每错一处扣5分,扣完为止	

续上表

序号	项目	操作内容	规定分	评分标准	得分
3	放样	放样	10分	放样过程不能移动,固定牢靠,错误扣10分	
4	在钢板上划线	在钢板上划线	10分	划线过程不能移动划线板,错误扣10分	
5	裁剪	裁剪	25分	裁剪不能有毛刺、倒角、多剪、少剪,每有一处扣5分,扣完为止	
6	下料	下料	10分	下料后没有毛刺、倒角,如有扣10分	
7	5S整理	场地整理	5分	未对场地进行5S整理扣5分	
总分			100分		

学习任务4 手工成型

学习目标

☆ **知识目标**

1. 能描述手工成型的基本概念及原理;
2. 能描述手工成型操作的基本要求与方法。

☆ **技能目标**

1. 能过钢板进行弯曲、放边、收边、拔缘等手工成型操作;
2. 能制作翼子板前端部。

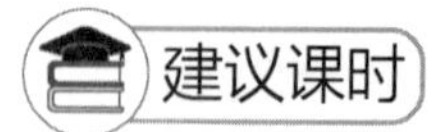

建议课时

6课时。

任务描述

某荣威350轿车因事故导致左前翼子板损坏,需要更换,但该车型现已停产,且市面无法采购到该部件,需通过手工成形工艺制作。现要根据该部件的展开放样图纸,制作该零部件。

一、理论知识准备

(一)手工成型的基本工艺

1. 弯曲

板件弯曲是手工成型的基本操作工艺,弯曲前应根据零件形状画线下料,并在弯曲处画出折弯线,一般折弯线画在折角内侧。

如果零件尺寸不大,折弯工作可在台钳上进行。将板料夹持在台钳上,使折弯线恰好与钳口衬铁对齐,夹持力度合适。当弯折工件在钳口以上较长或板料较薄时,应用左手压住工件上部,用木锤在靠近弯曲部位轻轻敲打,如图 4-1a)所示;如果敲打板料上方,易使板料翘曲变形,如图 4-1b)所示。

2. 放边

放边是通过打薄伸展板材某一边或某一部分而使工件外弯成形的方法。它主要是利用打薄、拉薄等方法使材料边缘厚度变薄,面积增大,进而弯曲变长,逐渐形成弯曲工件。通常放边操作有打薄放边和拉薄放边。

打薄放边是通过捶打使其一边缘变薄、面积增大,导致角材弯曲的操作。在打薄放边的过程中,角材底面必须与铁砧表面贴平,否则会产生翘曲现象。锤击点应均匀并呈放射线状,锤击面积通常占锤击边面积的 3/4 左右,且不得敲打角材弯处。锤击时,材料可能会产生冷作硬化现象,应及时退火。另外,应随时用样板或量具检查外形,防止弯曲过大。如图 4-2 所示为打薄放边操作。

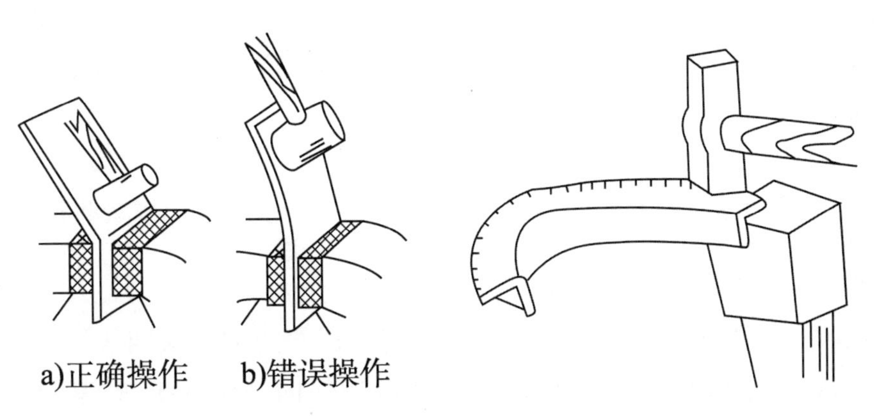

图 4-1　板件弯曲操作　　图 4-2　打薄放边

拉薄放边是用木锤或铁锤将板料一边在木墩上锤放,利用木墩的弹性,使材料伸展拉长。这种方法一般在制作凹曲线弯边零件时采用。为防止裂纹,可事先用此法放展毛料,后弯制弯边,这样交替进行,完成制作。

3. 收边

收边是通过使板材某一边收缩,长度减少、厚度增加而内弯成形,然后将褶皱边在不使其伸展复原的情况下整平的方法。收边主要有起皱钳收边和搂弯收边。

用起皱钳将板材收边部位(板材边缘)起皱,起皱时皱纹分布尽量均匀,皱纹的高度要小于皱纹的宽度,皱纹的长度大约为零件宽度的 3/4,以免产生死皱,起皱完成后的工件所形成的弯曲半径应略小于成形后的弯曲半径。起皱后将板材放于垫铁上用木锤敲平起皱部位,敲平过程中如果发生冷作硬化现象,应及时退火后再进行敲击,否则容易出现开裂现象。起皱钳收边如图 4-3 所示。

搂弯收边是将坯料夹在型胎上,用铝棒顶住毛坯,用木锤敲打顶住部分,使板料弯曲,逐渐被收缩贴靠胎模。制作凸曲线弯边的零件,如其强度要求不高,可根据要求的弯度在应该收缩的一面用剪刀剪出若干豁口,然后弯曲板料,再将剪口焊接。搂弯收边如图 4-4 所示。

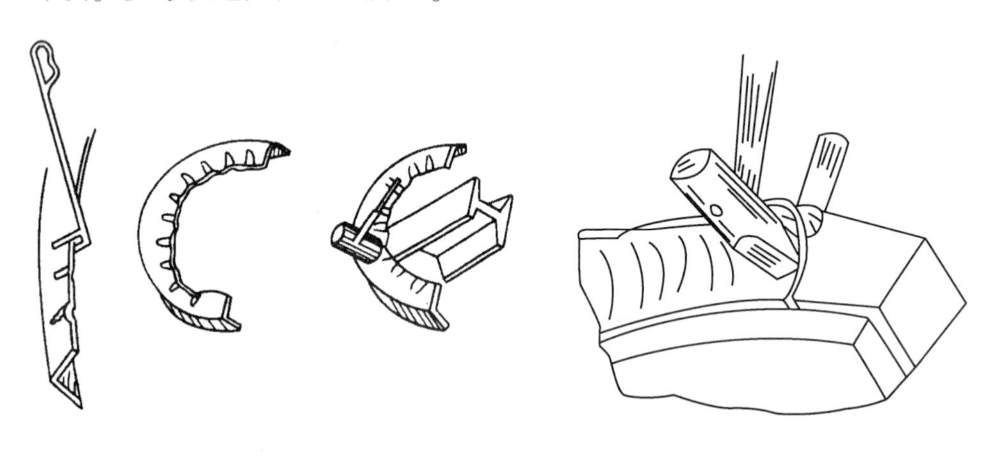

图 4-3　起皱钳收边　　图 4-4　搂弯收边

4. 拔缘

利用收边和放边的方法把板料的边缘弯曲成弯边的方法叫拔缘。拔缘常有两种形式:一种是外拔缘,即把圆筒形制件的边缘向外延展折弯,其目的是增加刚性,一般在无配合要求的情况下多采用外拔缘;另一种是内拔缘(也叫孔拔缘),即将制件上孔洞的边缘延展弯折,其目的是增加刚性,减轻质量,美观光滑,如大客车框板、肋骨等板件上常有拔缘孔。如图 4-5 所示为部分板料构件的拔缘情况。

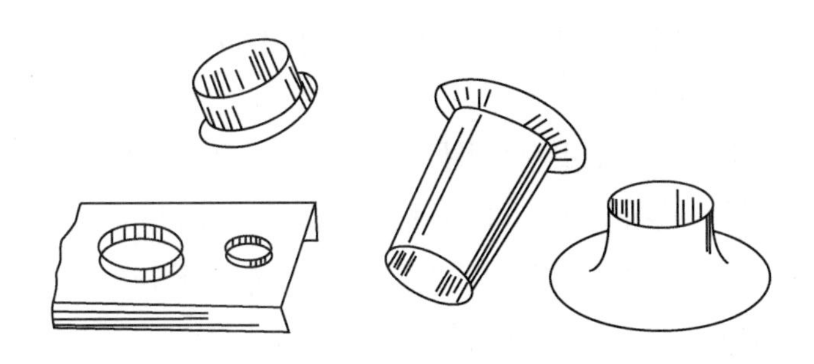

图 4-5　部分拔缘加工件图例

自由拔缘是利用一般的拔缘工具进行的手工拔缘,如图 4-6 所示。其方法是:先画出拔缘标记线,将板件靠在砧座边缘,标记线与砧座边缘靠齐,板料锤击部位与座平面形成 300°左右的夹角。锤击伸出部分,使之拉伸并向外弯曲,敲击时用力适当,敲击均匀,并随时转动构件。若凸缘要求边宽或角度大时,可适当增加敲击次数。

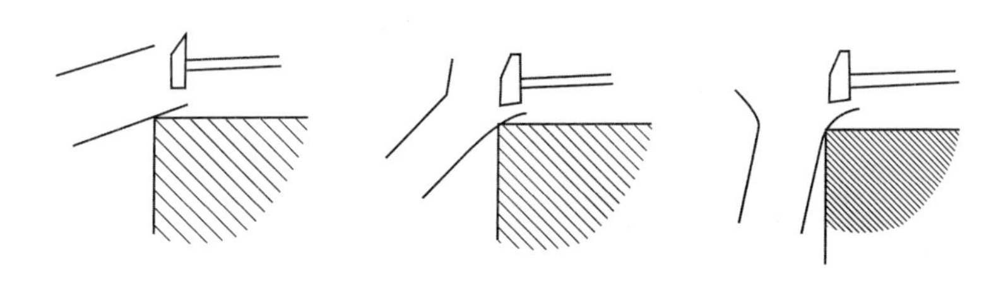

图 4-6　自由拔缘

型胎拔缘是板料在型胎上定位,按型胎拔缘孔进行的拔缘,适合制作口径较小的零件拔缘,可一次成型,如图 4-7 所示。

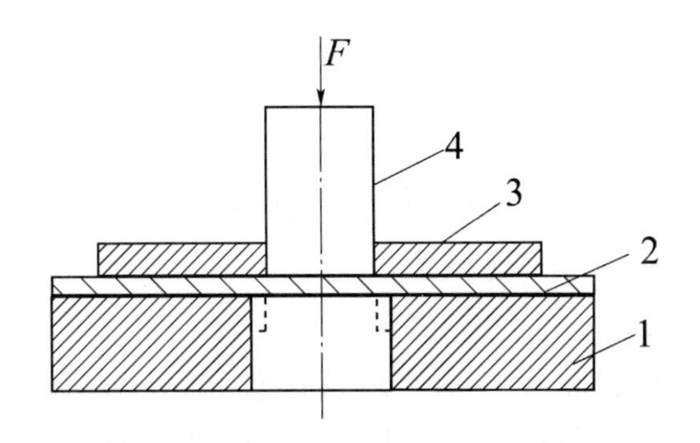

图 4-7　型胎拔缘

1-型胎;2-毛料;3-压板;4-铁锤头

5. 拱曲

把较薄的金属板料锤击成凹面形状的零件加工,称为拱曲。其基本原理为:通过锤击板料的中部使其变薄并向外伸展,周边部分起皱收缩,最终完成零件拱曲。

制作半球形拱曲零件的过程如图4-8所示。操作时需用带凹坑的座,将板料对准凹坑座放置,左手持板料,右手锤击。锤击点由里向外,并根据板料变形情况确定锤击的密度和力量,且锤击过程中不断转动板料。随着曲面的形成,制件周边会出现皱褶,此时应及时将皱褶贴在平座上敲平。对拉伸和收缩的部位轮流反复锤击,即可得到拱曲制件。

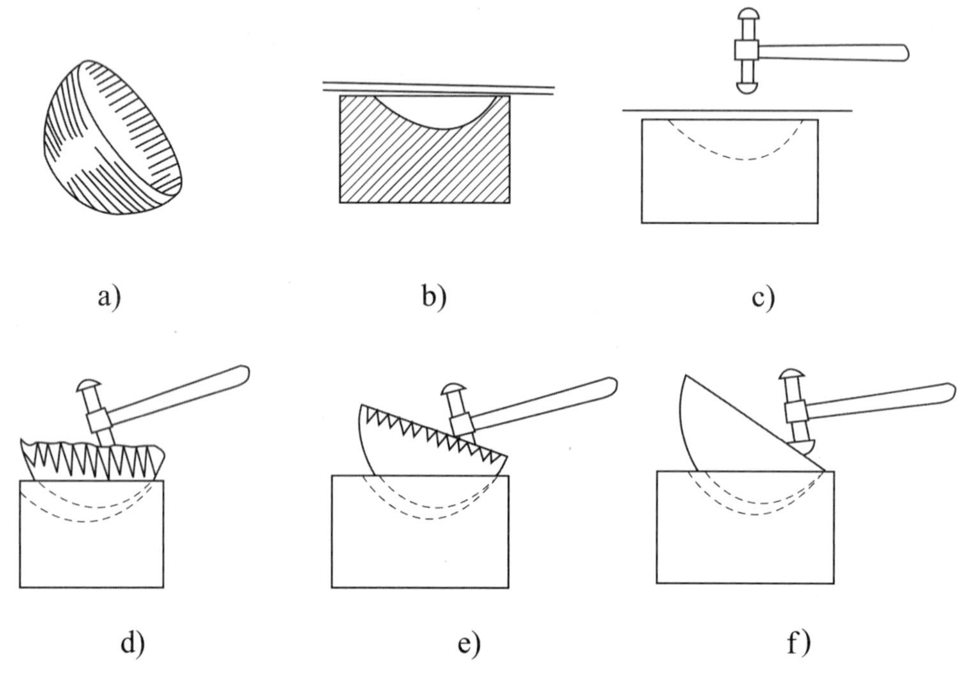

图4-8 半球形拱曲过程

6. 卷边

为了增加零件边缘的刚度和强度,避免板料边缘的锐边或飞边扎伤使用人员,有时也为了便于零件间的连接或美观,将零件边缘的直边和曲边卷曲成管状,这种工艺称为卷边,又称边缘卷管。卷边分空心卷边和夹丝卷边两种,如图4-9所示。空心卷边是将板料边缘卷成圆筒形,夹丝卷边是在空心卷边内嵌入一根铁丝,以增强刚性。铁丝的尺寸可根据板件的使用要求确定,一般铁丝的直径应为板料厚度的4~6倍,包卷铁丝的板料加放宽度大致相当于铁丝直径的2.5倍。

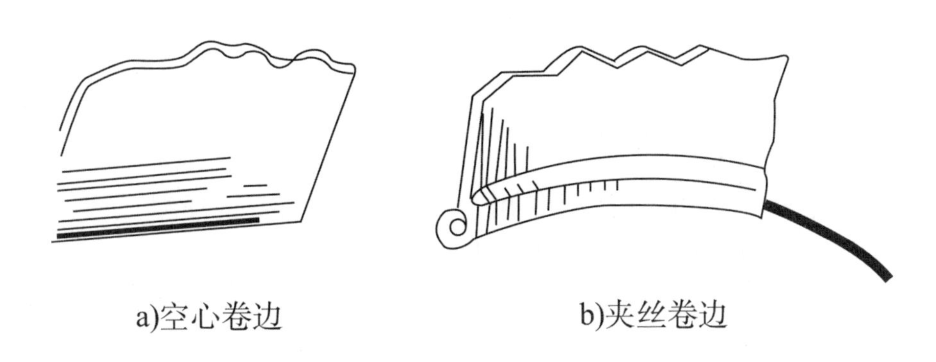

图 4-9　卷边

手工空心卷边在卷合过程中应轻而均匀地敲打，避免将卷边打扁。

如图 4-10 所示为夹丝卷边的过程：

(1)在卷边部位画出两条卷边线。

(2)将板料放在平台上，使卷边部分的 $d/2$(d 为卷边直径)伸出平台，左手压住板料，右手用木锤敲击，使伸出部分向下弯曲成 85°左右。

(3)将板料慢慢向外伸，随时敲击伸出部分，但不能敲击过猛，直到伸出平台长度为 L_2，此时板料边缘应敲击成如图 4-10d)所示的形状。

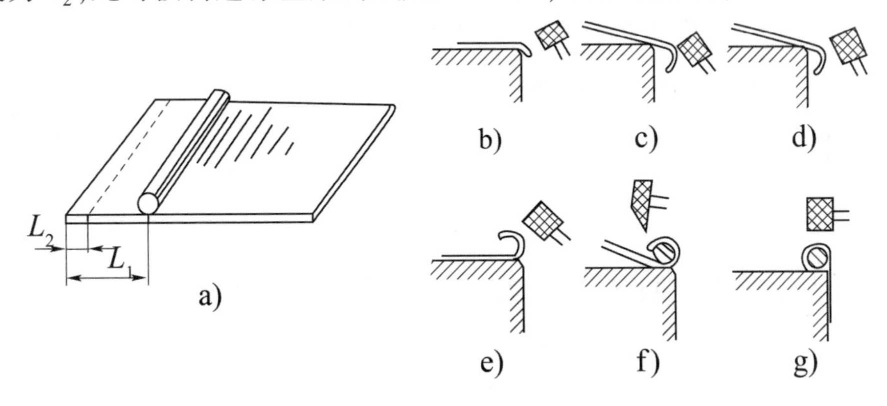

图 4-10　夹丝卷边的过程

(4)将板料翻转，使卷边朝上，均匀敲打卷边向里扣，使卷边部分逐渐成圆弧形，放入铁丝，一边放，一边扣。

(5)翻转板料，使接口抵住平台缘角，敲击使接口靠紧。

7. 咬缝

将薄板的边缘相互折转扣合压紧的连接方式称为咬缝。咬缝可将板料连接牢固，可代替焊接、铆接等工艺方法。

常见咬缝的种类，按结构不同可分为挂扣、单扣和双扣，按形式不同可分为站扣和卧扣。如图 4-11 所示为卧扣单咬的工艺过程：

(1)按留边尺寸下料,并画出折边线。

(2)将板料放在方杠上(或角钢上),使弯折线对准方杠(或角钢)的边缘,并将伸出部分按折边线折弯90°。

(3)翻转板料,使弯边朝上,并伸出台面3mm,敲击弯边顶端,使伸出部分形成与弯边相反的弯折,将第一次形成的弯边向里敲成钩形。

(4)与之相接的另一边照上述方法加工后,将两弯钩扣合、敲击即成卷边。

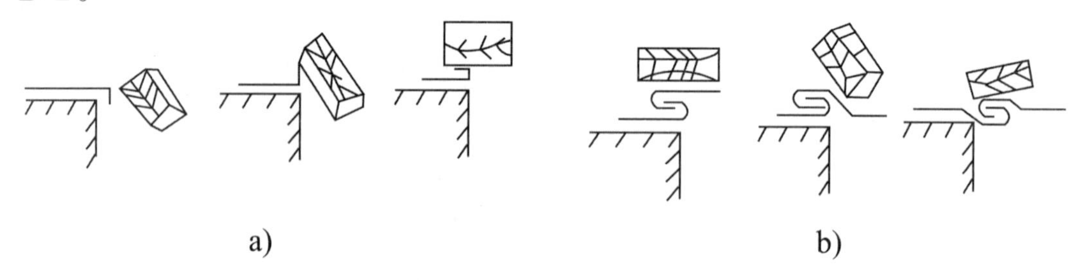

图4-11　卧扣单咬的工艺过程

8. 筋线制作

在车辆表面构件发生损坏修理后,构件原有棱线发生变化。若要保持构件原有的强度和美观,就要进行修整和恢复车身棱线的工作,这些都要以手工制筋为基础。手工制筋一般适用于单件生产和修配,共有两种方法:一种是用扁冲制筋,另一种是模具制筋。

1)扁冲制筋

用扁冲制筋是手工制筋中最为简单的方法,较适合制作浅而细的棱线,如图4-12所示。首先,按照要求画出标记线,在工作台上垫以软质材料并将板材平放其上。然后用扁冲沿标记线敲出棱线,在敲击制作棱线过程中,敲击力度不要过猛,不要忽轻忽重,尽量始终保持同一力度,扁冲的移动距离不要超过扁冲的宽度。沿着标记线敲冲一遍后,再沿原标记线由一端开始进行敲冲,直至达到制筋要求为止,然后去掉软质垫料直接在平台上轻轻敲击一次,最后用木锤将非制筋部分整平即可。扁冲制筋适用于较薄板材的制筋。

2)模具制筋

模具制筋适用于较厚板材的制筋,模具制筋使用阴阳模具进行制筋,阴模成形部分的形状和尺寸应与筋截面的形状和尺寸相符,如图4-13所示。制筋时将板材放在阴阳模具之间,对准标记线一人手持阳模,一人持锤敲击阳模顶部。模具制筋操作要点与扁冲制筋相同。

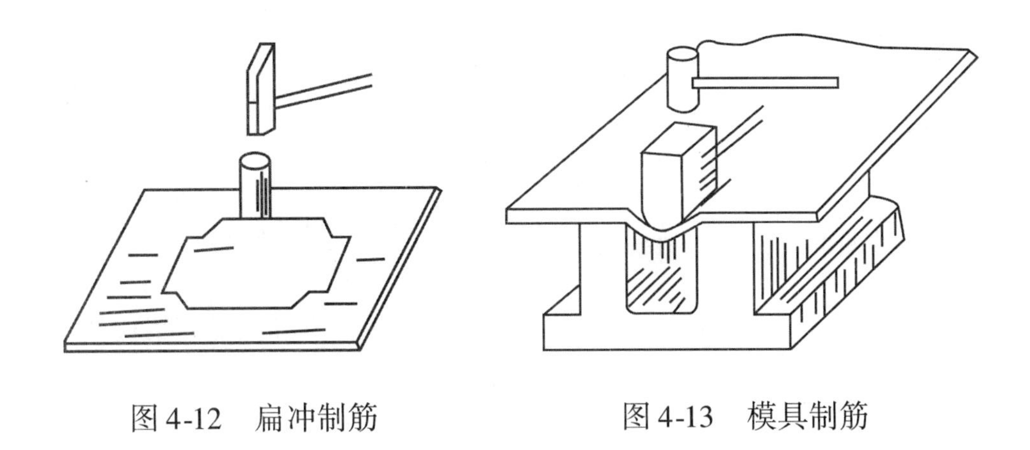

图 4-12　扁冲制筋　　　图 4-13　模具制筋

(二)车身覆盖件

在现代汽车构造中,车身的外形是十分重要的,它既能满足使用性能的需要,又能给人以美感。为了使车身的整体既协调又美观,设计时必须考虑车身覆盖件的表面形状。汽车车身由各种几何形状的曲面件组合而成,这些车身覆盖件表面形状可分为平面、单曲面和空间曲面。

平面在车身覆盖件中是较少见的,尤其是车身外蒙皮。车身覆盖件一般都要承受一定载荷,特别是承载式车身,车身覆盖件要承受绝大部分的载荷。但平面形状不能保证车身设计时应具有的刚性要求,因此在车身覆盖件中,特别是外蒙皮极少使用平面(除厢式车外)。车身即使采用平面形状作为覆盖件,也必须对平面形状采用制作加强筋的方法进行加强处理,以提高它的刚度。车身的平面结构制作较简单,对一些强度要求不高的部位可采用这些结构。平面结构一般多用于车身内部。

单曲面是仅在一个方向上具有曲率的表面。单曲面的特点是在整个构件中,其曲率虽只有一个方向,但整个曲面的曲率是不定的。因为只有这样才可能将整个覆盖件圆滑过渡,否则就会出现折线或拐点,造成外形的不协调。单曲面结构与平面结构相比具有一定的刚度,可以承受一部分载荷,而且外形也比平面结构美观。一些大型的、较简单的车型一般都采用这种结构例如城市客车、轻型客车等。

空间曲面具有多变的曲率,在整个车身结构中更具有立体感,使车身更美观。这种曲面由于呈空间立体状,因此其刚度大,能承受一定的载荷。现代汽车绝大部分车身,特别是轿车车身都采用这种结构形式,如图 4-14 所示为空间曲面结构形式。

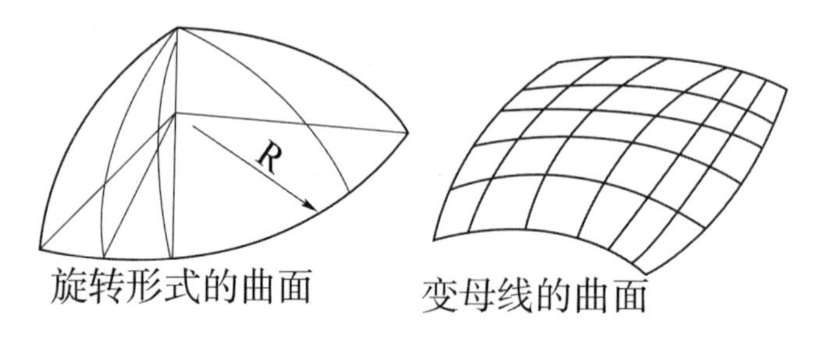

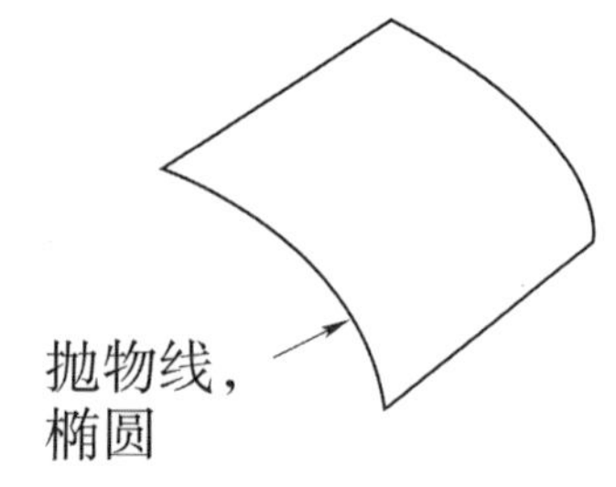

a)空间曲面　　b)按空间曲面所形成的构件

图4-14　空间曲面结构形式

1. 覆盖件的特点

汽车车身除了骨架以外，覆盖件是主要构件。车身覆盖件一般都用优质薄钢板制作。汽车覆盖件不管是车头钣金件还是车身钣金件，绝大部分都是外露件。而且由于车型的不同，其形状与制作要求也不同。车身覆盖件主要具有以下特点：

(1)汽车车身覆盖件的面积大、形状复杂，由各种不同的空间曲面组成。车身覆盖件单独存在的形式很少，大多用各种形状的构件经焊接、铆接等方法组合而成。

(2)由于车身覆盖件各部位的受力状况不同，覆盖件所受的承载力也不同，有的部位还会因剪应力的作用而受到不同程度的损伤。

(3)由于车身覆盖件的加工工艺不同，制作后加工应力的存在形式也不同，在使用过程中构件会因加工应力不同程度地释放而受到损伤。

(4)由于车身覆盖件绝大部分是外露件，在周围介质(如水汽、有害气体等)的侵蚀下会使金属表面发生氧化反应产生锈蚀。

(5)为了满足使用要求，车身覆盖件的边缘增强了刚度。

由于车身覆盖件具有以上特点，为了延长车身覆盖件的使用寿命，在制作过程中，必须根据它的特点结合实际情况进行。必要时，某些覆盖件也可用非金属材料替代。

2. 车身覆盖件轮廓曲线确定

车身覆盖件由于曲面形状不同，其轮廓曲线也复杂多变。车身覆盖件表面曲线主要有相等、相似和放射(共线)三种几何关系。相等和相似在曲面曲线中是较简单的几何形状，而放射在曲线中就较复杂。通过曲线放射可使车身覆盖件更立体而形成空间曲面。绝大多数车身覆盖件都是几何放射关系。如图4-15

所示就是一个由几何放射关系而形成的曲面,整个曲面是由两条逐渐变形的母线按所给定的规律经旋转或平移而组成,从图中可看出曲面是一些曲线在空中运动所构成的一个空间曲面。

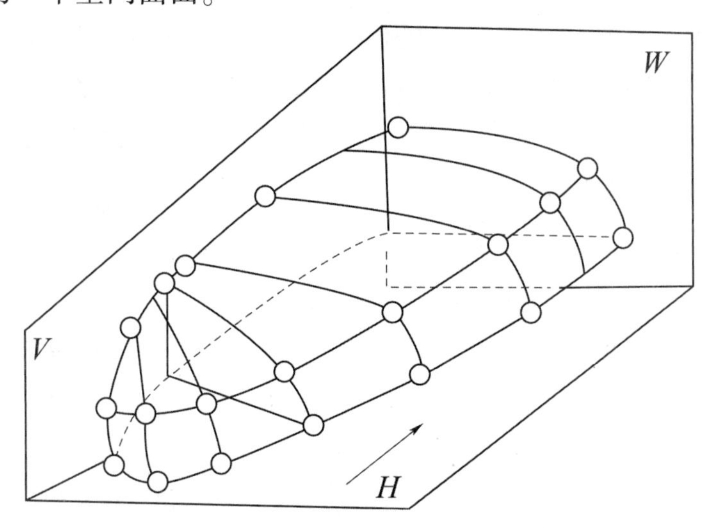

图 4-15　空间曲面结构形式

在了解车身覆盖件曲面的形成后,就能清楚地知道要进行车身覆盖件的仿制,首先应该确定所要仿制构件的轮廓曲线。这些轮廓曲线已经把车身覆盖件的表面形状大体表达出来,在仿制过程中就是根据这些轮廓曲线的变化规律及形成原则仿制成实际构件,因此确定这些基本曲线是非常重要的。

车身覆盖件单个存在的形式很少,一般都是由两个或更多的单个零件组成。车身覆盖件轮廓曲线确定的方法一般有两种。一种是理论计算法,就是将各单个形体的表面曲线通过计算机或手工计算的方法拟合起来,形成一个综合的曲线。在进行计算时,首先可通过方程式求出各单体曲线(圆、椭圆、抛物线、双曲线等),然后再通过方程式的计算将多曲线拟合起来。使用这种方法计算较复杂,要求操作人员具有坚实的理论基础。另一种方法是通过这样的方法将轮廓曲线确定下来。这种方法要求所仿制的构件必须有一个形状与尺寸完全符合设计要求的样件,确定轮廓曲线时可用出纸样或其他方法将所需构件的轮廓曲线确定下来。这种方法操作比较简单,也是目前手工仿制作业中常用的方法,但使用这种方法所确定的轮廓曲线精度不高,有时误差较大,所以在确定过程中必须不断地进行修整。

(三)车身覆盖件仿制操作

车身覆盖件手工仿制是一项技术性较强的工作,它除了涉及钣金工的所有基本操作技能外，还涉及其他工种的操作技能。因此，要做好仿制作业应具有多方面的操作技能。车身覆盖件的仿制可分为无胎具仿制与有胎具仿制两种（胎具也称为敲模）。无胎具仿制就是全凭手工操作，只是借助于一些现有的设备来进行。有胎具操作是事先要制作一个与仿制件基本一致的胎模，然后在胎模上进行操作。对于一些外形尺寸不大、形状较为复杂的钣金构件，若需要小批量制作加工，还可以自己动手制作简易模具（如低熔点合金模）进行压制。

1. 工具

1）手锤

钣金手锤是手工成型中不可缺少的工具，常用的几种手锤形状如图 4-16 所示。

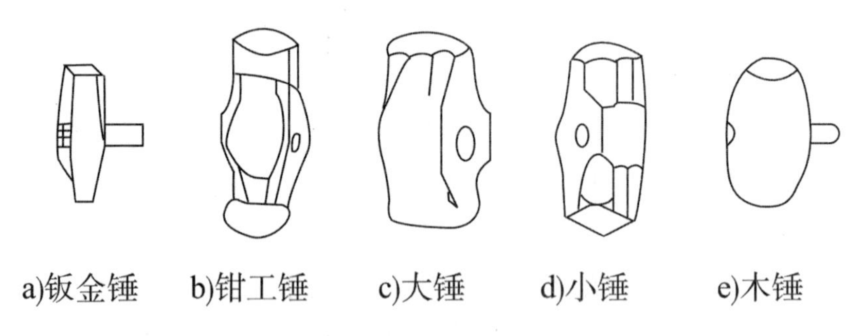

图 4-16　常用的手锤形状

质量 2kg 以上的手锤为大锤，2kg 以下的手锤为小锤。使用大锤时应右手在前、左手在后，两手紧握锤柄，两脚呈八字形分开站立，右脚向前一步或半步多。使用小锤时，右手握住锤柄，握法要适当，握得过前或过后都没有力量。使用手锤前应检查锤头是否装牢；手上有油时不得使用手锤，以防锤从手中飞出伤人；锤顶有油污和凹痕时不能使用，以防止使用时造成被加工工件表面不光滑。

手工成型中，用以锤击板料的手锤还有木锤，木锤一般用檀木制成。用木锤加工板料，锤击痕迹不明显，制件表面平整、光滑。木锤有平头木锤和球头木锤两种。

用以锤击板料的工具除手锤外还有方尺，方尺也称拍板，用檀木制成，其规格为长 400mm、宽和厚各为 45mm。方尺是板料弯曲的主要捶击工具，主要用于薄板件的卷边和咬接。使用方尺时注意不要用力过猛，使用后应妥善放置，不要使其受潮。

2)铳子

钣金工常用的铳子为实心铳,用于在薄板上冲孔或扩孔。铳子由中碳钢制造,并无固定规格,可由操作者按需要自制,制作时铳头部分要淬火,但受锤击的铳尾部分不能淬火,以防被锤击出的碎块飞出伤人。使用铳子时,应使铳头垂直向下。

3)线痕錾

线痕錾是一种没有锋刃的錾子,主要用于板料弯曲或按棱线加工,无固定规格,需要自制。线痕錾在使用时应检查刃口有无缺口,如有应修复后再用;使用时刃口应对准所踩线痕,被加工板料的反面要垫木块或其他软质垫物,以防将板料击裂。

4)打型平台

如图4-17所示为打型平台,打型平台通常由木桩制作,表面通常有圆坑。打型平台的作用是在手工成型敲打板件时为板件提供支撑。

图4-17　打型平台

2. 剪切操作

1)直线的剪切方法

如图4-18所示,剪切短料直线时,被剪去的部分一般都放在剪刀的右边。左手拿板料,右手握住剪刀柄的末端。剪切时,剪刀要张开大约2/3刀刃长。上下两刀片间不能有空隙,否则剪下的材料边上会有毛刺。剪切长或宽板材料的长直线时,必须将被剪去的部分放在左边,这样使被剪去的部分容易向上弯曲。

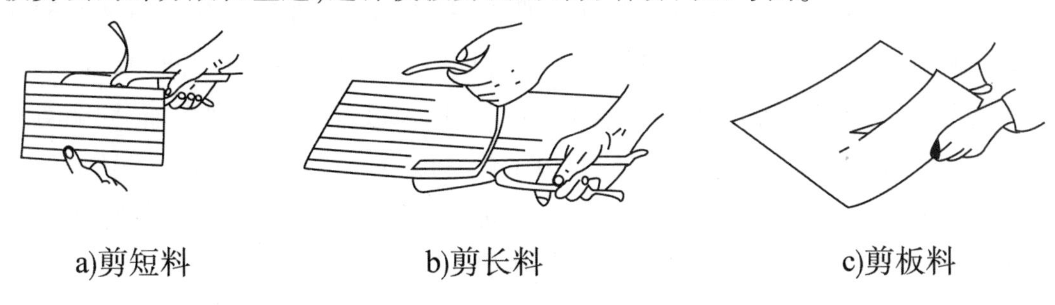

a)剪短料　b)剪长料　c)剪板料

图4-18　直线的剪切方法

2)圆的剪切方法

如图4-19所示,剪切外圆时应从左边下剪,按顺时针方向剪切,边料会随着剪刀的移动而向上卷起。若边料较宽时,可采取剪直线的方法。剪切内圆时应从右边下剪,按逆时针方向剪切,边料会随着剪刀的移动而向上卷起。

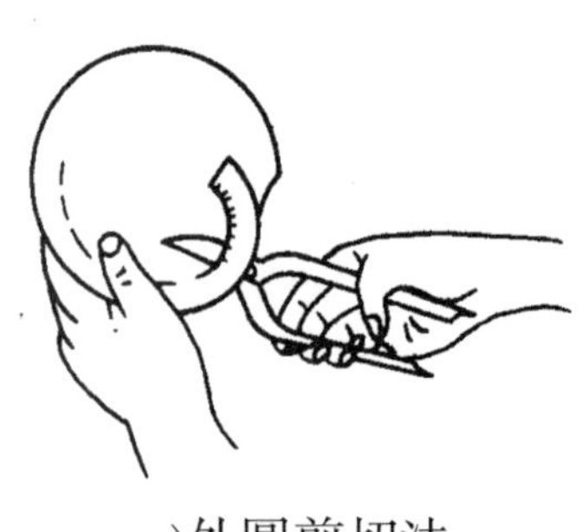

a)外圆剪切法

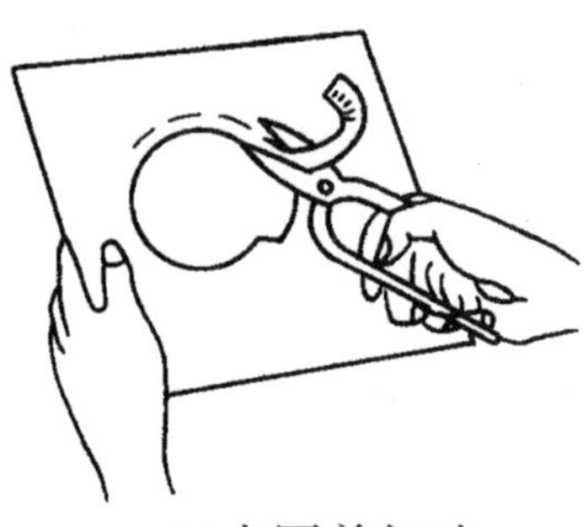

b)内圆剪切法

图 4-19　圆的剪切方法

3. 无胎具仿制作业

当仿制作业是单件产品时,一般采用无胎具仿制作业法。这种作业操作较为简单,不需任何模具,只需几把手锤、垫铁等基本简易工具就可操作,因此制作的成本较低。无胎具仿制作业在汽车维修行业中是一种较为适用的钣金件制作方法。无胎具仿制作业的具体操作步骤如下。

1)板料的选择

手工仿制车身覆盖件时,应选择与原来钣金件材料性能相近的金属材料,一般选用塑性、韧性较好的低碳薄钢板。低碳薄钢板有各种不同的厚度,有冷轧板与热轧板的区分,通常根据被仿制钣金件的厚度选择 0.8 ~ 1.0mm 冷轧低碳薄钢板作为仿制件板材。

2)仿制件下料

仿制件下料大体上可分为展开放样、划线、下料、修整等。车身覆盖件绝大部分是空间曲面体,对仿制件下料首先要将空间曲面体进行展开。作展开时可按图纸或对样件的测量结果展开放样,放样时应注意对边缘有弯曲、咬缝、卷边的要放出足够的加工余量,同时由于曲面体在加工过程中会出现收缩、起皱等现象,所以还要加放修边余量,加放的修边余量一般沿周边加大 20% 左右为宜。

下料时可采用多种方法,尽可能采用机械操作下料。下料时要保持板料的平整,不要任意进行扭曲,避免造成板料边缘不必要的延展。

3)仿制件制作

车身覆盖件的加工工艺主要是弯曲、拱曲、收缩、放边等。在仿制过程中可根据需要通过手工操作或有关机械加工的方法,结合弯曲、拱曲、收缩、放边等将构件制作成型。在仿制作业中要严格掌握平、直、圆这三个基本要素,即制作时要求制件表面平整、棱线挺直、圆角和顺。仿制件制作可按如下步骤进行。

(1)基本成型,将经剪切加工后的仿制件坯料,按所需仿制构件的尺寸和形状选择合适的加工工艺。制作时应遵循先难后易、先中间后边缘、先成型后收边的原则进行。对需要拱曲、收缩等工艺操作的应先进行这些工艺操作,然后再进行弯曲、卷边等工艺操作。

在制作过程中,应经常用检测卡板对制件进行检测,特别是带有圆弧的制件,要边制作边用卡板检测。一旦圆弧过度再要返回重新制作不仅要消耗大量工时,而且会严重影响制件质量。在成型过程中,要随时掌握制件的尺寸与形状,一定要使制件的形状和尺寸全部符合设计要求。

制件在成型时还应注意其表面粗糙度,制件表面应光滑、平整、圆弧过渡和顺,直线部分应平直无弯曲、突棱及折点。

(2)修整成型,仿制件基本成型后,还不是最后完工的状态,只有经过修整整形才能最后成为产品。在修整整形时,应仔细地用检测卡板对各相应部位进行检测校核,如有不符的应再进行整形,对制件的表面进行精加工,直到整个制件所有的尺寸与形状全部达到该制件的原出厂要求。对制件表面如有不平整或圆弧不和顺的要求,可通过进一步的修整,最后对制件进行修边或弯曲等修整。

(3)装配校验,仿制完工的制件虽经修整,但是否符合要求必须经过装配校验才能确定。仿制的构件有的是直接作为完整的构件使用,但更多的是要与其他构件配合,经焊接或其他连接方法构成一个整体,才能成为一个完整的产品。如果是作为完整的单件产品使用,应进行安装调整,使各部位均达到安装要求。如果是要与其他构件配合组装,应进行配合组装试验,直至达到要求。如果是焊接成型的则应进行焊接连接,焊接时应采用气体保护焊,还要注意消除焊接应力。

4. 有胎具仿制作业

小批量仿制或需要经常仿制相同制件的,可采用有胎具仿制作业。在进行有胎具仿制作业前,首先应制作一定形状的胎具(或是与构件形状完全一致的胎具)。有胎具仿制作业的坯料尺寸可比无胎具仿制作业的坯料尺寸稍小一些,一般小于15%左右即可。

由于车身钣金件绝大多数都是曲面制件,因此对一些圆弧较大的制件,可先对板材进行初步的拱锤,如图4-20所示。然后再用夹具将拱锤后的板材夹紧在胎具上,利用胎具的形状将板材制作成型。

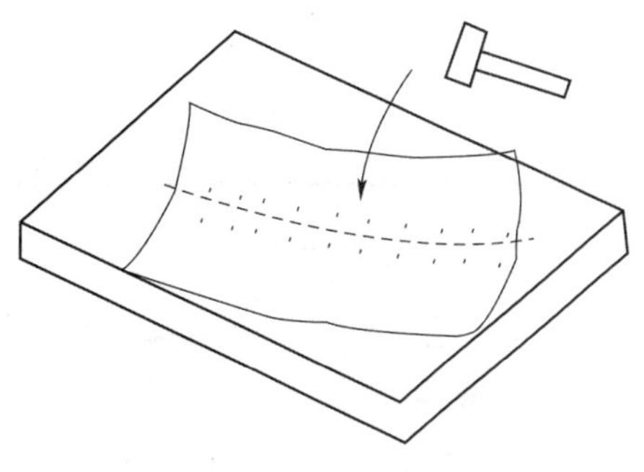

图4-20　初步拱锤

制作时先用木锤在胎具上将坯料制作成型,锤击时从曲率最大处先入手,再慢慢地向曲率小处过渡。曲率大处击点要密,曲率小处击点要稀。木锤将板材锤击到与胎具完全吻合后,再用钣金锤将整个锤击面锤击一遍,使整个制件与胎具全部贴合,如图4-21所示。

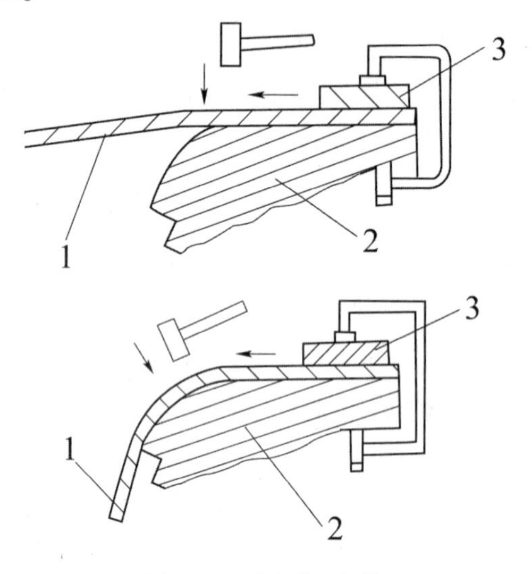

图4-21 锤击示意

1-板材;2-胎具;3-压紧垫板

对一些有止口边的构件,应在主曲面制作完后再制作,如图4-22所示。

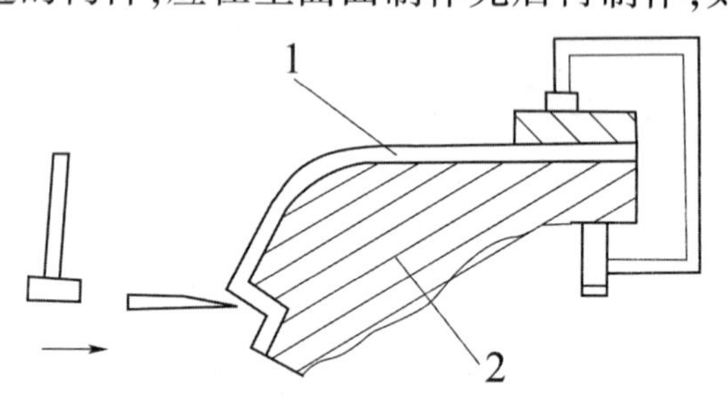

图4-22 止口锤击示意

1-板材;2-胎具

整个制件制作完工后,如有皱折无法整平或是止口成型后与胎具不够贴合时,应对这些部位整形,也可用加热操作的方法来收平皱折或对止口整形。

二、任务实施

1. 准备工作

(1)场地设施:装有废气抽排系统和消防设施的车身修复场地,场地应配备相应的压缩气源和电源。

(2)设备设施:手工成型组合工具,单作用打磨机、气动锯、打型平台等。

(3)工量具:300mm 钢尺,划规,划针,划针盘,中心冲,手锤,剪刀,大力钳。

(4)劳保用品:工作服,手套,防护眼镜,耳罩,劳保鞋。

(5)耗材:记号笔,低碳钢板。

2. 技术要求与注意事项

(1)在裁剪学习任务 3 放样的材料时,应注意适当留取加工余量。

(2)穿着干净整洁的工作服,遵守场地安全规定,注意用电安全。

(3)在翼子板手工成型时,注意板件的棱角,避免划伤。

(4)正确使用手工成型工具。

(5)对翼子板的筋线、轮廓等处成型时,应注意尺寸精度。

3. 操作步骤

根据学习任务 3 中放样钢板,进行翼子板制作。

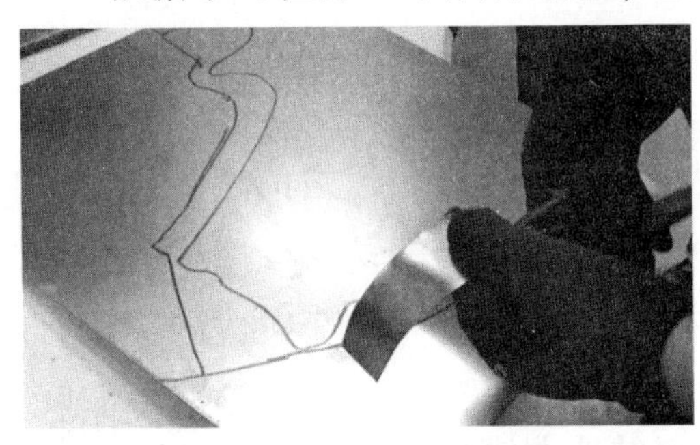

图 4-23　剪切钢板

(1)剪切钢板。

对学习任务 3 中放样的钢板进行粗剪切,如图 4-23 所示。剪切时,注意应佩戴手套,避免划伤。剪切钢板时,应留出加工余量。

剪切钢板

(2)制筋。

制筋

根据下料完成后的板件开始制作筋线,用錾子沿折边线錾出筋线,如图 4-24 所示。

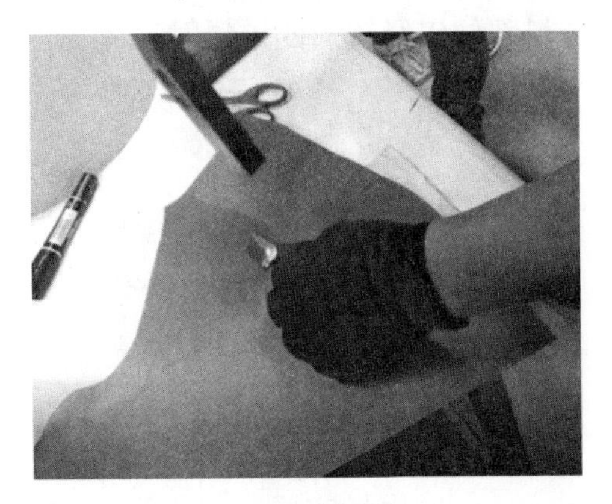

a)制筋

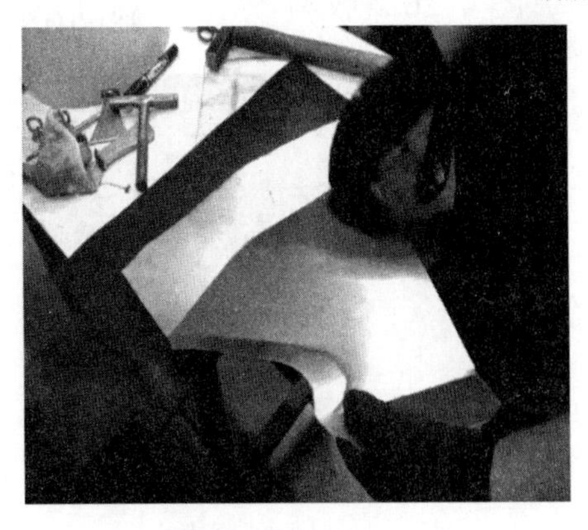

b)制筋完成

图 4-24　制作筋线

(3)制作表面弧度。

翼子板表面光滑的圆弧形,在手工成型翼子板前应先制作,所以在放料之前应先用前端圆滑的錾子把表面弧度錾出来,如图 4-25 所示。

制作表面弧度

(4)敲击收料。

a)制作弧度

b)弧度制作完成

图 4-25　制作表面弧度

敲击收料注意应遵循先收后放的原则。收料时一定要一次性收到位,弧度要与原前端表面弧度一致,收边之前用特殊工具先锁边,也就是说将需收料的铁皮处终端先折边锁死,这样收料才不能延展,如图 4-26 所示。

图 4-26　收料

(5)放料。

把需要放料的地方放在带有圆形凹陷的橡胶桩上,用木锤进行敲击使敲击部位板件延展,如图 4-27 所示,从而起到放料的作用,放料部位以经线向四周辐射,由深至浅。

放料

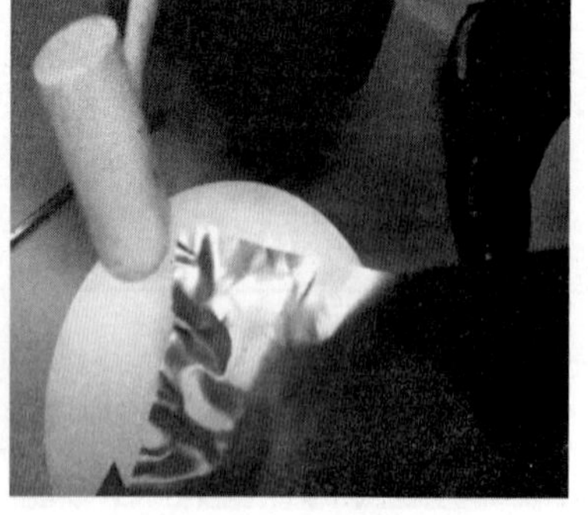
a)放料操作

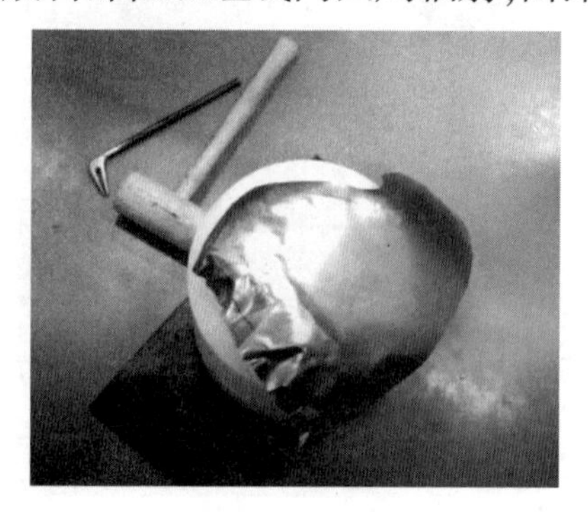
b)放料完成

图 4-27　放料

(6)精修剪板件。

精修剪板件

放料完成后,沿画线边缘剪切掉多余边角料,如图4-28所示。注意板件一定要固定牢固,避免多剪或少剪。

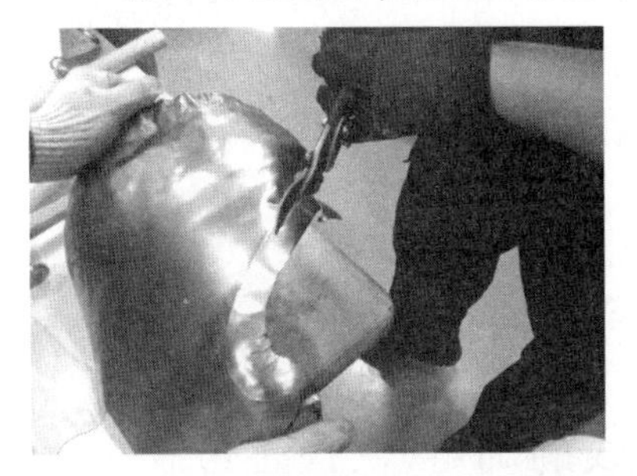

图4-28　剪切掉多余边角料

(7)折边。

折边

精下料后,沿着之前錾好的经线进行折边,将需要折边的地方靠在工作台的边缘或棱角处,先用木锤或橡胶锤敲除轮廓,如图4-29a)所示,再用钣金锤敲击使其折边更加具有棱感,如图4-29b)所示。最后用台虎钳夹住不同形状的錾子,对板件进行精修,如图4-29c)所示。

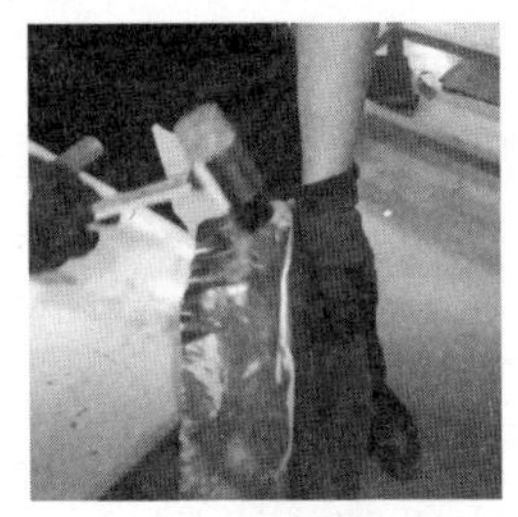

a)粗敲

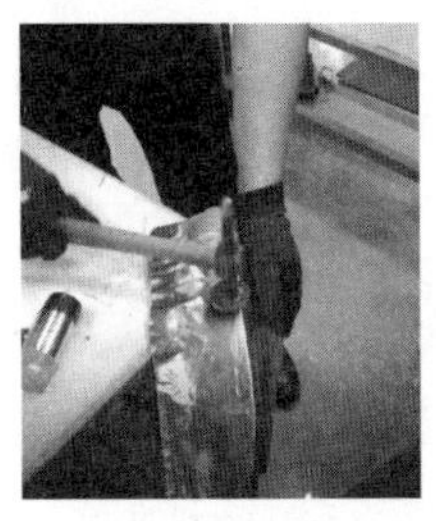

b)精敲

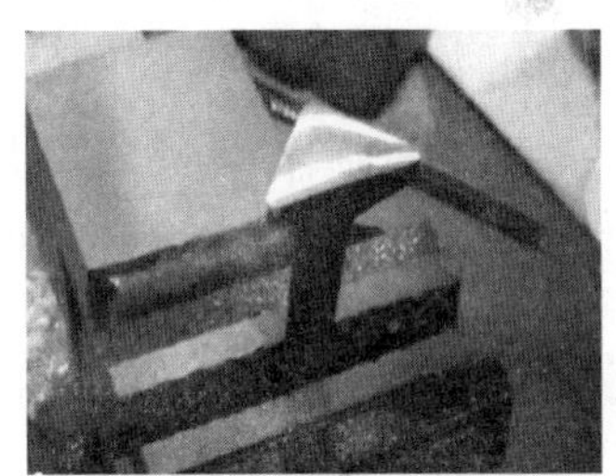

c)修整

图4-29　折边

(8)测量。

在折边过程中要不断用弧度尺对折边进行测量,如图4-30所示,如发现与弧度尺有较大误差时,要对其重新放料,每条边亦要如此。

(9)用打磨机打磨边缘毛刺,如图4-31所示。打磨毛刺会避免维修人员在后续的操作中划伤。

打磨边缘毛刺

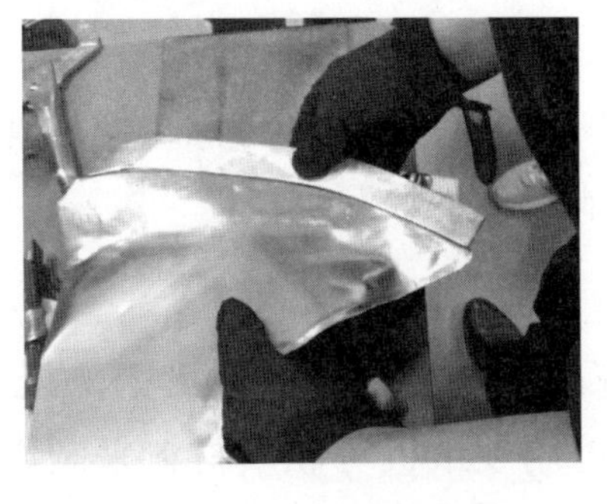

图4-30　弧度尺测量

图4-31　打磨边缘毛刺

(10)最后与原翼子板进行对比,再用手工修复方法做最后调整,如图4-32

所示。这样即完成了翼子板的手工成型。

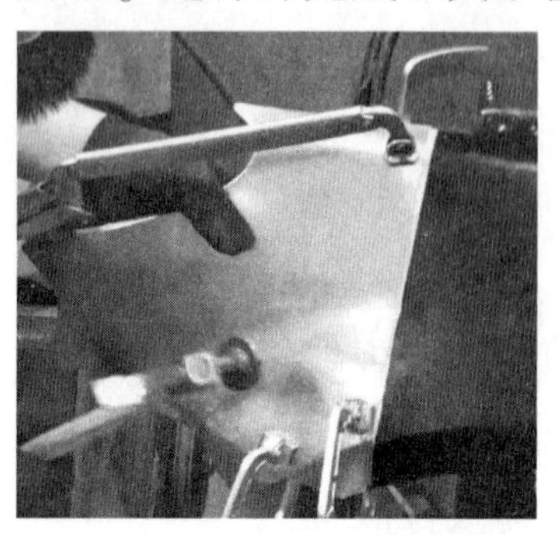

图 4-32　与原来翼子板尺寸比对

(11)任务实施完后,按照 5S 管理标准,整理操作工位及场地。

板件对比

三、学习拓展

(一)检测卡板

车身覆盖件轮廓曲线的确定,仅仅是仿制作业的第一步。轮廓曲线的精确程度直接关系到制件制作的正确程度,要使制件获得精确的轮廓曲线,在轮廓曲线确定以后,制作检测卡板是必不可少的一步。而卡板检测部位选择是否正确、卡板尺寸与形状是否正确又将直接关系到制件的质量。要有一个高质量的制件,如何正确制作检测卡板是一个必须考虑的重要因素,每一个汽车维修钣金工都必须熟练掌握检测卡板制作这一技能。

(二)检测卡板确定

由于车身覆盖件大多是形状复杂的曲面制件,因此,仿制的构件应在哪些部位进行检测,需要多少卡板,这些都必须在制作构件前正确选择确定。

一个构件哪些部位需进行检测,选择的合理与否,直接关系制件质量与形状的正确性。在选择检测部位时一般都应选择在制件的关键部位,如构件的接合处、圆弧的最高或最低处、形状的转折处(拐点)等,这些都是检测的关键部位。由于每处圆弧都是不等的,因此一旦确定检测部位后,卡板的检测部位就不能改变,在制作过程中的每一次检测都应在同一部位,以免检测不准导致制件不符合要求。

(三)检测卡板制作

构件的检测部位一旦确定,制作检测卡板便是关键。因为即使检测部位选的最正确,但卡板制作不正确,也会直接影响制件的质量。

1. 卡板材料的选定

制作卡板的材料应是硬质材料,一般选用金属板材。如碳素钢薄板、铝合金板等都可作为卡板材料。遇到特殊情况也可用硬纸板等软质材料来制作卡板。

2. 卡板制作

材料选定后,在制作卡板时还应有符合要求的样件或标准图纸,以供制作时作校验用。卡板的具体制作步骤如下：

(1)卡板编号。检测卡板可以是外卡板，也可以是内卡板，根据检测是否方便来决定。一般在构件上圆弧变化较大、长度较长的渐变圆弧以及筋线等位置制作多块卡板，并在每块卡板上按顺序编号。如图 4-33 所示为左前翼子板编号样板。根据左前翼子板的形状特征，确定 7 条卡板位置，分别为竖向 3 条，横向 4 条。

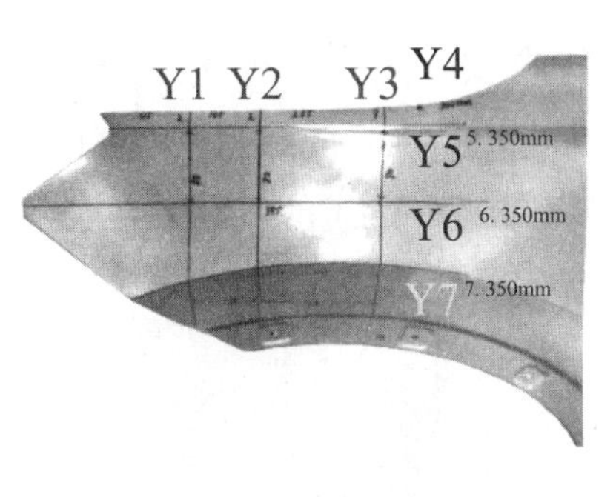

图 4-33　编号样板

(2)卡板画线。在板料上画出仿制构件检测处的曲线形状。如使用图纸作标准的可通过其他工具如坐标测量仪等，将测出的数据画出曲线形状，也可在板料上直接用几何作图法画出曲面曲线。如使用实样作标准的可用过样法，即用硬纸板在样件上出纸样作出曲面形状，然后通过纸样在板料上画出符合精度要求的曲面图纸。在绘制曲面曲线时应考虑修整的需要，放出修边余量，如图 4-34 所示，图中黑色线即为标识的卡板修边余量。

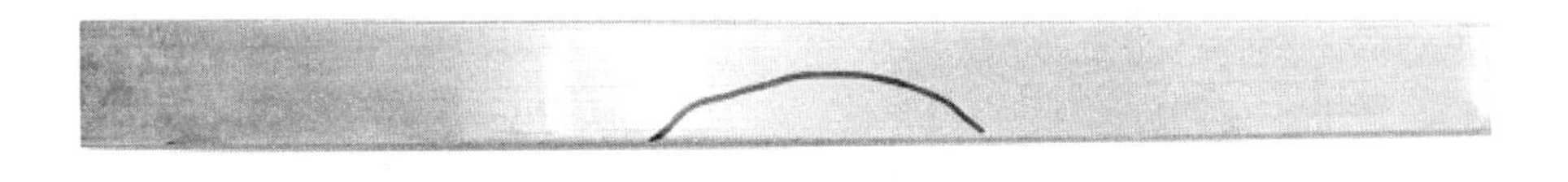

图 4-34　标识卡板修边余量

(3)卡板成型。按画出的曲线形状，制作卡板。制作时可以使用钣金锤进行放边，对于多余部分也可以用剪切、磨削等方法进行去除。如图 4-35 所示为使用钣金锤对样板进行放边操作。

(4)卡板修整。卡板基本成形后，其曲线形状不一定能符合样件曲面的要求，必须经修整后使其曲率与样件的相应部位完全吻合。修整时可以用多种方法，较多的是用锉削的方法将余量去除，使卡板的曲线与样件的曲面完全吻合，如图 4-36 所示。

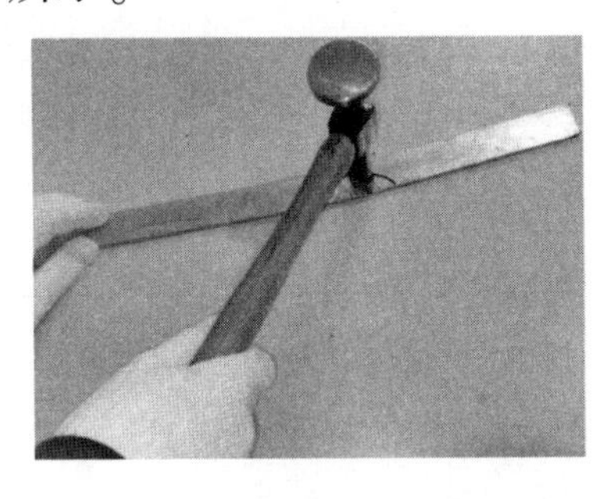

图 4-35　对样板进行放边操作

图 4-36　使用锉刀修整卡板

（5）卡板复验。卡板修整完后应经过复验，直到所有曲线与相应曲面完全符合要求后才能作为合格的检测卡板，如图4-37所示为卡板复验。制作完成的卡板应平整，曲线部位圆弧应和顺光滑，不能有急弯和突棱现象。如图4-38所示为制作完成的卡板。

图4-37　卡板复验

图4-38　制作完成的卡板

四、评价与反馈

1. 自我评价

（1）通过本学习任务的学习你是否已经知道以下问题：

①放料的原理是什么？

______________________________。

②敲击边缘的过程中时应注意哪些问题？

______________________________。

（2）收料的步骤是什么？

______________________________。

（3）实训过程完成情况如何？

______________________________。

（4）通过本学习任务的学习，你认为自己的知识和技能还有哪些欠缺？

______________________________。

2. 小组评价

小组评价见表4-1。

小组评价　　表4-1

序号	评价项目	评价情况
1	着装是否符合要求	
2	是否合理规范地使用仪器和设备	
3	是否按照安全和规范的流程操作	
4	是否遵守学习实训的规章制度	
5	是否能保持学习实训地整洁	
6	团结协作情况	

3. 教师评价

____

____。

签名：__________ ________年____月____日

五、技能考核标准

考核的方式建议采用每个人独立完成学习领域中的实训任务，培养学生独立自主完成任务的能力。实训任务综合性较强，以根据学生完成实训任务的情况评价整个学习领域的学习效果。表4-2为技能考核标准。

技能考核标准表　　表4-2

序号	项目	操作内容	规定分	评分标准	得分
1	劳保用品	劳保用品穿戴	10分	工作服、劳保鞋、护目镜、耳塞、防尘口罩，每少穿戴一项扣3分	
2	筋线制作	筋线制作	25分	经线制作整齐，不歪斜，不重复，不遗漏线条，每错一处扣5分，扣完为止	
3	放料	放料	10分	放料时一定要一次性收到位，弧度要与原前端表面弧度一致，收边之前应先锁边，错误扣15分	

续上表

序号	项目	操作内容	规定分	评分标准	得分
4	收料	收料	10分	收料后没有开裂,断口,如有扣10分	
5	裁剪	裁剪	15分	裁剪不能有毛刺,倒角,多剪,少剪,每有一处扣5分,扣完为止	
6	打磨	打磨	10分	打磨边缘后没有毛刺,倒角,如有扣10分	
7	比对	比对	10分	对比原件完全重合,不重合处每处扣5分,扣完为止	
8	5S整理	场地整理	10分	未对场地进行5S整理扣10分,每项5S整理不符合要求扣2分,扣完为止	
总分			100分		

项目三　车身板件损伤修复

学习任务5　钢板凹陷修复

学习目标

☆ **知识目标**

1. 能描述钢板弹性变形和塑性变形的原因；
2. 能描述钢板操作的修理步骤；
3. 能对比不同凹陷复方法的特点。

☆ **技能目标**

1. 能判断钢板的弹性变形和塑性变形；
2. 能对钢板凹陷进行修复；
3. 能对板件进行缩火。

建议课时

8课时。

任务描述

在日常生活中，由于驾驶员的粗心大意造成了车门的剐蹭，损伤较轻。现需要对车门剐蹭损伤部分进行维修。

一、理论知识准备

（一）金属的结构特性

1. 金属的晶体结构

金属是由原子构成的，原子又按着一定的几何形状有规律地排列。不同的金属，其原子排列规律是不同的，有些金属虽然排列图形规律相同，但原子的大小和原子间的中心距是不同的。这些由许多原子按一定几何形状排列的立体图形,称为“结晶格子”,简称晶格,常见的晶格类型如图 5-1 所示。

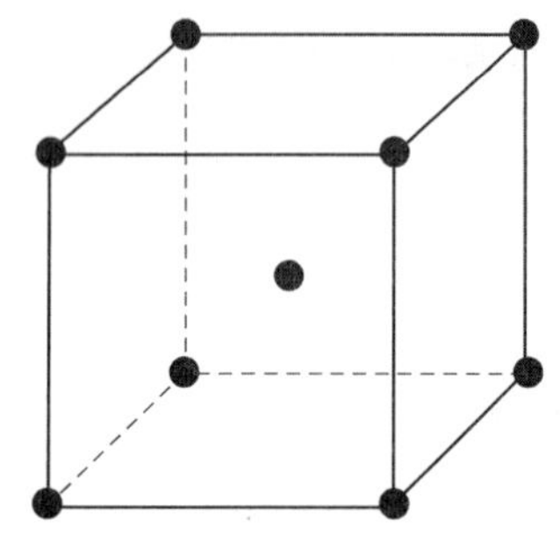
图 5-1　常见的晶格类型

晶格在空间按一个方位排列的晶体称为单晶体,单晶体金属的性能呈各向异性。但实际上金属是由许多不同位向的单个晶体所组成的多晶体,在多晶体中各个单个晶体的各向异性相互抵消,使其在各方向的性能基本一样。

2. 金属的变形

金属材料有很多性能,可分为物理性能、化学性能、力学性能、工艺性能等,对车身修复人员来讲,钢材的力学性能分析很重要,而钢材的力学特性主要有三种,即弹性变形、塑性变形、冷作硬化和加工硬化,钢板的力学特性都与施加在金属材料上的力所产生的各种影响有密切的关系,它们都与“屈服点”有关,屈服点(抗拉强度)是指金属材料拉伸断裂前钢材所能承受的最大载荷,如图 5-2 所示。

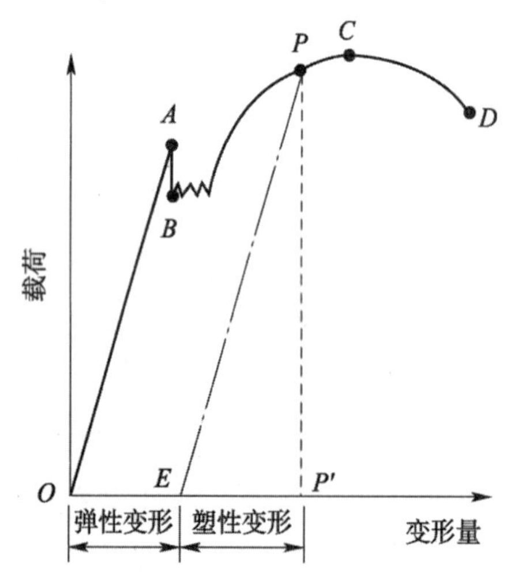

图 5-2　金属的变形过程

1) 弹性变形

弹性变形是指金属材料在外力作用下产生变形,当外力去除后,金属将恢复到原来的形状。金属弹性形变的实质是:金属在没有外力作用时,内部的晶格原子处于平衡状态,如图 5-3a) 所示。在受到外力的作用下,引起原子间的距离改变,造成晶格畸变,使晶格处于不稳定的状态,表现为整个晶体的变形,如图 5-3b) 所示。当外力去除后,晶格中的原子在内力的作用下,又恢复到了原来的平衡位置,晶格畸变和整个晶体的变形就立即消失。例如:一块金属板,缓慢地折弯,未达到弹性极限时撤销外力作用,它将会回弹到原来的形状。

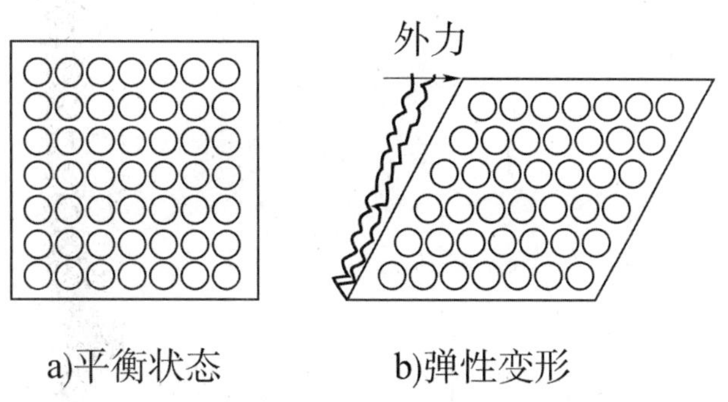

a)平衡状态　　b)弹性变形

图 5-3　钢材的弹性变形

2)塑性变形

塑性变形是指金属材料在外力作用下产生变形,当外力去除后,金属不能恢复到原来的形状。塑性变形的实质是:在弹性变形的基础上,如果外力继续加大,晶格的畸变程度也随之增大,当畸变到一定程度时,晶格的一部分相对另一部分产生较大的错动,错动后的晶格原子在新的位置与附近的原子组成新的平衡。当外力去除后,原子间的距离可以恢复原状,但错动的晶格却不能再恢复到原来的位置。如图 5-4 所示为金属的塑性变形。

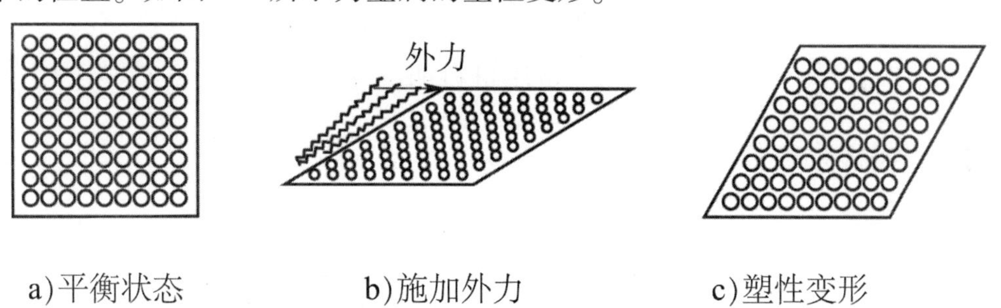

a)平衡状态　　b)施加外力　　c)塑性变形

图 5-4　钢材的塑性变形

实际受损钢板的变形分为塑性变形和塑性变形导致的弹性变形。塑性变形恢复后,由其导致的弹性变形也会相应得到恢复。所以在维修时应注意区分塑性变形和弹性变形。

3)冷作硬化和加工硬化

冷作硬化是指金属材料在常温或再结晶温度以下,加工时产生强烈的塑性变形,使晶格扭曲、畸变,晶粒产生剪切、滑移,晶粒被拉长,这些都会使表面层金属的硬度增加,减少表面层金属的塑性变形。加工硬化是指金属材料在常温或再结晶温度以下塑性变形时强度和硬度提高,而塑性和韧性降低的现象。无论是冷作硬化还是加工硬化,从晶粒排列上看,被挤压或拉伸后,晶粒产生了位移,由原来的规则形状,变成不规则形状并重新排列,如图 5-5 所示。

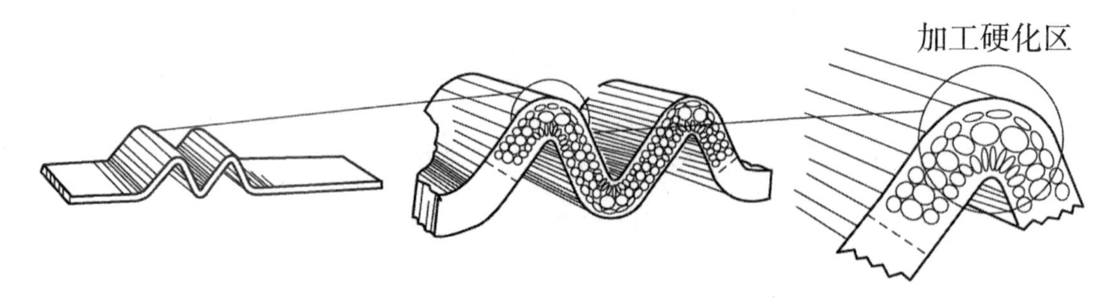

图 5-5　金属材料冷作硬化和加工硬化的过程

金属材料被弯曲或加工就已经产生加工硬化，它是金属材料损坏的根源，当汽车发生碰撞产生变形时，进一步产生加工硬化，而修理人员对碰撞损伤车身修复过程中，也会产生加工硬化，如图 5-6 所示。

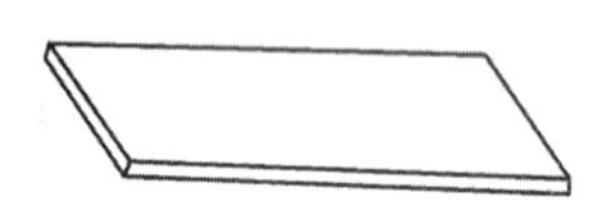

a)未产生加工硬化的金属材料

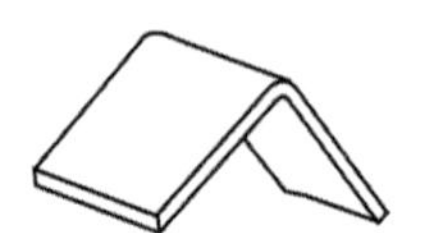

b)生产制造过程产生加工硬化或车辆发生碰撞产生加工硬化

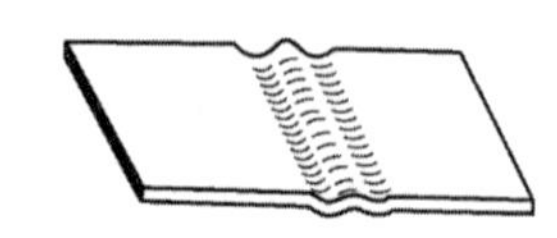

c)板件修理产生加工硬化

图 5-6　金属材料加工硬化

(二)钢板损伤修理步骤

1. 评估受损范围

1)评估受损范围

在维修钢板前应先对钢板的受损情况进行评估，以确定损伤范围。评估受损范围的方法有：目视、触摸、按压、对比。

(1)目视。

目视的作用是确认受损部位的边缘。目视是根据光线投射到钢板表面，反射出的光线扭曲程度判断损伤情况，光线越扭曲则说明钢板变形越严重。目视评估时应从多角度、大范围观察钢板表面，如图 5-7 所示。在目视损伤评估前应先将钢板进行清洁，避免因钢板表面的污渍影响损伤评估。

(2)触摸。

触摸的作用是检查钢板的塑性变形、凹陷和突起。触摸时应佩戴棉手套，避免受损钢板表面的毛刺或尖角对维修人员造成伤害。损伤评估时，应触摸受损和未受损表面，因为现在汽车的形状各异，避免将出厂时本身的突起，误判为损伤。如图 5-8 所示为触摸的损伤评估方法。

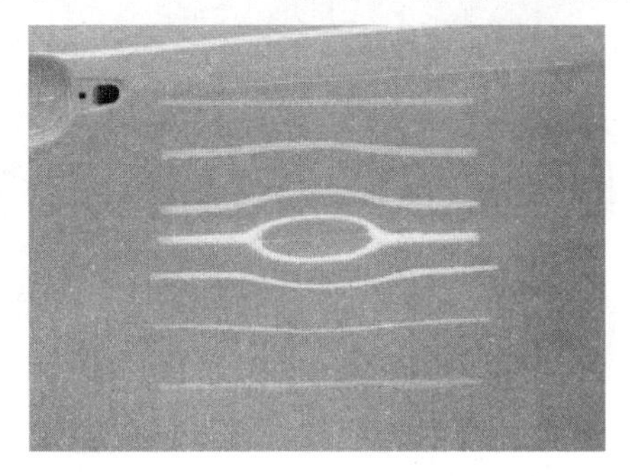

图 5-7　目视评估钢板

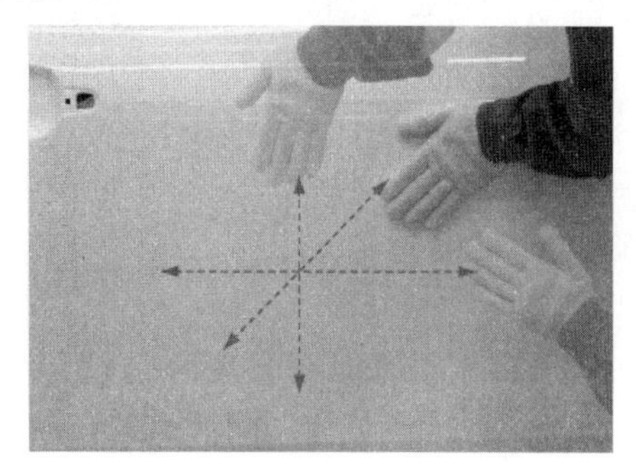

图 5-8　触摸评估钢板

（3）按压。

按压的作用的是检查受损表面的张力。有些钢板发生碰撞后虽然外形未变，但钢板的张力却降低了。所谓张力降低，就是钢板发生蹦弹现象。维修后的钢板应确保其张力与未受损时的张力相同。按压时，应使用拇指按压，按压的力度应适中，力度过小不能检查钢板表面的张力，力度过大则会造成钢板变形。按压的力度应是当按至指尖变白时即可。按压时应对比受损处与未受损处以及另一侧钢板的张力变化。按压应该检查整个钢板的张力。如图 5-9 所示为按压评估钢板。

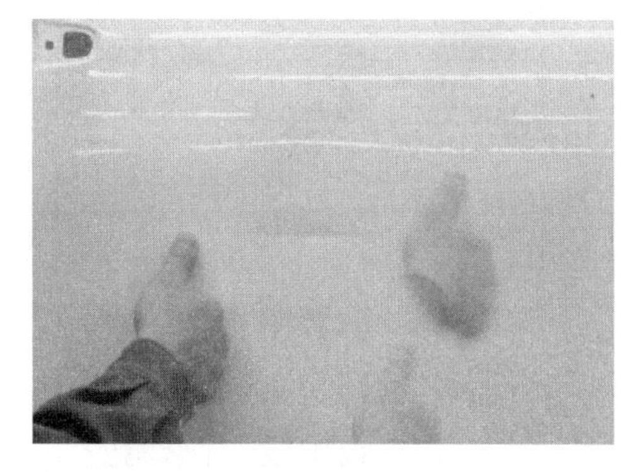

图 5-9　按压评估钢板

（4）对比。

对比的作用是确保已做的标记高于未受损表面的部位。对比受损处与未受损处，标记出突起部位。对比是通过移动直尺，通过直尺与钢板间的间隙判断受损范围，若为高点，则直尺两端悬空，直尺可以左右晃动；若为低点，则直尺与钢板间存在间隙，间隙越大说明低点越低。如图 5-10a）所示为对比检测位置，b）所示为对比的结果。从 b）图中可以看出，C 是损伤最严重的位置。若钢板受损面积较大，为了准确地评估受损范围则应使用另一侧钢板做对比。

2）使用修复技术进行维修

修复技术主要是恢复车辆的形状、板件表面的张力。使用的方法有钣金锤和手顶铁、垫圈焊接及缩火技术维修。表 5-1 对以上几种修复方法的适用范围、实例进行了对比。

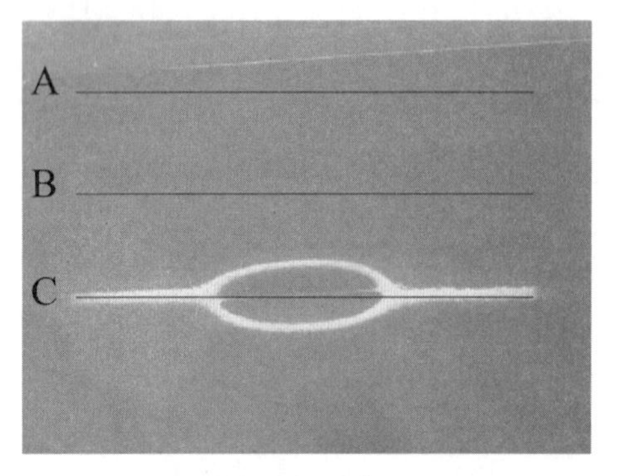

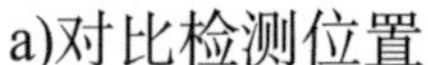
a)对比检测位置

b)对比结果

图 5-10　对比评估钢板

几种修复方法对比　　表 5-1

钢板修理方法	钣金锤、手顶铁	垫圈焊接机	缩火
适用范围	可以直接触及内侧的区域	不可以直接触及内侧的区域	强度降低或高点部位
实例	前翼子板、后翼子板后段、后下围板、车顶钢板中段、行李舱盖	后翼子板轮弧部分、前后车门外板、车门槛板、前中后柱钢板、车顶钢板的前后及侧部、发动机舱和行李舱钢板	延展强度降低的钢板,高点部位

3)评估维修后的钢板

修复后的板件要对其进行修复质量评估,主要从以下四个方面进行评估:恢复钢板表面,恢复钢板的外形是车身修复的重要任务;恢复车身线和钢板边缘,车身线是车身外观重要的标志,也是修复难度最大的地方,修复中首先应恢复车身线;恢复钢板的张力,恢复钢板的张力,使其具有较高的张力,避免因高速行驶而发出异响;正确连接装配件,将拆卸后的部件正确地装在车身上。

4)防锈处理

钣金修复后的钢板将破坏钢板的防腐层,若不进行防锈处理,则钢板会生锈。所以修复后的钣金件必须对其进行防锈处理。防锈处理可以使用环氧底漆,也可以使用防锈蜡。

(三)手工修复

1. 手工修复的原理

手工修复的原理就是利用传统的手工修复工具,如钣金锤、手顶铁、撬棍等对板件的凹陷进行修复。手工修复板件凹陷时,用工具将凹陷往外顶,同时使用钣金锤对高点进行敲击,修复板件表面的损伤。

2. 手工修复工具

1)钣金锤

钣金锤用来敲击校正已经撞伤的部位,使其重新复位。常用的钣金锤如图 5-11 所示。横向锤顶端为水平面,用于修平或修整钢板表面。纵向锤顶端纵向拉长,配合錾子或尖头锤等工具使用。木锤带有圆柱状木制锤头,维修时可以减轻钢板的延展。

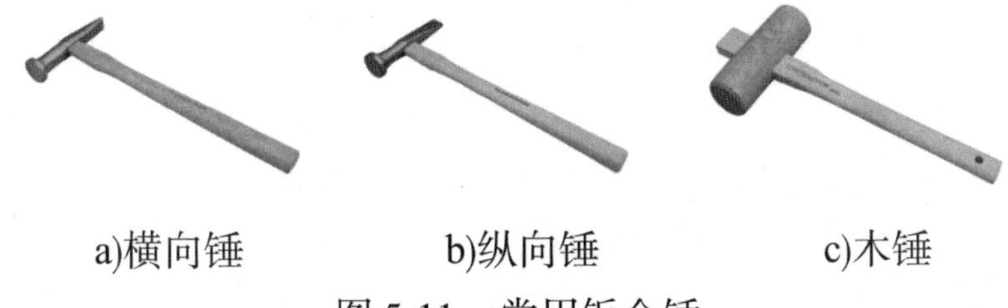

a)横向锤 b)纵向锤 c)木锤

图 5-11 常用钣金锤

钣金锤的握法如图 5-12 所示。a)图中手掌末端离锤把末端 10 ~ 20mm 为宜。手掌末端离锤把末端太远则敲击费力,同时锤把末端容易敲到其他地方;手掌末端离锤把末端太近,则敲击时钣金锤容易滑落,造成安全事故。b)图中锤把与手臂成 120°,这样的角度是握持最舒适的角度。每次使用钣金锤前,应先检查锤头与锤把是否出现松脱的情况,如有松脱应紧固后再使用,避免发生安全事故。

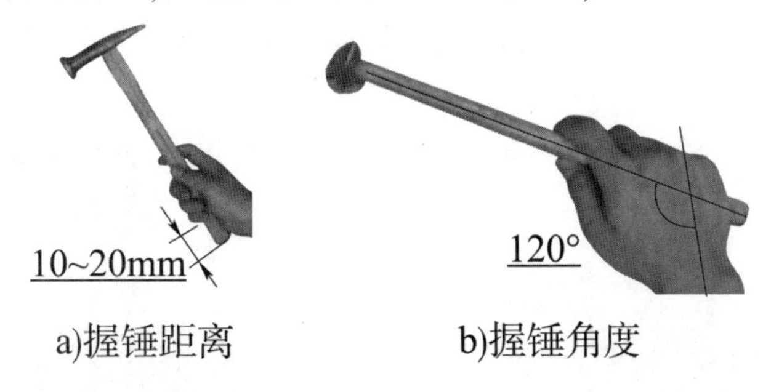

a)握锤距离 b)握锤角度

图 5-12 钣金锤的握法

使用钣金锤用力敲击时摆动手肘,轻轻敲击时摆动手腕。钣金锤的锤面应与钢板表面平行。正确的敲击痕迹如图 5-13a)所示,应为圆形。敲击时钣金锤锤面未与钢板表面平行时,敲击出的形状为图 5-13b)所示,会在钢板表面形成

“月牙形”,这样的敲击将造成钢板表面凹凸不平,损伤钢板。

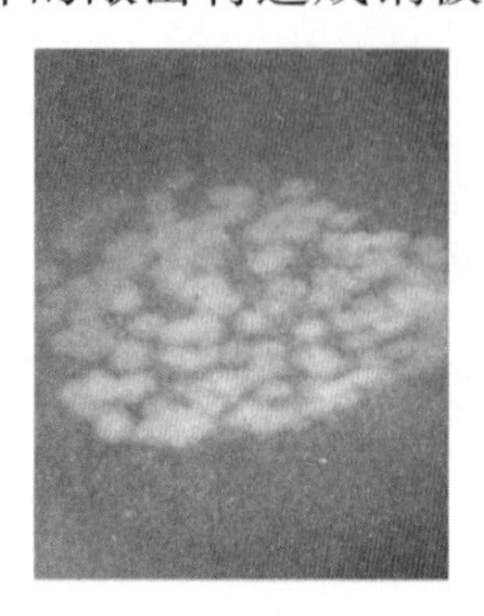
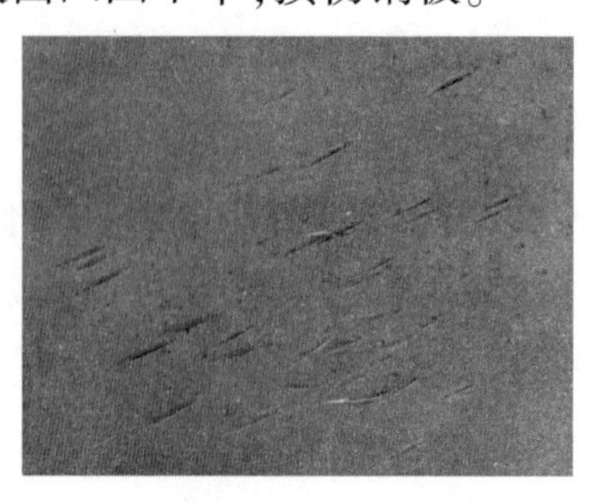

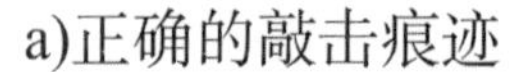
a)正确的敲击痕迹　　b)不正确的敲击痕迹

图 5-13　敲击痕迹

2)手顶铁

手顶铁,也叫垫铁,通常顶在锤敲击金属板的背面,用锤和手顶铁一起作业可使拱起的部位下降,或使凹陷部位上升。如图 5-14 所示为手顶铁。

图 5-14　手顶铁

手顶铁有高拱形、低拱形、凸缘等多种不同形状,每种形状用于特定的凹陷形式和车身板面外形。手顶铁与板件外形的配合非常重要,假如在高拱形的一板件上使用平面手顶铁或低拱形的垫铁,结果将会增加凹陷。选用手顶铁进行维修时,选用的手顶铁圆弧度相当于未受损表面的 80%。

对钢板进行维修时,若选用的手顶铁圆弧度小于钣金锤圆弧度,对钢板进行敲击,钢板会向钣金锤方向弯曲,如图 5-15a)所示;若选用的手顶铁圆弧度大于钣金锤圆弧度,对钢板进行敲击,钢板会向手顶铁方向弯曲,如图 5-15b)所示。

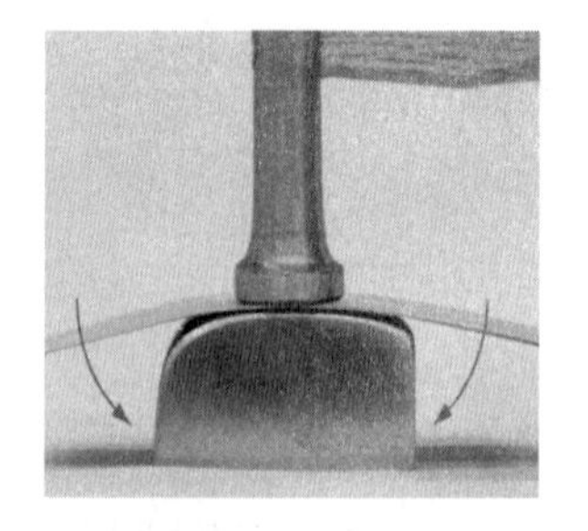

a)手顶铁圆弧度＜钣金锤圆弧度　b)手顶铁圆弧度＞钣金锤圆弧度

图 5-15　不同圆弧度敲击的效果

3)匙形铁

匙形铁既可以用作钣金锤,当板件后面空间有限时,它又可当作手顶铁使用。匙形铁有多种形状和尺寸,可与不同的板件形状匹配使用。平直表面的匙形铁可把敲打力分布到较宽的面上。内边匙形铁可撬起低凹处,或与锤一起敲击来拉起凹陷。另外,冲击锉匙形铁有锯齿状的表面,用来拍打隆起或里边的皱折,使金属板恢复到原来的形状。如图 5-16 所示为某一种匙形铁。

4)撬镐

图 5-16　匙形铁

撬镐又称为撬棍,类似于匙形铁,其形状如图 5-17a)所示。撬镐可以进入有限的空间,撬起凹陷,也可以作为手顶铁在敲击时起支撑作用。它只用作撬起凹点,有不同的长度和形状。大多数撬镐有 U 形末端作为把手。撬镐通常用来升起门后顶侧板,和其他气密的车身部件上的凹点,如图 5-17b)所示。使用撬镐在进行修复作业时不需要在钣金件上钻孔,在这点上其优于滑锤和拉杆。

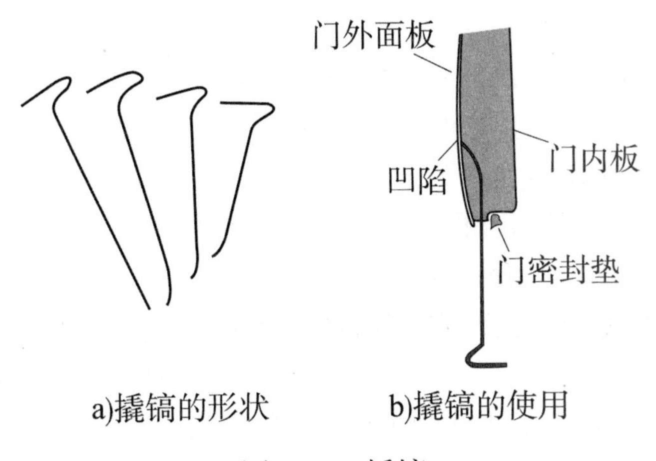

图 5-17　撬镐

3. 手工修复方法

钣金锤和手顶铁敲击的基本方法有两种:一种是实敲(又称对位敲击或正托法);另一种是虚敲(又称错位敲击或偏托法)。在修理作业中需要根据钢板的损伤情况交替使用上述两种方法。

1)实敲

实敲如图 5-18 所示,钣金锤敲击位置与手顶铁位置相同。实敲适用于有较小弯曲的塑性变形钢板。在维修过程中,应避免过度的实敲。过度的实敲将导致钢板延展,钢板表面的张力降低。

2)虚敲

虚敲如图5-19所示,用钣金锤敲击手顶铁的周围部位。虚敲适用于有大的凹陷和突起的钢板。虚敲时,手顶铁一般处于钢板的最低点,钣金锤敲击钢板的高点。若凹陷较深,虚敲时,手顶铁应用力往外推,以顶出低点。

图5-18　实敲

图5-19　虚敲

(四)机器修复

1. 机器修复的原理

现在汽车车身结构日趋复杂,为了使汽车设计得更加紧凑,许多部件受到车身整体布局的限制,在发生损伤后,手顶铁等工具不能触及部件内部而进行维修,如车门槛板的损伤;或是因为损伤比较轻微且只局限于板件的外板,内板没有损坏,如果在维修中将板件拆卸下来,将会增加维修的工作量,降低生产效率。因此,在钢板维修中还使用另一种方法专门用于上述情况的修理,即机器修复。

机器修复是将板件上的凹陷用拉拔的方法拉出,在拉拔的同时,用钣金锤对高点进行敲击。这种方法有些类似于钣金锤和手顶铁的虚敲。如图5-20 a)所示为一板件发生凹陷损伤,虚线为板件损伤前形状。如图5-20 b)所示,将介子片焊接在凹陷的最低处进行拉拔,圆圈部位为拉拔中出现的高点,此时用钣金锤对其进行敲击,消除高点。这就是机器修复的原理。

2. 机器修复的设备、工具

1)外形修复机

外形修复机是进行机器修复的重要设备,其外形如图5-21所示。外形修复机的原理是利用夹于电极上的介子片和钢板接触,再通以大电流,使其产生电阻热而将垫圈焊接于钢板上,电阻最大的部位位于垫圈和钢板的接触部位。当电流通过电阻最大部位时,因为高电阻消耗电能而产生高热能。其原理示意如图 5-22 所示。

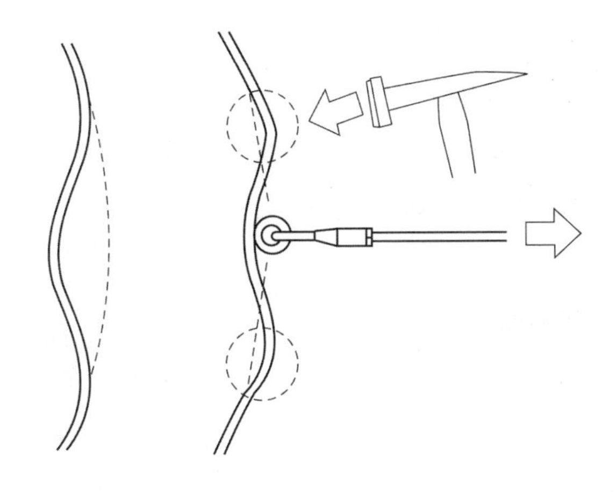

图 5-20　机器修复原理

图 5-21　外形修复机实物图

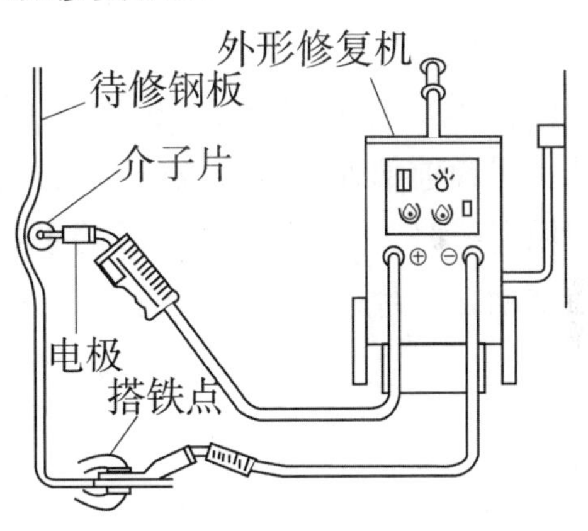

图 5-22　外形修复机原理示意图

2)介子片

介子片的作用是作为介质焊接在待修钢板上,以便对钢板进行拉拔。介子片有不同形状,如普通垫圈、三角介子片等。如图 5-23 所示为不同形状的介子片。

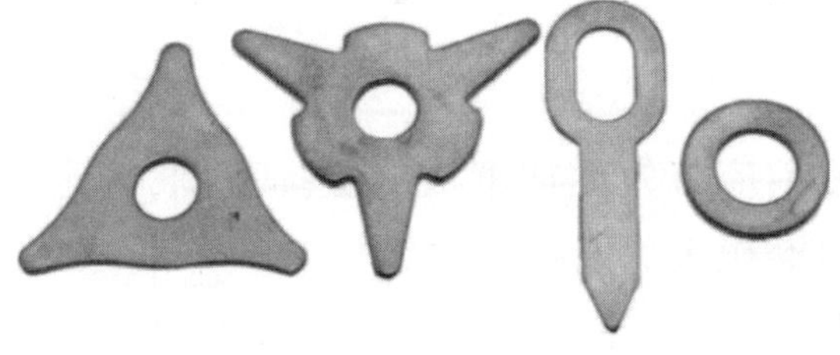

图 5-23　不同形状的介子片

3)拉拔器

外形修复机将介子片焊接在待维修的钢板上后,需要使用拉拔器将凹陷拉出修复板件。拉拔器有手持拉拔器、滑锤、拉塔等。

手持拉拔器如图5-24所示。手持拉拔器适用于维修较小的凹陷,拉拔时手持拉拔器拉拔介子片以拉出凹陷,如图5-25所示。

图5-24　手持拉拔器

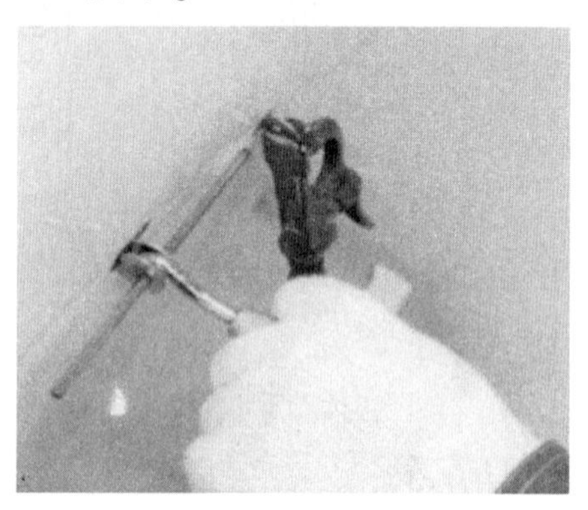

图5-25　手持拉拔器的使用

滑锤也叫惯性锤,如图5-26所示,通常中间部位的滑块质量较大,能在滑杆内滑动。滑锤前部通常带螺纹安装头,可以安装不同的拉拔装置,如拉钩、吸盘等。使用滑锤时,一只手握住滑锤的手柄,另一只手滑动滑锤的滑块,利用滑块的惯性拉动介子片以拉出钢板的凹陷,如图5-27所示。

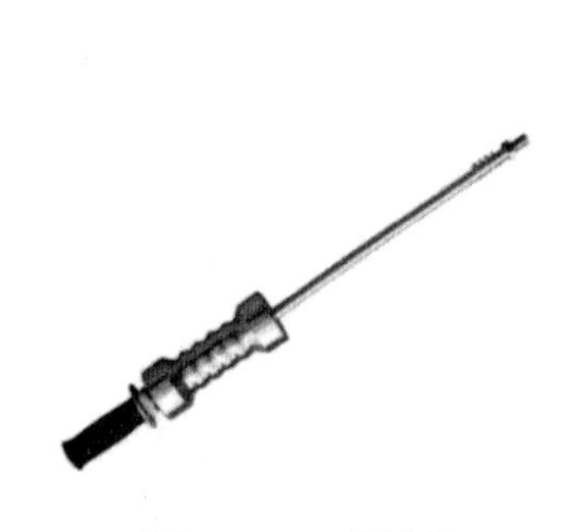

图5-26　滑锤

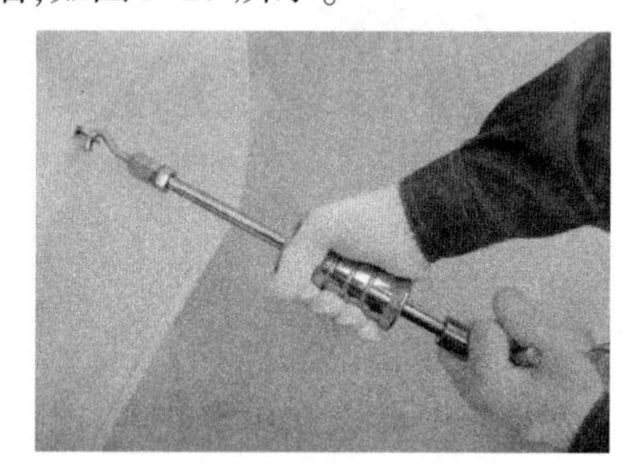

图5-27　滑锤的使用

3.机器修复方法

1)修复前准备

在使用机器修复前应首先评估钢板的受损范围,确定维修方法。损伤范围确定后使用单作用打磨机去除旧漆膜。

2)修复操作流程

在对钢板进行修复前,应使用相同材质、相同厚度的钢板进行试焊以调节外形修复机参数。使用外形修复机可以进行单点拉拔、多点拉拔等。在进行拉拔时,钢板表面往往存在一定的残余应力,去除残余应力可以使用如图5-28、图5-29所示的方法。

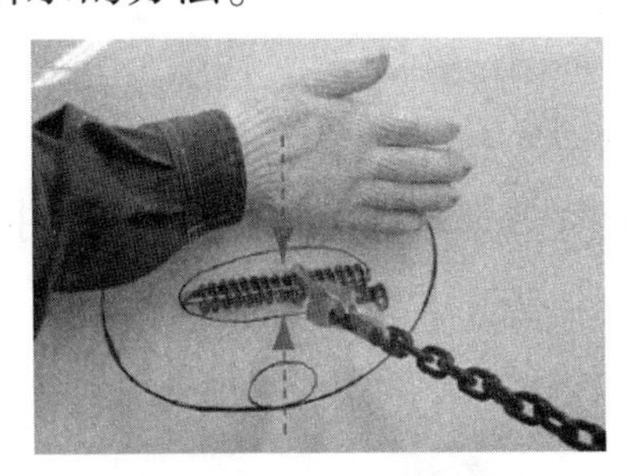

图5-28　使用手维修

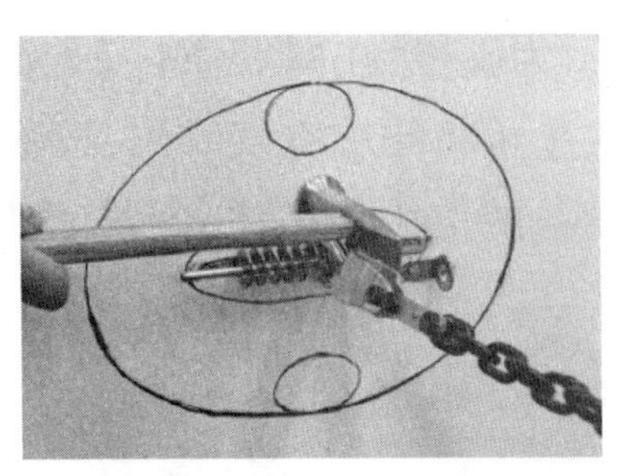

图5-29　使用横向锤维修

(五)钢板的缩火

1.缩火的原理

当钢板受到碰撞而产生损坏时,在损伤处通常会受到拉伸。同样的部位在修复过程中也会受到轻微的拉伸。在直接损坏部位的凸起处,槽和折损处的金属容易受到拉伸。当钢板上存在拉伸区时,在对其修复时一定要将拉伸区修复到原来的形状。

金属上某一处受到拉伸以后,金属的晶粒将互相远离,金属板变薄并发生加工硬化。同样在维修过程中,因多次对钢板实施敲击,而使钢板变薄发生“绷弹”现象,或钢板的表面张力较小时,需要采用缩火的方法进行维修。

钢板的缩火原理是利用金属热胀冷缩来达到钢板收缩的目的,如图5-30所示。加热时,钢棒试图膨胀,如图5-30a)所示,但是由于它的两端都无法膨胀,在钢棒内部便产生了一个很大的压力载荷;当温度进一步升高时,钢棒达到炽热状态并开始变软,压力载荷集中在赤热部位并随着赤热部位直径的增大而释放,如图5-30b)所示;如果钢棒被骤然冷却,便会产生收缩,同时由于赤热部位直径的增大,会使钢棒的长度缩短,如图5-30c)所示。

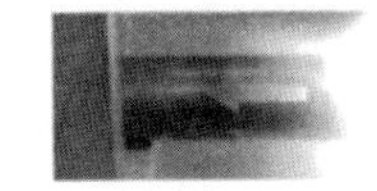
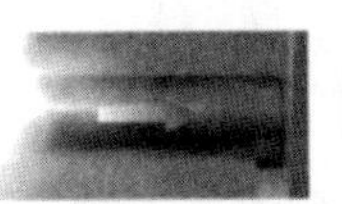

a)加热

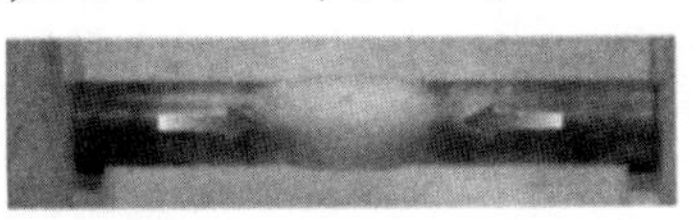

b)受到限制的膨胀

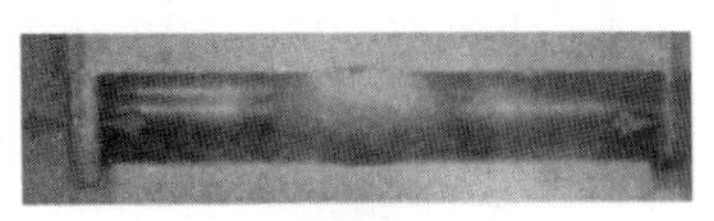

c)冷却

图5-30　缩火的原理

2.缩火的设备、工具

缩火需要用到外形修复机、缩火用的铜棒或碳棒、吹尘枪以及打磨设备等。

外形修复机在机器修复中已经进行介绍,在这里不再赘述。但要需要强调的是,缩火时外形修复机应调至缩火挡。缩火用的铜棒或碳棒是将外形修复机输出的电流利用铜棒或碳棒产生热量,从而对钢板加热。如图 5-31 所示为铜棒、图 5-32 所示为碳棒,在同等条件下,铜棒产生的热量大于碳棒。缩火加热后的钢板使用吹尘枪将压缩空气吹出,以冷却缩火的加热区域,使钢板达到收缩的目的。打磨设备的作用是在缩火前打磨旧漆膜,缩火后对烧蚀痕迹进行打磨。

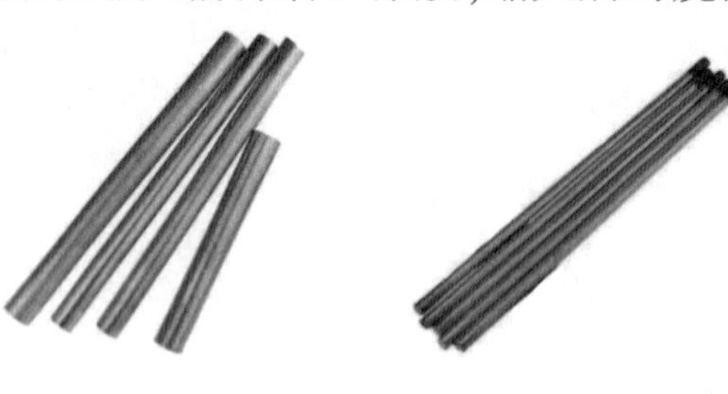

图 5-31　铜棒　　图 5-32　碳棒

3. 缩火的方法

在对钢板进行缩火维修时,需要注意以下几点:待缩火区域的钢板应高于钢板的原始面,带缩火区域的钢板张力应降低,待缩火区域钢板的表面应平滑,待缩火区域的车身线已恢复。

缩火的方法可以归纳为:缩火前准备、缩火操作和清除烧蚀痕迹。

缩火前应判断缩火的位置,判断的方法按评估受损范围中讲述的按压法进行。确定缩火范围后,使用单作用打磨机,对缩火区域钢板的旧漆膜进行去除。

根据钢板的张力大小,确定使用铜棒或碳棒进行缩火。通常情况下,铜棒用于张力大的部位,碳棒用于张力小或维修面积大的部位。采用铜棒或碳棒进行缩火操作,有以下四种具体的缩火方法。

如图 5-33 所示为铜棒点缩火,其特点是各点的收缩量大,可进行局部收缩。建议用于张力良好的部位。如图 5-34 所示为碳棒点缩火,其特点是各点的收缩量小,建议用于张力小的部位。

图 5-33　铜棒点缩火

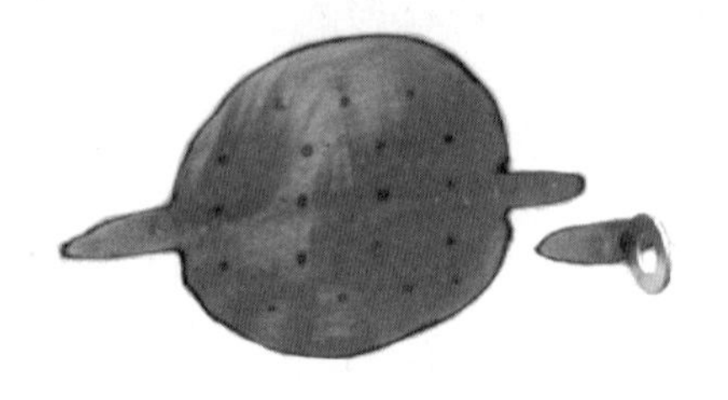

图 5-34　碳棒点缩火

如图5-35所示为碳棒画螺旋线缩火，其特点是各部位的收缩量大，建议用于张力小的部位。使用碳棒画螺旋线缩火时，为了保证最高点的热量达到最大，应从外向里方向画螺旋线。画的螺旋线尺寸建议为20mm左右。如图5-36所示为碳棒画田字格缩火，其特点是每条线的收缩量小，建议用于张力小的部位。

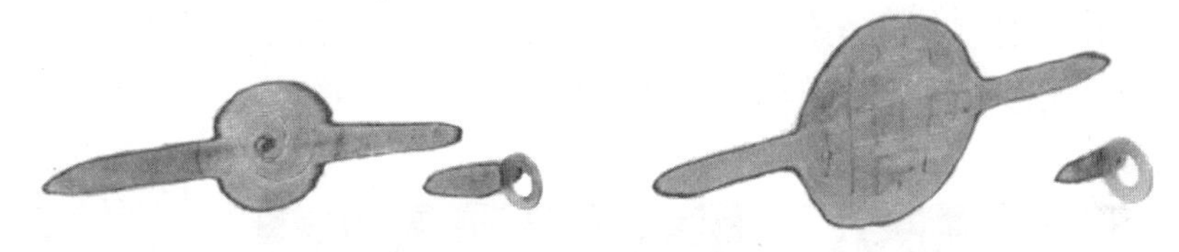

图5-35　碳棒画螺旋线缩火　　图5-36　碳棒画田字格缩火

确定缩火方法后，还应调节缩火参数，在缩火操作中还需对钢板进行冷却，此部分内容在任务实施中进行具体讲解。

二、任务实施

（一）钢板手工修复

1. 准备工作

（1）场地设施：装有废气抽排系统和消防设施的车身修复场地，场地应配备相应的压缩气源和电源。

（2）设备设施：门板支架，单作用打磨机。

（3）工量具：钣金修复组合工具，撬棍组合套装，常用拆卸工具，门板弧度规，钢板尺等。

（4）劳保用品：工作服，手套，防护眼镜，耳罩，劳保鞋。

（5）耗材：80号砂纸，记号笔。

2. 技术要求与注意事项

（1）钣金修复时，要求不能出现高点，低点不能低于原板件表面1mm。

（2）在实车上进行修复时，一定要断开蓄电池负极。

（3）穿戴干净整洁的工作服。

（4）遵守场地安全规定，注意用电安全。

（5）正确使用钣金手工修复等工量具。

3. 操作步骤

有一受损车门，损伤情况如图5-37所示，现将对其修复。

(1)穿戴劳保用品。

穿戴劳保用品

门板修复需要的劳保用品有:工作服、棉手套、防尘口罩、护目镜、防噪耳塞、劳保鞋。

(2)损伤评估。

综合应用目视、触摸、按压、对比等方法对受损钢板进行损伤评估。如图 5-38 所示为损伤评估后的门板。

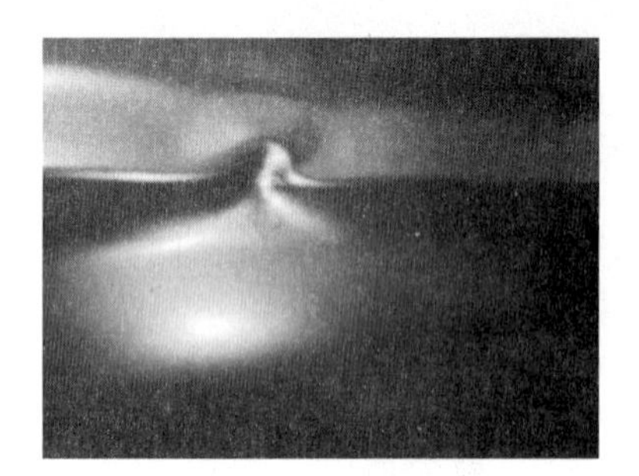
图 5-37　损伤钢板

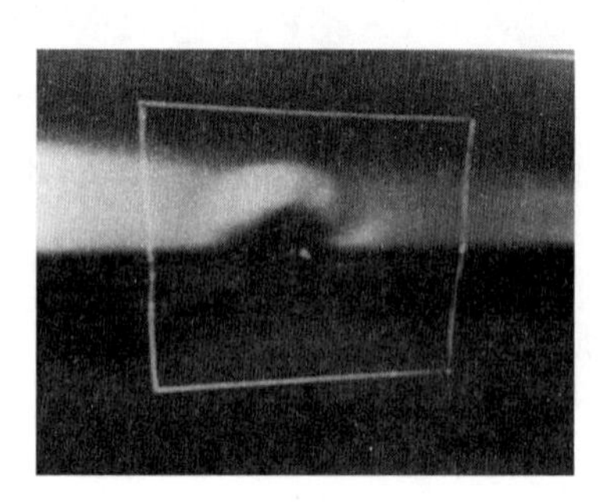
图 5-38　损伤评估后的门板

目视　触摸　对比　按压

(3)使用撬棍修复。

图 5-39　使用撬棍修复

若凹陷较深,可以先使用撬棍把一些损伤较深的地方撬出来再进行修复。如图 5-39 所示为使用撬棍修复。在使用撬棍时,应将撬棍顶在凹陷最深处,再使用钣金锤敲击门板凹陷周围的高点。

使用撬棍修复

(4)使用实敲、虚敲技术修复。

使用实敲、虚敲技术修复

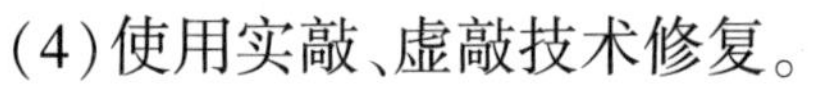

使用撬棍修复出最深的凹陷后,再综合利用实敲与虚敲技术,对钢板按先修复低点再修复高点进行修复,如图 5-40所示。实敲与虚敲的过程中注意敲击力不应过大,否则可能会导致钢板延展,增加修复难度。修复时,应先将车门上的筋线修出,再修理筋线上下的弧度。

如图 5-41 所示,使用实敲与虚敲的方法修复出门板大致形状,弧度应尽可能吻合。

(5)去除旧漆膜。

去除旧漆膜

修复出门板大致形状后,可以使用单作用打磨机或者双作用打磨机,配合 80 号砂纸去除受损部位的旧漆膜。去除旧漆膜的面积应大于受损面积,如图 5-42 所示。

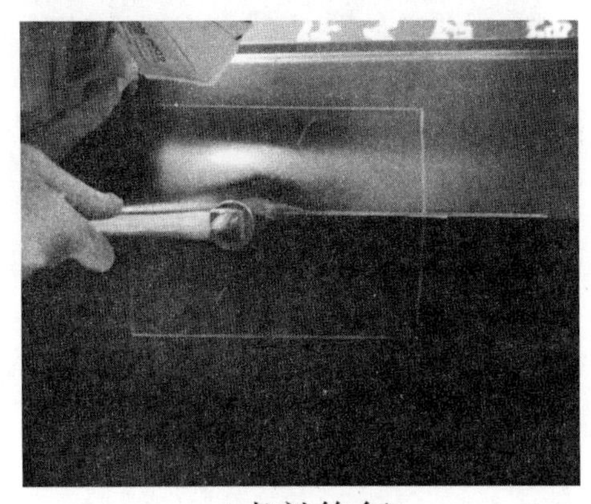

a)虚敲修复

b)实敲修复

图 5-40 使用钣金锤修复

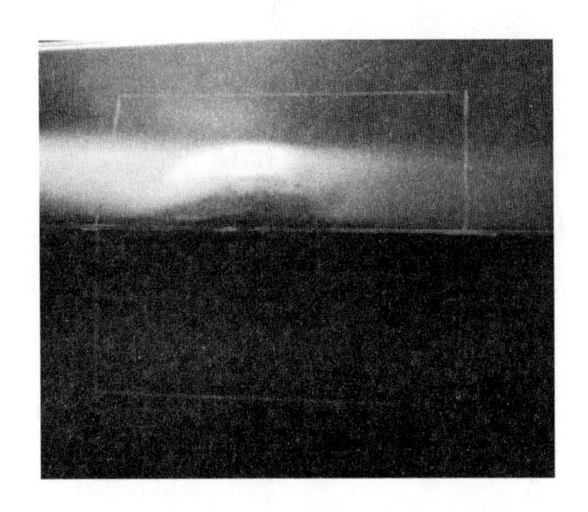

图 5-41 粗修复后的效果

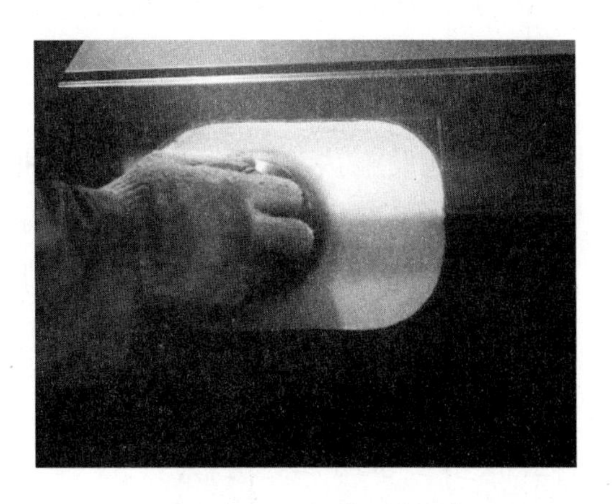

图 5-42 去除旧漆膜

(6)精修复。

精修复

旧漆膜去除后,判断钢板的修复情况,可以根据修复情况再次进行精修。精修复时敲击的力度应较小,主要针对板件的高低点进行整平,如图 5-43 所示。

(7)确认修复结果。

确认修复结果

精修复后,可以使用弧度规对门板的修复质量进行判断,如图 5-44 所示。使用弧度规时,弧度规两侧应轻放并与钢板贴合。修复不能出现高点,且钢板与弧度规的间隙最大处不超过 1mm 即达到修复要求。修复完成后应对板件背部的区域进行防锈处理。

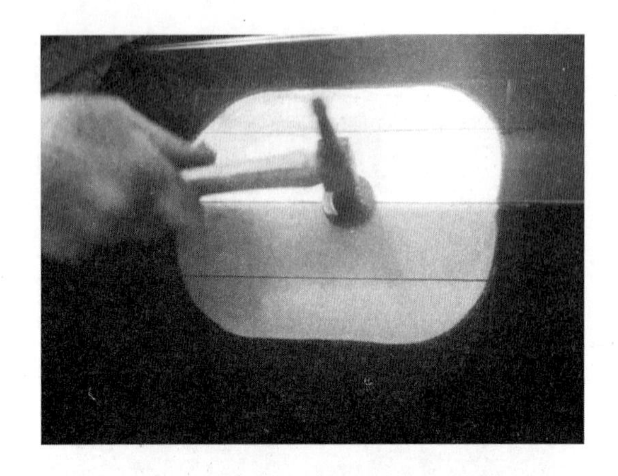

图 5-43　精修复

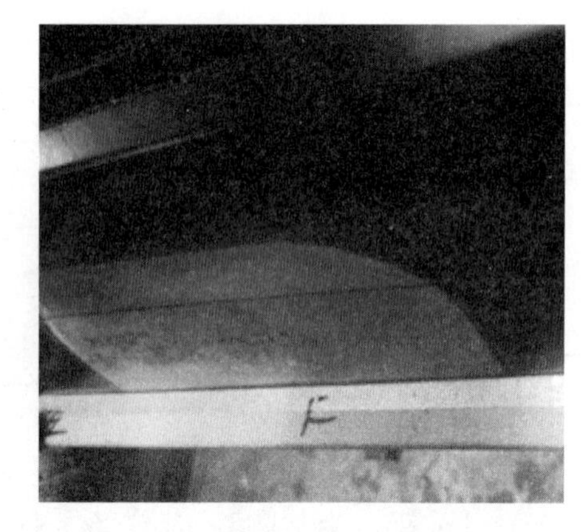

图 5-44　使用弧度规测量

(8)任务实施完后,按照 5S 管理标准,整理操作工位及场地。

(二)钢板机器修复及缩火

1. 准备工作

(1)场地设施:装有废气抽排系统和消防设施的钣金修复场地。

(2)设备设施:门板支架,外形修复机,拉拔设备,单作用打磨机等。

(3)工量具:钣金修复组合工具,常用拆卸工具,门板卡尺等。

(4)劳保用品:工作服,手套,防护眼镜,耳罩,劳保鞋。

(5)耗材:80 号砂纸、记号笔。

2. 技术要求与注意事项

(1)钣金修复时,要求不能出现高点,低点不能低于原板件表面 1mm。

(2)在实车上进行修复时,一定要断开蓄电池负极。

(3)穿戴干净整洁的工作服。

(4)遵守场地安全规定,注意用电安全。

(5)正确使用钣金手工修复等工量具。

3. 操作步骤

一门板有一条直线凹陷损伤,现采用机器修复的方法对其进行修复。

(1)穿戴劳保用品。

门板修复需要的劳保用品有:棉手套、防尘口罩、护目镜、防噪耳塞、劳保鞋。

(2)确认损伤范围。

采用目视、触摸、按压及对比等四种方法对其损伤范围确定。如图 5-45 所示,图中椭圆圈为变形区域,直线处为发生塑性变形的最深处。由于板件的变形是由图中直线处凹陷引起的,确定采用外形修复机焊接垫圈对此处凹陷进行修复。

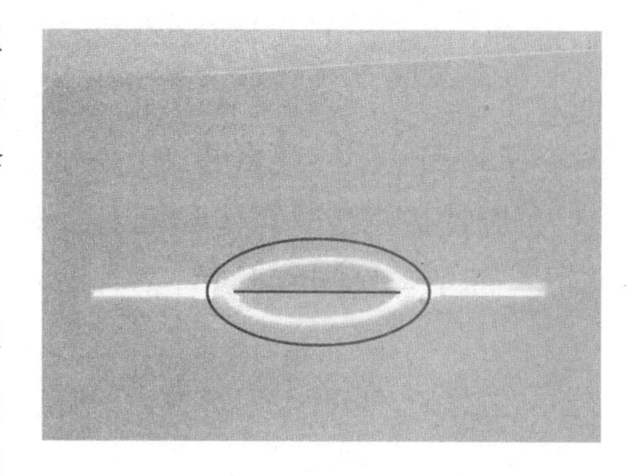

图 5-45　损伤范围

(3)修复前操作。

修复前的操作包括:去除旧漆膜,焊机设定、确定搭铁位置等。损伤范围确定后,对损伤区域的旧漆膜进行去除,如图 5-46 所示。去除旧漆膜可以采用单作用打磨机配合 80 号砂纸进行打磨。对于要焊接介子片的区域,旧漆膜一定要清除干净,避免在焊接介子片时产生大量火花。对于单作用打磨机打磨不到漆膜的地方,如凹陷的最深处,应手持折叠砂纸对该处的旧漆膜进行清除或采用角磨机进行清除。

修复前操作

在进行修复前,应正确调节外形修复机参数,如功能、电流等。调节外形修复机的参数,可以使用与待修板件相同材质、厚度的试焊片或废板件进行。调节外形修复机的参数,可以避免在维修时,因焊接电流过大而造成板件的烧蚀、穿孔;因电流过小而造成介子片焊接不牢,拉拔时介子片脱落。

要在待修板件上焊接介子片,需有一个搭铁点构成回路。搭铁点的连接应牢固,能承受搭铁线的重量。在确定搭铁点时,尽量不要扩大损伤范围,尽量在损伤区域内确定搭铁点。如图 5-47 所示为连接搭铁点。

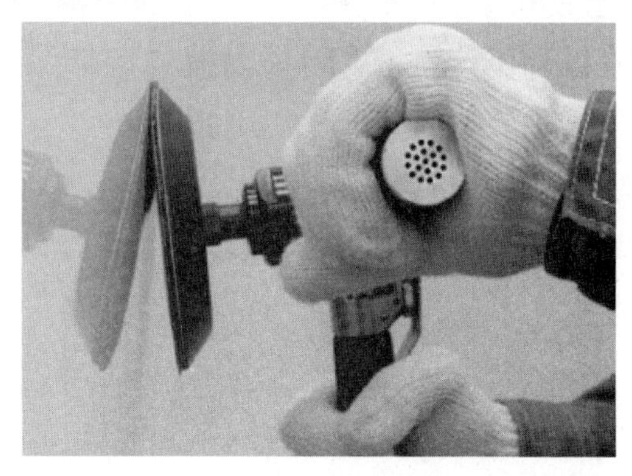

图 5-46　去除旧漆膜

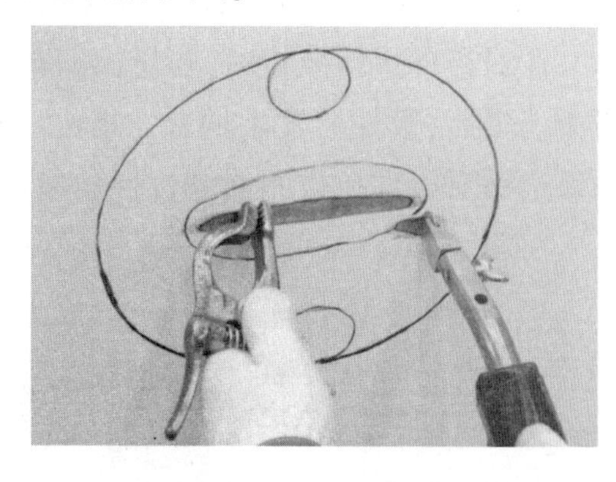

图 5-47　连接搭铁点

(4)焊接介子片。

焊接介子片时应将介子片焊接在塑性变形最深处,同时应根据损伤情况确定介子片与钢板焊接时的角度,如钢板受到的损伤力是

焊接介子片

垂直于钢板板面的,则焊接的介子片应垂直于钢板。使用多点拉拔时注意焊接的介子应为直线,可使拉拔杆穿过。使用多点拉拔,焊接介子片时应注意介子片与介子片间的间隔要在 8 ~ 10mm。若间隔过小,则会造成钢板过度烧蚀;若间隔过大,则拉拔钢板时会使钢板受力不均,造成凹凸不平。如图 5-48 所示,介子片与表面垂直,介子片间的间隔为 8 ~ 10mm。

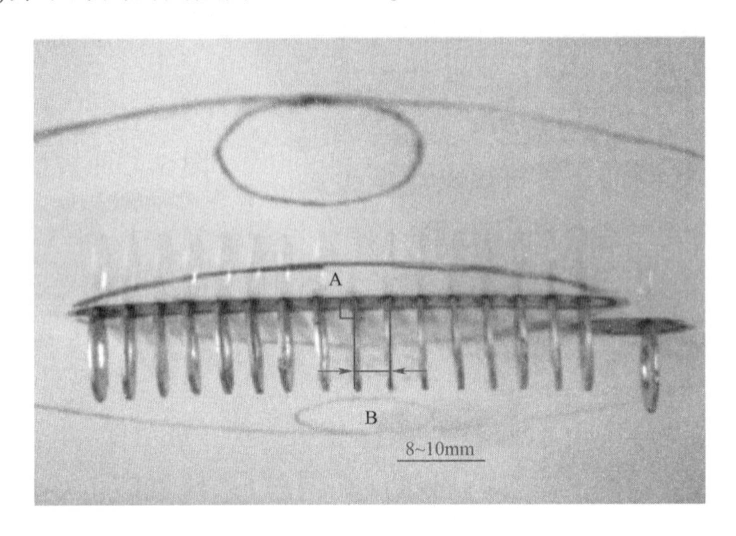

图 5-48　焊接的介子片

(5)拉拔及残余应力去除。

拉拔及残余应力去除

拉拔时,应根据损伤情况确定拉拔力与钢板的角度,如钢板受到的损伤力是垂直于钢板板面的,则拉拔力应垂直于钢板。如图 5-49 所示,使用拉塔拉拔凹陷部位,拉拔力垂直于钢板表面。

在对板件进行拉拔时,要拉出略高于原板件 1 ~ 2mm。因为当拉拔力消失后,板件会发生回弹,如图 5-50 所示。在拉拔过程中,可以用钣金锤对板件拉拔四周进行轻微敲击以消除应力。

图 5-49　拉拔角度

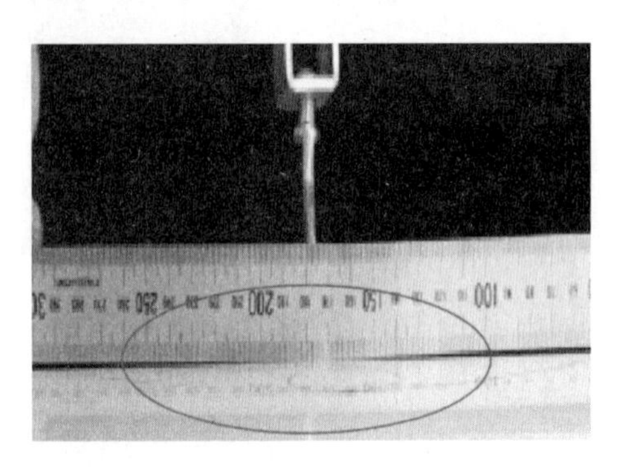

图 5-50　拉拔略高于原始表面

(6)修复后操作。

修复后操作

修复后应拆下介子片,拆卸介子片应朝一个方向旋下即可,如图5-51所示。不能左右晃动介子片进行拆卸,避免拆卸介子片时钢板穿孔或造成新的变形。

介子片拆卸后,会在钢板上留下焊接的烧蚀痕迹。对烧蚀痕迹应使用单作用打磨机配合80号砂纸进行清除。

(7)判断钢板表面的张力。

判断钢板表面张力

在对钢板修复后,应检查钢板表面的张力是否符合要求,有无绷弹现象。检查的方法为前面评估受损范围中讲述的按压法。若钢板表面的张力不足或发生了绷弹,则要对钢板进行缩火操作。在对钢板缩火前,应根据绷弹面积的范围确定缩火范围,并对缩火处的旧漆膜进行清除。

(8)缩火前准备。

缩火前准备

缩火前应判断缩火的位置,判断的方法为评估受损范围中讲述的按压法。确定缩火范围后,使用单作用打磨机,对缩火区域钢板的旧漆膜进行去除。

(9)缩火。

缩火

确定缩火方法后,还应使用与待缩火钢板相同材质、相同厚度的钢板进行试缩火,以调节外形修复机缩火的电流、通电时间等参数。调节参数后,对待缩火钢板进行缩火操作,如图5-52所示,对钢板进行加热后,需使用吹尘枪吹出的压缩空气对加热部分冷却,以起到冷却的作用。在对加热钢板进行冷却时,不能使用湿毛巾冷却加热部位,因为这样会加速钢板的锈蚀。

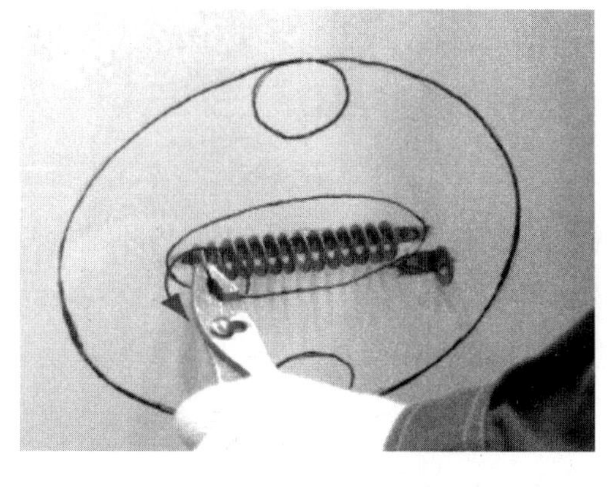
图5-51　拆卸介子片

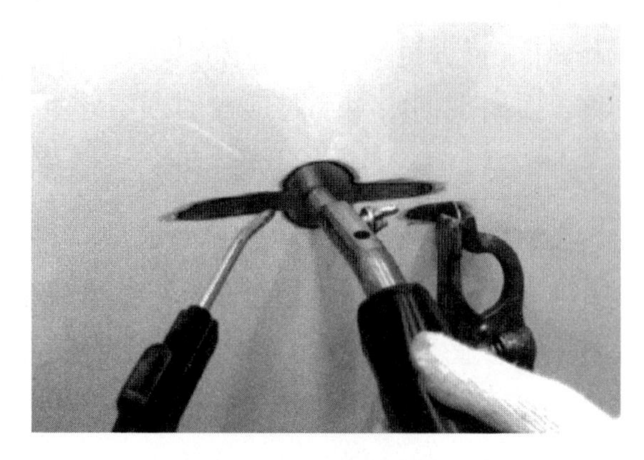
图5-52　缩火操作

(10)清除烧蚀痕迹。

清除烧蚀痕迹

缩火完成后,应使用打磨设备对缩火的痕迹进行清除,同时对缩火的背部进行背部防锈。若不清除缩火痕迹和防锈,在今后汽车的使用过程中缩火的地方容易产生锈蚀,影响车辆的美观。如图5-53所示为清除烧蚀痕迹。

(11)防锈处理。

防锈处理

钢板维修后,应对其维修部位进行防锈处理。维修正面可以施涂环氧底漆进行防锈。维修背面,可施涂环氧底漆或喷防锈蜡进行防锈处理。维修背面应确保在所有焊接和烧蚀痕迹上施涂防锈剂。如图5-54所示为喷涂防锈蜡。

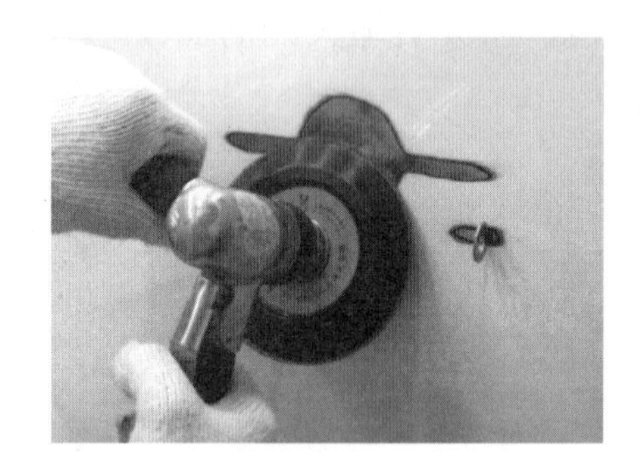
图5-53　清除烧蚀痕迹

图5-54　喷涂防锈蜡

(12)任务实施完后,按照5S管理标准,整理操作工位及场地。

三、学习拓展

钣金锤和手顶铁的表面应该平滑,角部应圆润平滑。但在维修过程中,钣金锤和手顶铁的表面可能会出现凹凸不平的情况。如果使用凹凸不平的钣金锤敲击钢板,将会造成钢板表面的凹凸不平,使修理效率、效果较差。钣金锤或手顶铁表面出现凹凸不平时应及时对其进行修理。修理的步骤如下。

1.使用锉刀粗修钣金锤或手顶铁

使用锉刀粗修钣金锤或手顶铁时,应把钣金锤或手顶铁表面的凹凸不平使用锉刀锉削平整,同时应注意钣金锤或手顶铁的弧度。使用锉刀应将钣金锤或手顶铁修整出其大致的形状后才能进行下一步的操作。

2.使用由粗到细的砂纸进行打磨

使用180号、320号、500号、800号的砂纸对钣金锤或手顶铁表面进行打磨。

打磨时应遵循砂纸由粗到细的原则进行打磨，以上罗列的砂纸型号可以根据钣金锤或手顶铁表面的情况进行适当调整。最终修整后的钣金锤或手顶铁的表面应平滑，角度应圆润平滑。如图 5-55 所示为钣金锤修整前后对比，图 5-56 所示为手顶铁修整前后对比。

a)修整前　　　　b)修整后

图 5-55　钣金锤修整前后对比

a)修整前　　　　b)修整后

图 5-56　手顶铁修整前后对比

四、评价与反馈

1. 自我评价

(1)通过本学习任务的学习你是否已经知道以下问题：

①金属的变形分为哪几种？

____。

②在维修钢板时应注意哪些问题?

____。

(2)钢板损伤修理的步骤是什么?

____。

(3)实训过程完成情况如何?

____。

(4)通过本学习任务的学习,你认为自己的知识和技能还有哪些欠缺?

____。

2. 小组评价

小组评价见表5-2。

小组评价 表5-2

序号	评价项目	评价情况
1	着装是否符合要求	
2	是否合理规范地使用仪器和设备	
3	是否按照安全和规范的流程操作	
4	是否遵守学习实训的规章制度	
5	是否能保持学习实训地整洁	
6	团结协作情况	

3. 教师评价

____

____。

签名:____________ ________年____月____日

五、技能考核标准

考核的方式建议采用每个人独立完成学习领域中的实训任务,培养学生独立自主完成任务的能力。实训任务综合性较强,以根据学生完成实训任务的情况评价整个学习领域的学习效果。表5-3为技能考核标准。

技能考核标准表 表 5-3

序号	项目	操作内容	规定分	评分标准	得分
1	劳保用品	劳保用品穿戴	10 分	工作服、劳保鞋、护目镜、耳塞、防尘口罩，每少穿戴一项扣 2 分	
2	修复过程（1）	损伤评估	10 分	使用目视、触摸、按压、对比对钢板进行评估，每少一项扣 2 分，未标记出损伤范围扣 2 分	
3	修复过程（2）	修理方法	20 分	在修理过程中，使用正确修理方法得 10 分，钢板表面出现月牙痕每一处扣 2 分，扣完为止	
4	修复过程（3）	修复中的安全文明操作	5 分	修复中安全正确使用工具，每错一次扣 2 分，扣完为止	
5	修复质量（1）	板件低点	15 分	板件与弧度规间隙超过 1mm，每 10mm 为一处，每处扣 5 分，扣完为止	
6	修复质量（2）	板件高点	30 分	板件有高点，每 10mm 为一处，每处扣 10 分，扣完为止	
7	修复质量（3）	整体美观	5 分	板件修复后的整体美观度，由小组内互评取平均分	
8	5s 整理	场地整理	5 分	未对场地进行 5S 整理扣 5 分	
总分			100 分		

学习任务6　塑料件修复

学习目标

☆ 知识目标

1. 能描述塑料的特点；
2. 能描述热塑性塑料、热固性塑料的特性；
3. 能描述塑料在汽车上的应用。

☆ 技能目标

1. 能识别塑料件的种类；
2. 能对塑料件进行焊接、粘接修复。

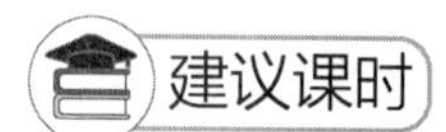

建议课时

6 课时。

任务描述

小张驾车时，不小心与前车发生了追尾事故，事故中造成自己车辆的前保险杠孔洞损伤，另一辆车后保险杠出现了裂口损伤。现需要在规定的工时内，按照车身维修的规范要求，完成车身塑料件除涂装以外的所有修理工作。

一、理论知识准备

(一) 塑料件的特点

随着汽车工业的高速发展，塑料制品在汽车上的应用越来越多。塑料代替各种昂贵金属材料在汽车各系统中广泛应用，大大提高了汽车造型的美观与设计的灵活性，减轻了汽车重量，降低了零部件加工、装配及维修的费用，这正是汽车向轻量化、节能、美观、安全和环保方向发展的必然。目前有的车身所用塑料部件超过了 160kg，占汽车总质量的 10% 左右，未来所占比例会更高。

汽车车身使用的塑料与金属材料相比，具有如下的特点。

1. 密度小，质量轻

塑料的密度通常在 0.83 ~ 2.2g/cm^3 之间，当将其制成泡沫状态时只在

0.01 ~ 0.05g/cm³之间，而钢的密度通常为7.8g/cm³。

2. 耐化学药品性、耐腐蚀性优良

大多数塑料的化学稳定性好，对酸、碱、盐等化学品都具有良好的抗腐蚀能力，有些塑料耐强碱强酸腐蚀性的能力相当强，这是金属材料所不能比拟的。

3. 电绝缘性好

大多数塑料具有良好的电绝缘性和较小的介电耗损，其体积电阻率在 $10^{13} \sim 10^{18}\Omega \cdot cm$，介电常数小于4，是理想的电绝缘材料。

4. 消声、避振、隔热性好

在汽车上通常用泡沫塑料作为隔声保暖材料，塑料机械件可有效地提高车身减振降噪能力。

5. 加工成形性好，着色性好

对于复杂形状和结构的零件可以一次成形，生产效率高，还可在塑料制品上进行各种着色处理，得到所需的各种颜色。

但塑料仍然有许多未能克服的缺陷，在使用上受到一定的限制。如塑料的热性能差，多数只能在60 ~ 150℃下使用，导热性差、线膨胀系数大；尺寸稳定性差，受热易变形，难以制成高精度零件及制品；燃点低，易燃烧，燃烧后会产生有毒气体污染环境，影响人们身体健康；长期使用易老化，易发生疲劳、蠕变、结晶等。

（二）塑料件的种类

塑料种类很多，到目前为止世界上投入生产的塑料大约有300多种，分类方法较多，常用的有两种：根据塑料受热后的性质不同分类和根据塑料的用途不同分类。

1. 根据塑料受热后的性质不同分类

1）热塑性塑料

热塑性塑料主要成分是热塑性树脂，大部分使用塑料添加剂，是目前应用最广的塑料。在一定的温度条件下，塑料能软化或熔融成任意形状，冷却后形状不变。这种变形只是一种物理变化，可以不断重复，称这种塑料为热塑性塑料。

2）热固性塑料

热固性塑料在加热期间同时发生物理和化学变化，如树脂在反应后，由于分子支链经化学变化后结合在一起，形成网状结构，因此刚度和硬度较高、耐热性好、阻燃性好、制品尺寸稳定，但易碎，成型过程具有不可逆性。常用的热固性塑料有酚醛树脂和环氧树脂等。大部分热固性树脂制件，在成型前都添加各种增强材料(如木粉、矿物粉、纤维、纺织品)使其增强，制成增强塑料。

2.根据塑料的用途不同分类

根据塑料的用途不同，分为通用塑料和工程塑料。

1)通用塑料

通用塑料是指产量大、价格低、应用范围广的塑料，主要包括聚烯烃，聚氯乙烯、聚苯乙烯、酚醛塑料和氨基塑料五大品种。人们日常生活中使用的许多制品都是由这些通用塑料制成的。

2)工程塑料

工程塑料是指可作为工程结构材料和代替金属制造机器零部件等的塑料。例如聚酰胺、聚碳酸酯、聚甲醛、ABS树脂、聚四氟乙烯、聚酯、聚砜、聚酰亚胺等。工程塑料具有密度小、化学稳定性高、机械性能良好、电绝缘性优越，加工成型容易等特点，广泛应用于汽车、电器、化工、机械、仪器、仪表等工业，也应用于航天、火箭、导弹等方面。汽车常用塑料的种类、名称、符号及特性见表6-1。

汽车常用塑料的种类、名称、符号及特性 表6-1

符　号	名　称	类　型	特　性
ABS	丙烯腈-丁二烯-苯	热塑性塑料	冲击强度较好、耐油
PC	聚碳酸酯	热塑性塑料	高抗冲击性、刚硬有韧性
PE	聚乙烯	热塑性塑料	耐老化和耐化学腐蚀
PP	聚丙烯	热塑性塑料	较好的强度和耐化学腐蚀
TPUR	聚丙烯	热塑性塑料	良好的弹性、耐磨、机械强度高
PVC	聚烯树脂氯化物	热塑性塑料	耐腐蚀
EP	环氧树脂	热固性塑料	耐热、强度高、耐风蚀
UP	聚酯	热固性塑料	耐热、强度高、耐风蚀
PF	酚醛树脂	热固性塑料	耐高温、防火、机械特性好
PUR	聚氨酯	热固性塑料	耐油、耐老化、耐磨

(三)塑料种类的鉴别方法

汽车所用塑料件个数及种类繁多,在决定采用何种修理方法来修理塑料件之前,必须要正确鉴别出塑料件的种类,如果鉴别错误则后续的修理就会失效。对于每辆汽车来说,即使是同一品牌、同一年度、同一车型,由于原材料供货商的变换或其他因素的改变,该车所用零部件的材料也会有所不同。因此,在进行塑料制品的修理前需要认真地进行鉴别。常用的鉴别方法有以下几种。

1. 查看 ISO 代码

ISO 识别码是世界通用的一种鉴别符号,也是产品身份的代表。ISO 识别码通常模压在塑料件的背面,将需要修理的塑料制品从车身上拆下来,在其背面通常都应模压有该种塑料制品的英文名称缩写或其他鉴别代码,根据这些代码可以很容易地了解该塑料制品的具体类型,从而确定修理方法。

如图 6-1 所示为某车型保险杠背面图,图中长方形框内即标识有塑料的 ISO 码,代表材料的标识为“ >PP + E/P-TD20 < ”,表示使用的材料为混有 20% 滑石粉(TD20)的聚丙烯(PP)和橡胶(E/P)。不同的厂家标识的方式会存在差异,但对于 ISO 码则是固定的,可以通过 ISO 码确定塑料件所使用的材料。

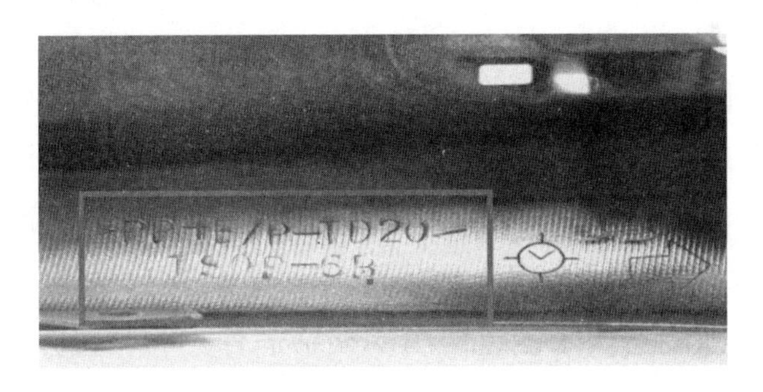

图 6-1　某车型保险杠上的 ISO 代码

2. 维修手册查询

若塑料件上没有 ISO 识别码,应通过查阅车辆维修手册来确定该塑料件的种类。车辆维修手册是汽车生产厂家指导车身修复的工具书,上面通常都会标明车身构件的材料、推荐修理方法及维修标准。查阅维修手册时应注意的是,车辆维修手册是经常需要进行修订的,所以在查阅时一定要选取与该车型最为接近的版本才能保证数据的准确性。如图 6-2 所示为某车型维修手册对该车型塑料件种类的介绍。

车身系统 塑料板件信息及维修 8-685

8.13 塑料板件信息及维修

8.13.1 规格

8.13.1.1 维修材料-挠性塑料件

热固性塑料类型	维修类型	推荐的维修材料	可用性
大多数挠性塑料和半挠性塑料*	一般维修*	上海通用 Compoxy 维修材料	上海通用经销商/零售商
		CMR-8 复合维修材料	垂询本地油漆供应商
* 在涂抹维修剂前,热塑性聚烯烃、聚烯烃热塑弹性体(聚烯烃塑料)需要涂抹黏合剂底剂。			

图 6-2　某车型维修手册对所用塑料件种类的介绍

3. 试焊测试法

试焊测试法即在零部件的隐蔽部位或损坏部位进行焊接测试。试焊时用不同的焊条,直到发现一种焊条能够粘接在塑料件上,也就确定了塑料的基本材料。

由于多数塑料都可以用粘接的方法进行粘接修理,在选用粘接材料和确定粘接强度时也可以采用“试粘法”,即使用各种黏结剂对需要维修的塑料进行实验粘接,并做粘接强度实验来确定使用的黏结剂种类和粘接方法。

4. 挠性测试法

挠性测试法是指用手弯曲塑料件,与塑料件样本的挠性进行比较,然后确定最符合基本材料特性的塑料种类。一般热固性塑料在弯折后不能完全恢复形状,而热塑性塑料弹性较容易恢复形状。如图 6-3 所示,a) 为测试方法,b) 为测试后塑料恢复的情况,通过挠性判断可以确定此塑料为热塑性塑料。

除了上述四种方法外,还有燃烧测试法,即通过塑料燃烧时产生的火焰和烟来确定塑料的种类,热固性塑料燃烧时不会产生熔滴而热塑性塑料燃烧时会产生熔滴。但燃烧塑料会产生有毒气体,同时也会对环境造成污染,因此一般不建议使用此方法。

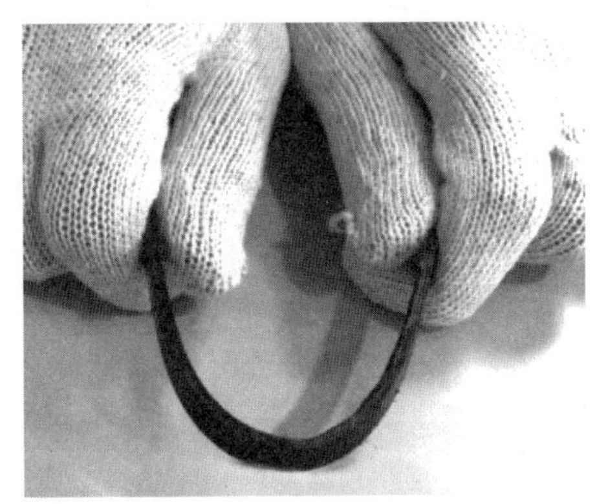

a)测试方法

b)测试后恢复的情况

图 6-3　塑料件挠性测试

(四)塑料在汽车上的应用

据不完全统计,平均一辆汽车约有 750 个塑料零部件,如图 6-4 所示为一辆汽车上应用的塑料件。根据应用的功能不同,可以将汽车上应用的塑料分为内饰件、外饰件、功能结构件。

图 6-4　一辆汽车上应用的塑料件

1. 内饰件

汽车内饰件包括仪表板、车门内板、转向盘、座椅、顶篷、地垫、遮阳板等。内饰件表面要光洁,具有耐磨、耐热、低反光等性能,在阳光直射下不易挥发有毒性气体。目前,汽车内饰件所用的塑料量已经占整车塑料用量的 50% 以上,以 PP 作为主要原料制成的新型汽车仪表板,不但韧性、强度、外观等综合性能良好,而且使汽车成本降低,故其在汽车仪表板上的用量很大。如图 6-5、图 6-6 所示分别为塑料件在汽车车门内板、仪表板的应用。

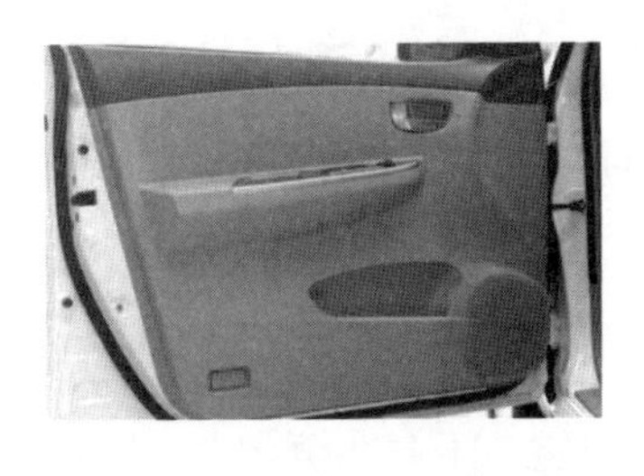

图 6-5　车门内板图

图 6-6　汽车仪表板

2. 外饰件

汽车外饰件包括保险杠、进气格栅、刮水器、车灯、门把手、门锁等。保险杠是使用塑料最多的外饰件，常用材料有改性 PP、片状模塑料(SMC)等。轿车的前后保险杠壳体要求材料具有抗冲击性好、流动性高、尺寸稳定性好、耐损伤性好等特点。如图 6-7 所示为塑料在汽车后保险杠上的应用。

3. 功能结构件

汽车的功能结构件包括油箱、制动踏板、发动机、周围部件、轮毂、电池、暖风机等。功能结构件要求塑料具有耐高温、耐油、耐化学药品腐蚀、防噪声、高抗疲劳性、易加工成型等优点。如图 6-8 所示为塑料在汽缸盖罩上的应用。

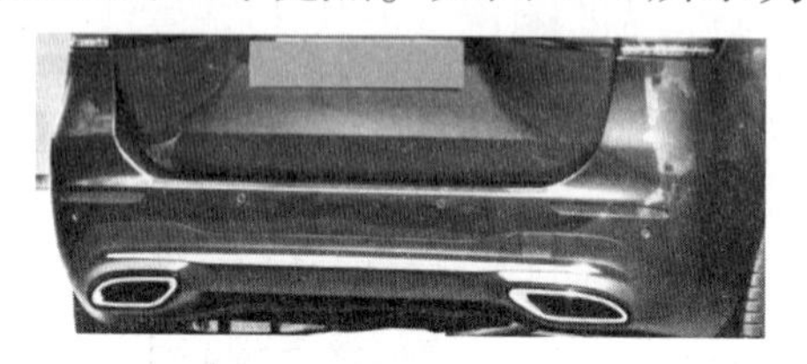

图 6-7　后保险杠

图 6-8　汽缸盖罩

(五)塑料部件的修复

车身上常用的塑料部件修复方法有三种:热塑成形、黏结法和焊接法。不同的维修方法适用于不同种类的塑料。塑料部件修复方法的对比见表 6-2。

塑料部件修复方法对比　　表 6-2

维 修 方 法	适用塑料种类	适用损伤类型
热塑成形	热塑性塑料	凹坑
黏结法	热塑性塑料、热固性塑料	裂纹、孔洞
焊接法	热塑性塑料	裂纹

热塑成形是将受损凹坑部分加热后对其再次成形的维修方法，在实际维修中使用较多，此类方法只适用于凹坑损伤。黏结法是使用黏结剂对受损部位进行维修。焊接法是将塑料焊条焊接在受损塑料部件上。下面将对塑料部件的维修原则、黏结法和焊接法进行介绍。

1. 塑料部件的维修原则

在实际维修中，对于损坏的塑料部件，是“维修”还是“更换”，主要需考虑以下因素。例如，必须考虑到与新部件成本相关的维修耗时；除喷漆外的维修费用不应超过新部件成本的 50%，无法提供或短期内无法提供新部件时例外；不同国家和地区的小时费率也会影响成本核算。成本核算可以通过一个计算公式表示。

$$N > R \times L + M \tag{6-1}$$

式中：N——一个新部件的成本；

R——维修耗时，h；

L——工时单价；

M——材料成本。

2. 塑料件焊接修复

塑料焊接是利用热量把塑料基料和焊条加热或单独把焊条加热至熔融状态后，使它们连接（黏结）在一起。塑料的焊接特点是：塑料的导热性极差，使其在焊接过程中很难保持热量的均匀性。在加热时，塑料表层下面还没有完全软化，焊条和塑料表层已经烧焦。因此，塑料焊接都是采用非明火加热，如热空气加热焊接、无空气加热焊接，超声波焊接等。

钢铁焊接时，金属和焊条互熔冷却后连接在一起。而塑料焊接只是在熔融状态下连接在一起，所以其焊接强度远不如钢铁焊接。塑料焊接时，为了达到更好的结合力，对塑料焊条要施加压力。操作特点是一手加热焊条，另一手给焊条施加压力。

1）焊接设备

热空气塑料焊接是利用加热元件把一定压力的空气加热到 230～340℃后，通过喷嘴喷到塑料上。典型的热空气塑料焊机如图 6-9 所示，使用热空气塑料焊机时应在其前端加装焊嘴，如图 6-10 所示为加速焊嘴。焊接时，可根据需要选择不同的焊嘴。

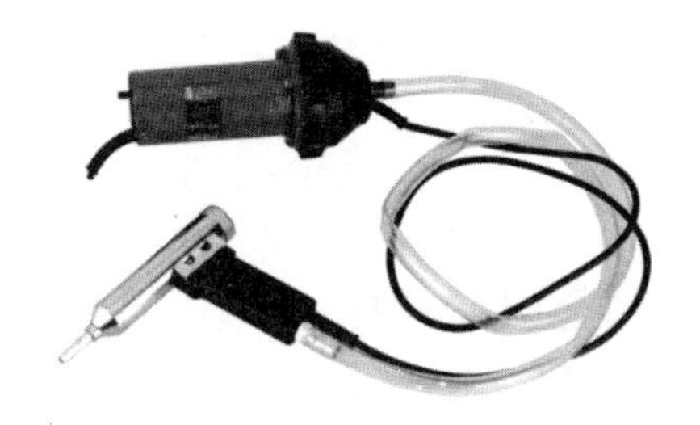

图 6-9　热空气塑料焊机

图 6-10　加速焊嘴

2）塑料焊条的选用

塑料焊条通常采用颜色编码表示，但各制造厂的编码不同，使用时应参阅制

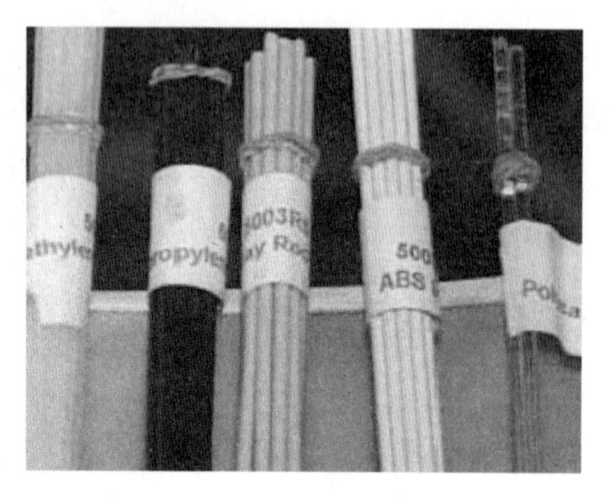

图 6-11　不同类型的塑料焊条

造厂提供的技术资料。如果没有成品焊条，可从同类型报废的塑料件上割下一条作为焊条。选用焊条的材料尽量与待修复的板件一致。如图 6-11 所示为不同类型的塑料焊条。

3) 塑料焊接要点

确定焊缝形式。为了达到预定的焊接强度，应根据塑料件的厚度打好坡口，便于焊接。焊缝形式一般为 V 形或 X 形，通常坡口深度为塑料件厚度的 75%。对于较薄的板件可选择开 V 形坡口，而较厚的板件一般开 X 形坡口。坡口的形式如图 6-12 所示。对于较深的坡口，需多次焊接。

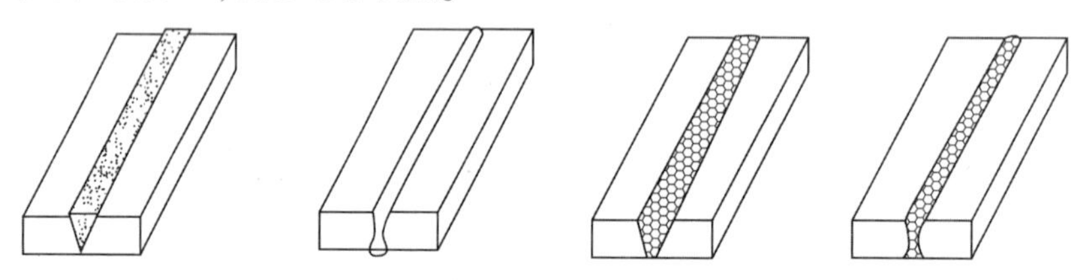

图 6-12　坡口形式

在焊接前，需对塑料件待焊接处进行打磨，并清理干净焊接处的打磨残屑及灰尘等，防止在焊接过程中影响焊接效果。

在焊接时应控制好焊接温度。若焊接温度过高会使塑料烧焦或扭曲，焊接温度过低则会使焊接强度降低。在焊接过程中应控制好焊接的速度。若焊接的速度过快，会使塑料的熔融程度不足而焊接强度降低；若焊接的速度过慢，也会使塑料变形甚至烧焦。焊接时也要给焊条施加合适的压力。若压力过大，会使焊缝变宽且扭曲，或在焊条未达到熔融程度已嵌入焊缝，造成焊接不牢固；若压力过小，又会使焊缝的接触面积变小，焊接强度降低。在进行塑料焊接时，注意防止烫伤。

塑料件焊接修复具体流程在本学习任务实施(一)中详述。

3. 塑料件粘接修复

塑料件粘接修复时，有两种黏结剂可供选用：一种是氰基丙烯酸酯黏结剂，一种是双组分黏结剂。

氰基丙烯酸酯黏结剂有时称为超级胶，一般不推荐使用，因为其主要的缺点是耐用性较差，汽车风吹日晒易使其脱落。双组分黏结剂有环氧树脂和氨基甲酸乙酯两种，所谓双组分是指由主料和固化剂混合均匀才能使用的黏结剂。平时主料和固化剂在使用前分别装在两个管中,使用时再按比例混合均匀(混合比例一般为1∶1)。

无论使用何种黏结剂都应注意以下问题:制造厂商提供的黏结剂产品系列通常包含两种或更多的类型,适用于不同的塑料种类。产品系列通常包括粘接促进剂、填料及软涂料。在使用前应查阅相关的说明书,避免选用了为特定基体材料进行配方的黏结剂。在产品系列中可能有适合各种塑料的软填料,也可能为不同的塑料提供两种或更多的填料。

具体的修理步骤在本学习任务实施(二)中详述。

二、任务实施

(一)塑料件焊接修复

1. 准备工作

(1)场地设施:装有废气抽排系统和消防设施的车身修复场地,场地应配备相应的压缩气源和电源。

(2)设备设施:保险杠支架,热空气塑料焊枪,单作用打磨机,双作用打磨机等。

(3)工量具:常用拆卸工具,剪刀,钢板尺,带式打磨机,气动钻,吹枪,毛巾等。

(4)劳保用品:工作服,手套,防护眼镜,耳罩,劳保鞋。

(5)耗材:80号砂纸,记号笔,塑料焊条。

2. 技术要求与注意事项

(1)塑料件修复时,要求不能出现高点,低点不能低于原板件表面1mm。

(2)在实车上进行修复时,一定要断开蓄电池负极,必要时应拆下保险杠进行修复。

(3)穿戴干净整洁的工作服。

(4)遵守场地安全规定,注意用电安全。

(5)正确使用钣金手工修复等工量具。

(6)受损区域恢复到原轮廓和形状后,需在受损区域周围至少用120号的砂纸打磨出羽状边。

3. 操作步骤

有一保险杠出现如图6-13所示的裂纹损伤,现使用塑料粘接修复技术对其进行修复。

(1)劳保用品穿戴。

塑料件种类鉴别

穿戴好必要的劳动保护用品,包括工作服、工作帽、护目镜、防尘口罩等劳保用品。

(2)塑料件种类鉴别。

使用理论知识中讲述的塑料件种类鉴别方法,鉴别塑料件的种类,分清塑料件的类型,以便确定能否采用焊接方式进行维修,以及选择何种焊条。

(3)清洁。

用专用塑料清洁剂清洁零件,注意要把零件上的灰尘和杂物清除干净,如图6-14所示。

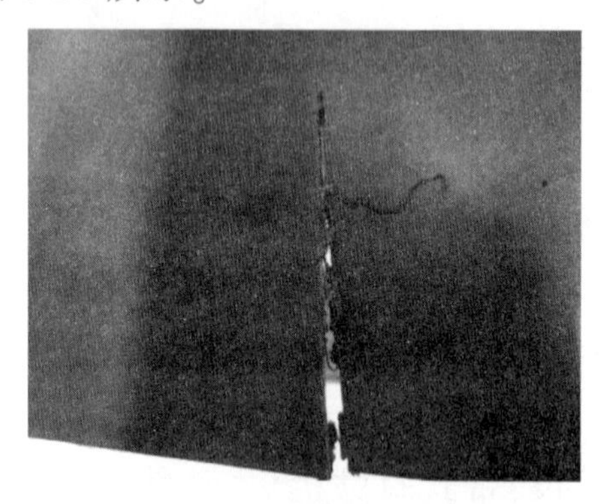
图6-13 塑料件裂纹损伤

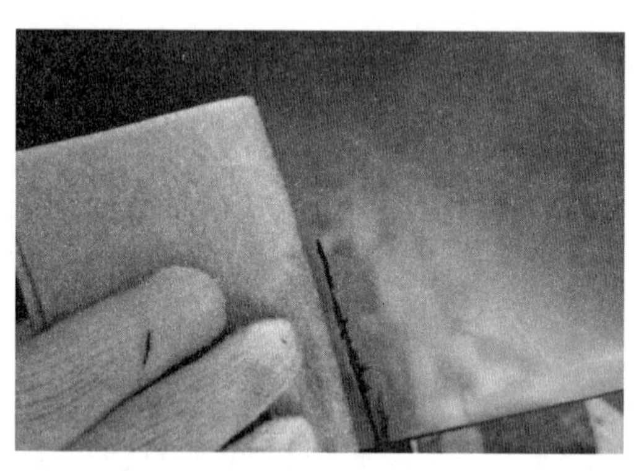
图6-14 清洁受损表面

(4)焊接部位处理。

焊接部位处理

如裂纹较深,应在裂纹末端使用电钻制作止裂孔,防止裂纹进一步扩大,如图6-15所示。使用锋利的小刀或砂轮机在损伤部位开坡口为60°左右的V形槽,如焊件较厚则开X形槽,坡口宽度约6mm。坡口开好后,应用干净的布擦去坡口处的塑料碎屑,同时使用砂纸对坡口周围的毛刺进行去除,避免影响焊接效果,如图6-16所示。

图6-15 制作止裂孔

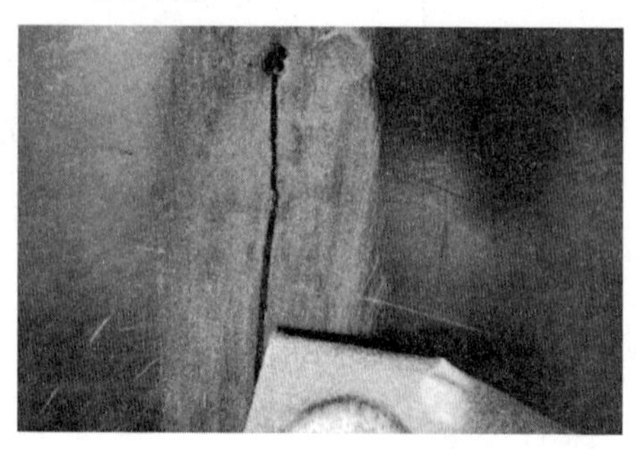
图6-16 清除毛刺

(5)焊接。

焊接

用夹子、车身胶带或定位焊将断裂处对齐并固定好。选取最适合该类型塑料及损坏状况的焊条,选择的成品焊条直径与坡口尺寸应相当。打开热空气塑料焊机开关,预热焊枪,注意温度是否合适。

起焊时,一手使焊枪与母材保持90°角压向母材,另一只手将焊条推下,使之与母材接触。当焊条与母材粘接后,采用连续焊接,焊枪与母材成45°角,使焊条与待修部位完全接触,慢慢拉动焊枪进行焊接。如图6-17所示为使用热空气塑料焊机焊接。在焊接过程中,必须保持焊接速度的恒定。焊接结束时,将焊枪垂直于母材,用锋利的小刀从导门板处切断焊条,并抽出焊条。焊接完成后,应在焊接部位滴少量的水,加速其冷却。焊缝应完全覆盖坡口将两端裂纹连接起来,无断焊、漏焊、起泡等情况。如图6-18所示为焊接完成后的焊缝。

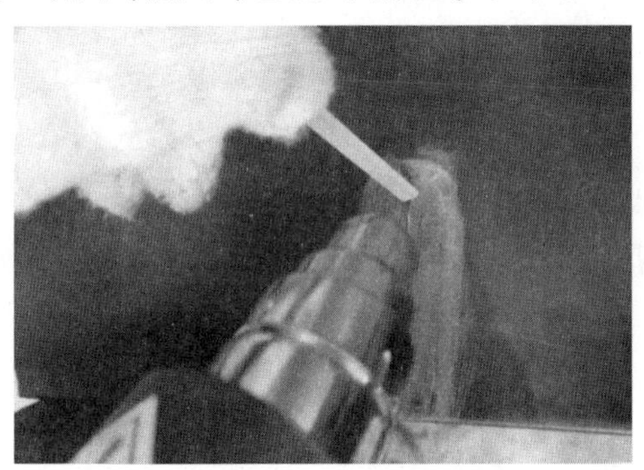

图6-17 热空气塑料焊机焊接

图6-18 焊接完成后的焊缝

焊接结束后,应妥善放置焊机,待其焊嘴部冷却后,再将焊机按要求放置在相应的货架上。焊嘴部未冷却,切记不可随意放置,避免造成安全事故。

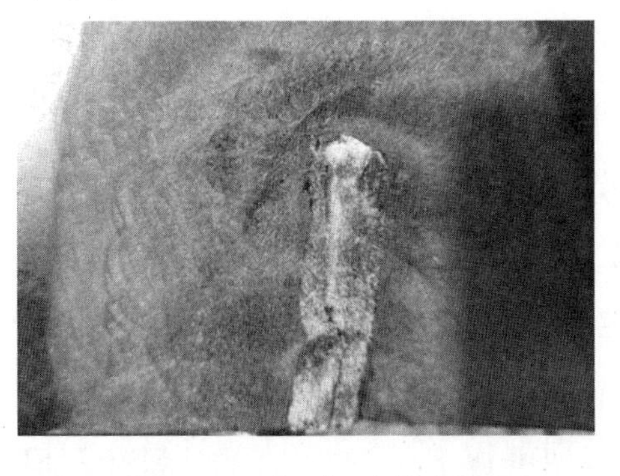

图6-19 打磨后的焊缝

(6)打磨修整。

打磨修整

焊缝完成后,先用锋利的刀具切割多余的塑料,再用砂轮机配合80号砂纸对焊缝高出板原始表面的部位进行打磨,再依次使用120号、180号等砂纸对焊缝周围制作羽状边,直至达到后道工序的施工要求。如图6-19所示为打磨完成后的焊缝。

(7)任务实施完后,按照5S管理标准,整理操作工位及场地。

(二)塑料件粘接修复

1. 准备工作

(1)场地设施:保险杠支架一台,装有废气抽排系统和消防设施的钣金修复场地。

(2)设备设施:胶枪,双作用打磨机,单作用打磨机等。

(3)工量具:常用拆卸工具(1 套)、剪刀(1 把),钢板尺(1 把),砂带机(1 把),吹枪(1 把),美工刀(1 把),刮胶刀(1 把)等。

(4)劳保用品:工作服,手套,防护眼镜,耳罩,劳保鞋。

(5)耗材:80 号砂纸,记号笔,双组合胶,助粘剂,除胶剂,铝箔胶带,除油纸,纸胶带。

2. 技术要求与注意事项

(1)钣金修复时,要求不能出现高点,低点不能低于原板件表面 1mm。

(2)在实车上进行修复时,一定要断开蓄电池负极,必要时应拆下保险杠进行修复。

(3)穿戴干净整洁的工作服。

(4)遵守场地安全规定,注意用电安全。

(5)正确使用钣金手工修复等工量具。

(6)受损区域恢复到原轮廓和形状后,需在受损区域周围至少用 120 号的砂纸打磨出羽状边。

3. 操作步骤

图 6-20　保险杠孔洞损伤

有一保险杠出现如图 6-20 所示的孔洞损伤,现使用塑料粘接修复技术对其进行修理。

(1)穿戴劳保用品。

穿戴劳保用品

塑料件修复需要的劳保用品有:棉手套、防尘口罩、护目镜、防噪耳塞。

(2)清洁受损部位。

清洁受损部位

使用干净的除油布配合清洁剂清洁整个保险杠待修复区域内、外表面。避免在维修过程中因塑料保险杠上有过多的杂质、油渍影响粘接效果。

（3）打磨坡口、去除毛刺。

打磨坡口、去除毛刺

在孔洞的周围需用打磨机打磨如图6-21所示的坡口。对于坡口的要求：坡口平整、打磨痕均匀（孔洞外表面）。坡口范围应为5～10mm。打磨的坡口边缘处厚度应在0.2～0.5mm之间。坡口处应至少使用80号砂纸打磨至哑光状态，正面和背面都应无毛刺，这样板件与黏结剂才能更好地接合。如图6-22所示为去除毛刺后的损伤部位。

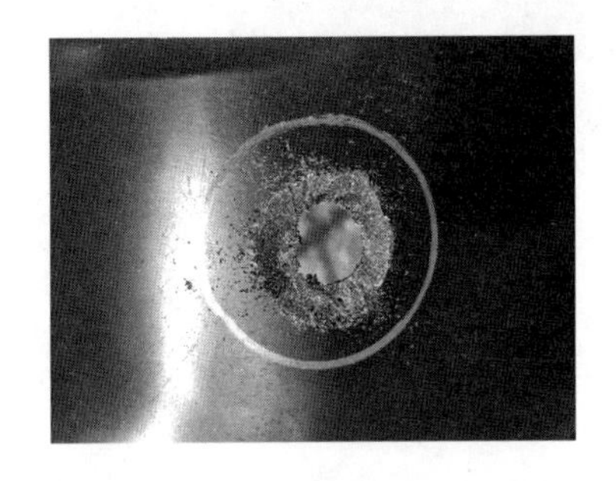

图6-21　打磨坡口完成

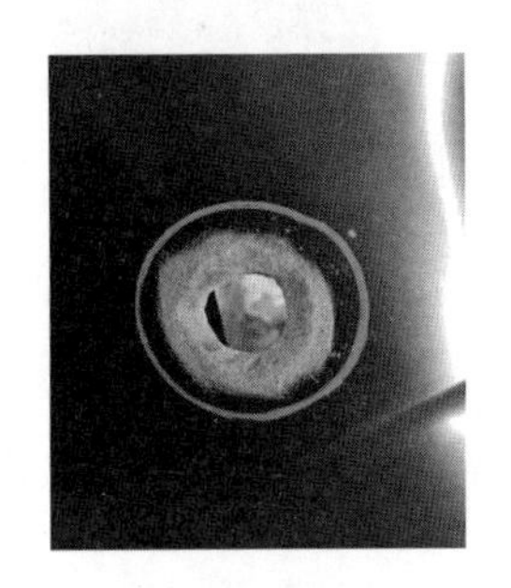

图6-22　去除毛刺后的损伤部位

（4）除油、喷助粘剂。

除油、喷助粘剂

在坡口制作完成后，应先对损伤区域除油再喷助粘剂，如图6-23所示为除油操作。喷助粘剂的主要作用是能让胶与保险杠更好地接合。在喷涂助粘剂时，应在待修部位正、反面均匀地薄喷一层，不要喷过量。如图6-24所示为喷助粘剂。

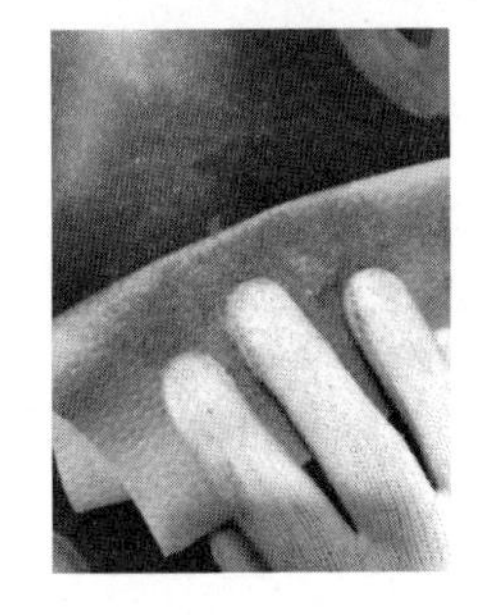

图6-23　除油

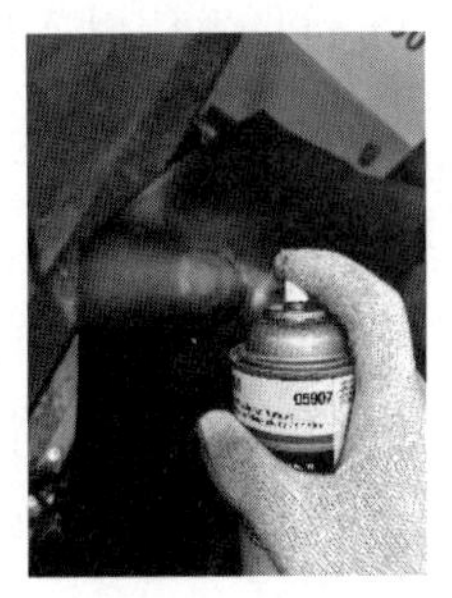

图6-24　喷助粘剂

（5）粘贴弹性衬垫。

粘贴弹性衬垫

保险杠损伤坡口打磨出后，可以使用双作用打磨机配合240号或者更细的砂纸去除受损部位的毛刺，根据孔洞的大小剪出合适的弹性衬垫，弹性衬垫应略大于孔洞。将弹性衬垫粘贴在保险杠损伤孔洞背部，粘接后对弹性衬垫四周按压，使四周更紧密地贴合，如图6-25所示。背部粘接弹性衬垫后,还应判断保险杠孔洞正面周围与弹性衬垫贴合情况,弹性衬垫贴合好后再进行下一步操作,若未贴合好应重新贴合弹性衬垫,如图 6-26 所示为粘接弹性衬垫后正面的情况。

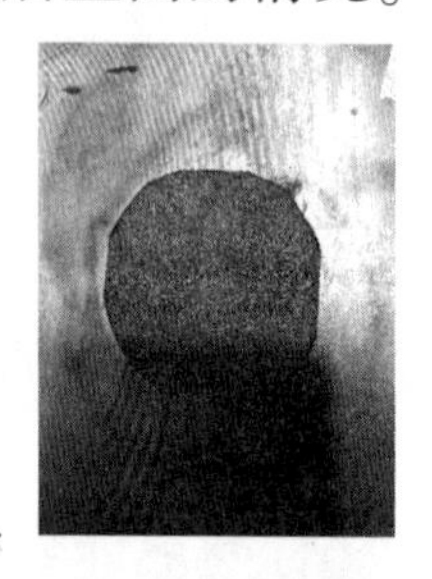

图 6-25 背部粘接　　图 6-26 粘接后正面图

(6)正面打胶。

正面打胶

在进行打胶前应先确定打胶范围,同时在打胶周围处贴上纸胶带,避免打胶范围过广,如图 6-27 所示。如图 6-28 所示为对受损部位进行打胶操作。

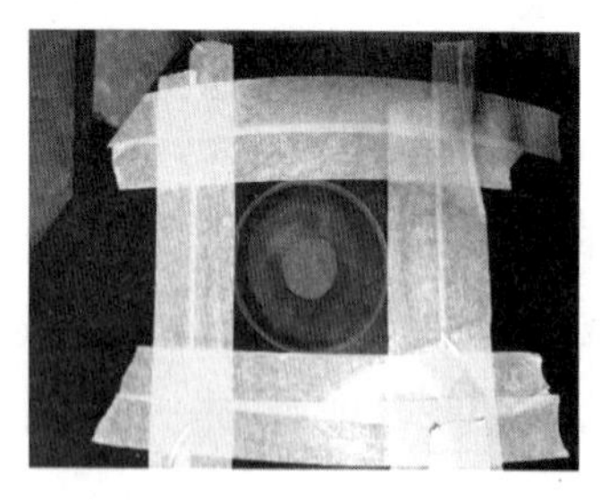

图 6-27 正面打胶前贴胶带

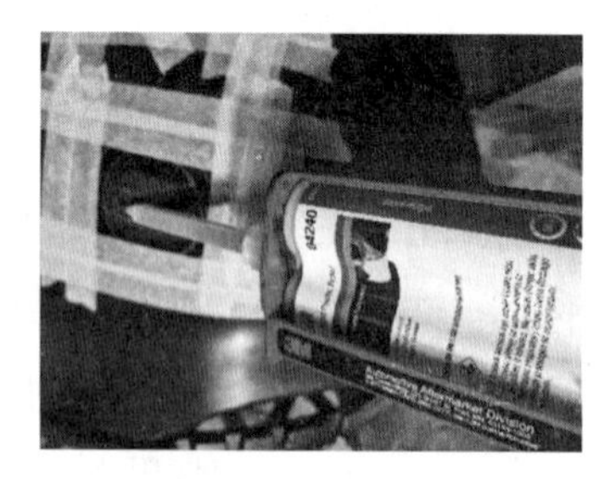

图 6-28 打胶

(7)贴纸胶带准备打磨、清洁。

打磨修整

待施涂的胶干后需对多余的胶进行去除。对于塑料件外表面,应使用打磨机配合不低于 180 号的砂纸进行打磨。打磨时打磨机转速不能太高,否则可能造成新的损伤。打磨范围不能过大。打磨后,粘接部位与塑料件边缘接触良好,不能有直径大于 1mm 的气孔。打磨后应再次对修复部位进行清洁,如图 6-29 所示。

(8)确认修复结果。

确认修复结果

如图 6-30 所示为修复完成后的情况。修复完成后可以使用钢板尺对保险杠的修复质量进行判断。最佳修复状态是表面恢复至原有轮廓,可以进行喷漆。

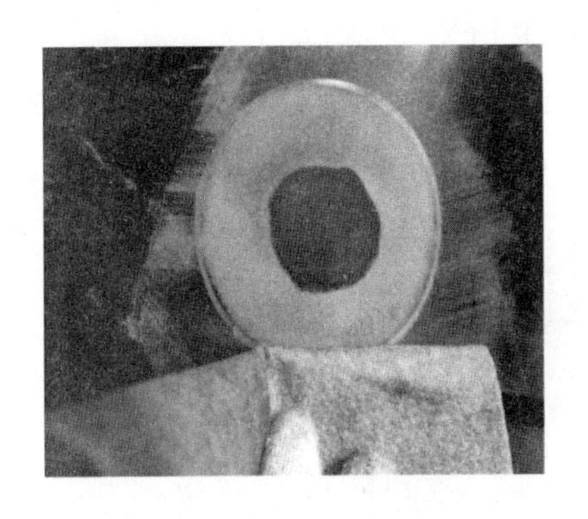

图6-29 打磨后清洁

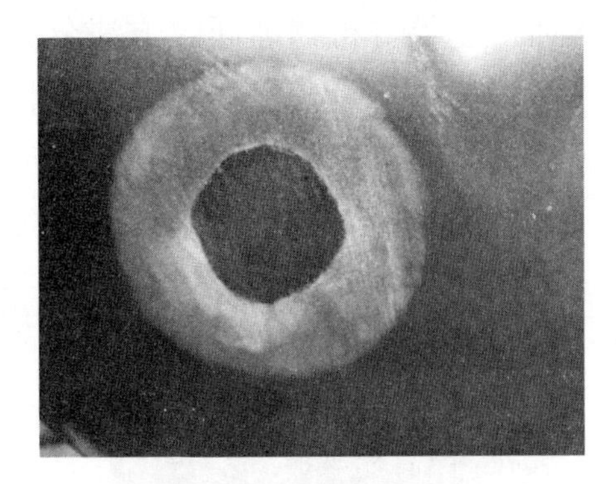

图6-30 完成修复

(9)任务实施完后,按照5S管理标准,整理操作工位及场地。

三、学习拓展

1. 塑料件粘接修复质量检验

对粘接修复质量进行检验,如图6-31所示将粘接修复部位夹到台虎钳上弯曲至90°保持5s,检查修复强度(孔洞外表面),粘接处无开裂、拱起则说明粘接修复质量达到要求。

图6-31 破坏性试验

2. 塑料部件的回收利用方法

汽车上使用的塑料部件越来越多。每年的汽车报废、碰撞事故等造成了很多塑料件的废弃。对于塑料件的回收利用方法有很多,按对自然环境友好程度从高到低排列,车用塑料处理与回收利用大致可以划分为再制造、物理再利用、化学再利用与能量回收等。

1)再制造

再制造是在节能环保的前提下,以先进技术为手段,通过采用包括先进表面工程技术在内的各种新技术、新工艺,进行修复、改造废旧产品的一系列技术措施或工程活动的总称。

汽车塑料零部件的再制造,无论从技术成熟性、经济合理性,还是产业规模都具可行性与发展优势。

2)物理再利用

物理再利用方法指利用机械加工对报废车用塑料进行再造粒或加工成新的塑料制品。其回收工艺相对简单,投资成本小,是报废车用塑料回收的主要方法之一。从加工途径可将物理回收方法分为简单再生和改性再生。

简单再生法指不经改性,将废旧塑料经过分离、清洗、破碎、熔融、造粒后,直接用于成型加工的回收方法,如图6-32和图6-33所示。

图6-32 塑料破碎

图6-33 塑料造粒

塑料改性再生目的就是改善塑料固有的缺点、增加新功能等。经过改性的再生塑料其性能可以得到显著改善,特别是塑料的力学性能有较大提高。如采用物理共混法制备了PVC/TPU复合材料,通过添加一定比例的邻苯二甲酸二辛酯(DOP)、改性高岭土、有机锡热稳定剂等,发现回收所得复合材料的力学性能较好,热稳定性和加工性能也得到了改善。

3)化学再利用

塑料的化学分解回收是在热、光、机械力、化学试剂、微生物等外界因素作用下,破坏聚合物的分子链,将塑料废弃物中的有机成分转化成石油化工原料,从而生产新的石油化学制品或塑料。根据降解剂的种类和降解条件不同,可分为热解法、水解法、光解法等。

4)能量回收

塑料的燃烧热值甚至高于普通的燃煤。将塑料废弃物通过燃烧回收其能量,是一种有效实际的回收方法,例如利用废旧塑料燃烧给锅炉供热。采用焚烧方法回收能量,可以有效地处理废旧塑料,对难降解塑料尤其有效。但是塑料燃烧会产生有毒气体和灰层,也会造成严重的环境污染。

四、评价与反馈

1.自我评价

(1)通过本学习任务的学习你是否已经知道以下问题:

①根据塑料受热后的变化，可以将塑料分为哪几种？

____。

②在维修塑料件时应注意哪些问题？

____。

(2)塑料件粘接修理的步骤是什么？

____。

(3)实训过程完成情况如何？

____。

(4)通过本学习任务的学习，你认为自己的知识和技能还有哪些欠缺？

____。

2. 小组评价

小组评价见表6-3。

小组评价　　表6-3

序号	评价项目	评价情况
1	着装是否符合要求	
2	是否合理规范地使用仪器和设备	
3	是否按照安全和规范的流程操作	
4	是否遵守学习实训的规章制度	
5	是否能保持学习实训地整洁	
6	团结协作情况	

3. 教师评价

____

____。

签名：____________　________年____月____日

五、技能考核标准

考核的方式建议采用每个人独立完成学习领域中的实训任务，培养学生独立自主完成任务的能力。实训任务综合性较强，以根据学生完成实训任务的情况评价整个学习领域的学习效果。表6-4为技能考核标准。

技能考核标准表　　表 6-4

序号	项目	操作内容	规定分	评 分 标 准	得分
1	劳保用品	劳保用品穿戴	15 分	工作服、劳保鞋、护目镜、耳塞、防尘口罩,每少穿戴一项扣 3 分	
2	划线	划线	10 分	划线整齐,不多划线,不重复划线,不遗漏线条,每处错误扣 5 分,扣完为止	
3	打坡口	受损区域打坡口	10 分	坡口不整齐一处扣 2 分,每 5mm 为一处;坡口宽度不超过 5mm,超过一处扣 2 分,每 5mm 为一处	
4	去除毛刺	受损区域去除毛刺	10 分	有明显毛刺未处理一处扣 2 分,每 5mm 为一处	
5	除油,喷助粘剂	板件除油喷助粘剂	10 分	未做扣 5 分	
6	打胶	正确使用	10 分	未正确使用打胶枪、损坏打胶枪扣 20 分	
7	打胶质量	检查打胶质量	10 分	打胶过少扣 5 分,过量打胶扣 5 分	
8	打磨	打磨多余	10 分	过多打磨扣除 10 分(受损区域外不超过 10 厘米)	
9	检测	检测平整度	10 分	修复一处不平整扣 2 分,每 5 毫米为一处	
10	5S 整理	场地整理	5 分	未对场地进行 5S 整理扣 5 分	
总分			100 分		

学习任务7　铝合金板件修复

学习目标

☆ **知识目标**

1. 能描述铝合金的特性；
2. 能描述铝合金的分类；
3. 能描述铝合金凹陷损伤的修理步骤。

☆ **技能目标**

1. 能对铝合金损伤进行判断；
2. 能铝合金凹陷损伤进行修复。

建议课时

6课时。

任务描述

在日常生活中，由于驾驶员的粗心大意造成了车门的剐蹭，损伤较轻。现需要对车剐蹭损伤部分进行维修。

一、理论知识准备

（一）铝的特性

纯铝是一种银白色的轻金属，具有较高的导电性和导热性，密度小，塑性好，容易成型加工和回收利用。铝合金具有许多优良的性能、良好的生产工艺性和高的材料再生性，因此已成为制造汽车的重要材料，通过铸、锻、冲压等工艺，可以应用到汽车的零部件及车身上，进一步提高汽车节能、降耗、环保、安全、舒适等性能。铝的特性可以归纳为以下几点。

1. 与钢相比具有更低的密度

铝合金的密度为2.7 g/cm^3，而钢的密度为7.87 g/cm^3，铝合金代替传统的钢材制造汽车，可使整车质量减轻30%～40%，制造发动机可减重30%，铝合金散热器比相同的铜制品轻20%～40%，轿车铝合金车身比原钢材制品轻40%以上,汽车铝合金车轮可减重30%左右。而汽车所耗燃料的60%消耗于汽车的自重,如果整车减重10%,可降低油耗10% ~15%。

2. 良好的导电、导热性

铝的导电导热性能仅次于银、铜,铝的导电性为钢的3倍。铝合金具有良好的导热性,铝的导热能力为铁的3倍。由于铝的导热性较强,在进行维修对铝合金实施电阻点焊时,热量较难集中,所以维修铝合金板件进行电阻点焊时需使用专用设备。当铝合金应用于散热器或热交换器时,其导热性能优势尤为突出。

3. 耐腐蚀性好

铝在空气中生成一层致密的三氧化二铝薄膜,避免了进一步氧化,使铝在空气中没有锈蚀效应,能很好地保护基体不受腐蚀。

4. 其他特性

铝的硬化收缩性能为钢的1.5倍,在进行维修时发生硬化收缩后铝合金板件极容易产生裂纹或断裂。铝合金的热膨胀系数为钢的2倍,在对铝合金板件进行焊接或加热维修时,铝合金板件极容易产生变形。

铝的熔点为660℃左右,在对铝合金板件进行加热时,铝合金不会发生色变,所以在加热维修铝合金板件时应注意加热的温度,避免铝合金板件过热而融化。

5. 铝与人体健康的关系

人体内摄入少量的铝,对健康无损害,而且铝不像铜等其他常用金属那样会在烹饪中加速维生素C的损失。但是研究人员发现,使用铝锅烹调有碍健康,金属铝破坏人体中负责细胞能量交换的三磷酸腺苷,使细胞能量交换呈非自然形式进行。此外,动物的衰老症与体内摄入过量的铝有关。研究指出,使用铝锅制作含酸或含碱的食物时,因铝的溶解性提高,对人体尤为有害。用铝锅烧煮米饭、稀粥、面条、土豆则无碍人体健康,但不宜用其存放隔夜食物。

(二)铝合金的分类

当在纯铝中加入一种或多种合金元素后,材料的组织结构和性能将会发生明显改变,从而使材料的性能得到明显改善。目前,铝合金中常见的合金元素有镁、铜、锌、锰和硅等。

根据铝合金的工艺可以分为铸造铝合金和变形铝合金。如图7-1所示为铝合金按成分和工艺分类。

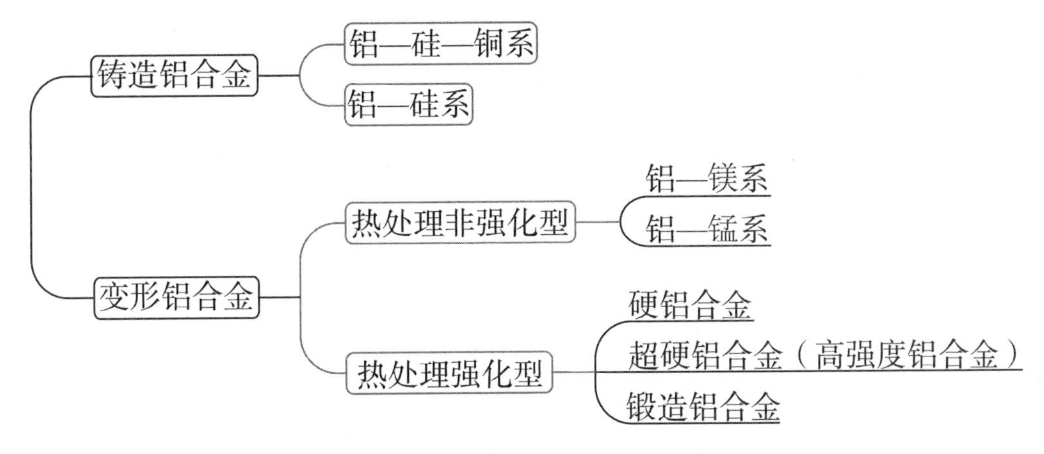

图7-1　铝合金按成分和工艺分类

变形铝合金和铸造铝合金的主要区别是：变形铝合金中，合金元素的含量较低，而铸造铝合金中合金元素含量较高，材料具有较好的流动性、有利于铸造成型。

1. 铸造铝合金

铸造铝合金是指采用铸造的方法浇注或压注成零件或毛坯的铝合金。

汽车用铸造铝合金以铝—硅系合金为主，铝合金铸件多采用压力铸造、低压铸造和金属型重力铸造等工艺生产，其中压铸件占70%以上。国际上，用铝合金代替铸铁制造汽车零部件的历史最早可以追溯到20世纪40年代。当时欧洲的汽车生产厂家，例如意大利菲亚特汽车公司研究出采用铝合金代替铸铁制造汽缸盖和进气歧管的技术。20世纪50年代，澳大利亚引进了英国Alumasc公司的低压铸造技术，用于生产汽车铝合金铸件。美国通用汽车公司在Massena铸造厂大量生产了用于Corvair Certainly轿车的铝合金铸件汽车零部件，如发动机、曲轴箱以及滤清器接头等。而到20世纪60年代以后，铝合金压铸技术得到了迅猛的发展，从而使铝合金压铸工艺成为汽车工业扩大轻金属应用的主要生产手段之一。同时，现代汽车(其中主要是轿车)也广泛应用铝合金铸件来减轻自身质量。20世纪80年代末，美国10%的轿车发动机汽缸盖采用铝铸件。至21世纪初，北美轿车市场上铝合金质发动机占有率几乎接近100%。

2. 变形铝合金

变形铝合金是指通过冲压、弯曲、轧、挤压等工艺使其组织及形状发生变化的铝合金。变形铝合金的合金元素主要包括：硅、铁、锰、铜、铬、锌、镁、钛等。

变形铝合金按照工艺与性能可分为热处理非强化型铝合金和可热处理强化型铝合金两大类。热处理非强化型铝合金主要是指防锈铝合金，如铝—锰系和铝—镁系合金。铝—锰系合金主要含锰、镁等合金元素。由于锰的作用,使合金材料具有比纯铝更高的耐腐蚀性能和强度,同时还具有良好的可焊性和塑性,但合金的切削性能变差。铝—镁系合金由于镁的作用,其密度比纯铝小,而强度比铝—锰系合金高,并具有相当好的耐腐蚀性能。可热处理强化型铝合金主要是指时效铝合金,包括硬铝合金、超硬铝合金和锻造铝合金,如:铝—铜—镁系铝合金、铝—铜系铝合金、铝—镁—硅系铝合金和铝—锌—镁系铝合金等。硬铝合金包括铝—铜一镁系和铝—铜一锰系铝合金。这类铝合金强度和耐热性能均好,但耐蚀性不如防锈铝合金。超硬铝合金又称高强度铝合金,是在铝—锌一镁系的基础上添加铜发展起来的铝合金,主要是铝—锌—镁—铜系铝合金,其强度可达 784N/mm^2。其中锌和镁含量的比值及锌、镁、铜含量的总和不同,合金的性能也不同。锌和镁含量的比值增加,合金的热处理效果增大,强度提高,但抗应力腐蚀性差、断裂韧性较低、耐热性差(通常工作在 120℃以下)。锻造铝合金,包括铝一镁一硅一铜系和铝一镁—硅系铝合金。铜元素可以有效改善铝合金材料的热加工性能。锻造铝合金高温强度低,热塑性好,可锻造加工成形状复杂的锻件和模锻件,也可轧制成板材或其他型材。

变形铝合金的分类方法有很多。按所含主要合金元素的种类,可以分为以下八大系列,见表 7-1。

变形铝合金按照所含主要合金元素分类表 表 7-1

种　　类	特　　性	用　　途
纯铝—1000 系列	导电性好、强度差	家庭用途、电器
铝铜合金—2000 系列	强度高、焊接性差	飞机机身
铝锰合金—3000 系列	塑性高、焊接性好	建材、烹饪平锅、壶
铝硅合金—4000 系列	耐磨性好、耐热性好	汽车活塞
铝镁合金—5000 系列	焊接性好、耐腐蚀性好	建材、船舶、汽车
铝硅镁合金—6000 系列	中等强度、耐腐性好	发动机罩板、行李舱盖
铝锌镁合金—7000 系列	强度高、塑性较低	车架保险杠加强梁
铝锂合金—8000 系列	密度小、弹性模量高	大型客机

变形铝合金一般占汽车总用铝量的 1/3 左右。变形铝合金材料主要用于汽车的冷却系统、车身材料、底盘等部位。汽车散热器、汽车空调器的蒸发器和冷凝器等主要是用复合带箔材及管材;车身顶盖、车身侧板、挡泥板、地板,以及底盘等则多用板

材挤压型材。表 7-2 列举了一些在汽车制造中获得应用的变形铝合金。

变形铝合金在汽车制造中的应用　　表 7-2

牌号	用　　途	牌号	用　　途
1100	车内装潢、镶饰件、铭牌	4032	锻造活塞
1200	热传输翅片、挤压冷凝管	5252	装潢
2010	内外结构件、覆盖件	5454	车轮、发动机辅助托架、焊接结构件
2017	紧固件	6591	热交换器、散热器
3002	装潢件、镶饰件	6463	挤压结构材料、窗框、门框等
3004	外用覆盖板和部件	7003	减振器加强筋、座位轨道
4002	复合钎焊板	7129	散热器翅片、冷凝器

(三)铝合金在汽车上的应用

目前,采用轻质材料制造汽车车身是实现车身轻量化最有效的手段。由于铝合金具有质量轻、比强度高、耐腐蚀、易加工以及回收成本低等优点,因此采用铝合金代替传统钢铁制造汽车车身是各国汽车制造商针对汽车轻量化所采取的有效措施之一。一般来说,采用铝合金板材代替传统的钢板制造汽车内外板可使整车质量减少 10% 左右。目前,用于汽车车身内外板的铝合金型材主要有 5000 系和 6000 系铝合金。如图 7-2 所示为铝合金车门框,图 7-3 所示为铝合金防撞梁。

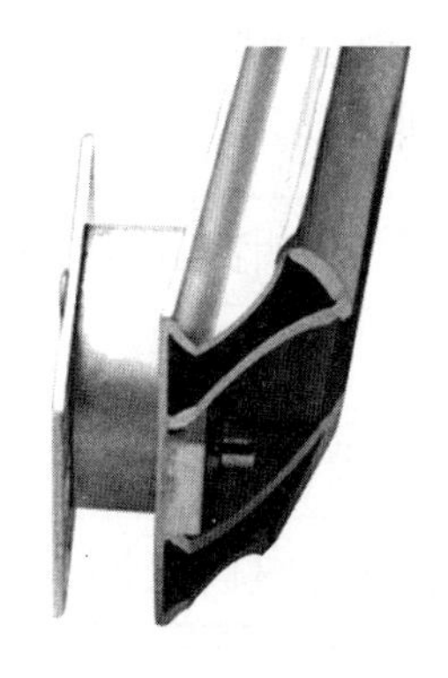

图 7-2　铝合金车门框　　　　图 7-3　铝合金防撞梁

在全铝合金车身方面,德国的奥迪公司经过长达 20 年的研究,成功开发了铝合金车身框架结构技术。该技术制造的车身框架由铸造和液压成形的铝合金部件组合而成,其中包括 35% 的高精度铝合金铸造件、22% 的挤压成形铝合金件以及 35% 的铝合金板材。2010 年 4 月,德国奥迪公司在北京国际车展上首次展出了 A8L Quattro 全铝合金轿车。A8L Quattro 的车身采用了全铝合金车身框架结构(ASF),比同尺寸钢车身的质量轻 40%,而刚性则进一步提升。如图 7-4 所示为奥迪 A8L 车身示意图,铝合金板主要应用在车身底板、前围板等处,挤压成形铝合金主要应用在前、后纵梁等处。

图 7-4 奥迪 A8L 车身示意图

(四)铝合金部件的维修

1. 铝合金维修条件

铝合金车身的损伤和钢车身的损伤类型类似,有凹陷损伤、内板变形损伤、破裂损伤和开孔损伤等。在对铝合金车身损伤进行修复时,凹陷损伤可以采用拉拔、敲击等进行修复,对破裂损伤、开孔损伤等则需要通过更换铝合金板件的方式进行修复。表 7-3 列举了铝合金板件损伤修复方法。

铝合金板件损伤修复方法 表 7-3

损坏类型	修复方法	是否可修复
平面上(不包括平面的边缘部分)的凹陷	拉拔修复	可修复
延伸至铝金板拐角部位的弯曲变形(无折曲)	敲击修复	
内板上的变形(无折曲和翘曲)	加热维修	
破裂和开孔	更换维修	不可修复
冲压线上的凹陷	更换维修	
有折曲和翘曲的内板变形	更换维修	

2. 铝合金的维修方法

在对铝合金板件进行维修时,主要是对铝合金的板件进行手工修复、机器修复等。下面将分别介绍这两种维修方法。

1)手工修复

对铝合金板件进行手工修复时,修复的方法与前述的钢板修复方法原理相同,都是采用实敲或虚敲进行,如图7-5所示。在对铝合金板件进行修复时容易发生加工硬化,所以在进行修复时需要对铝合金板件修复的部位进行加热,如图7-6所示,避免在修复过程中发生裂口或断裂损伤。

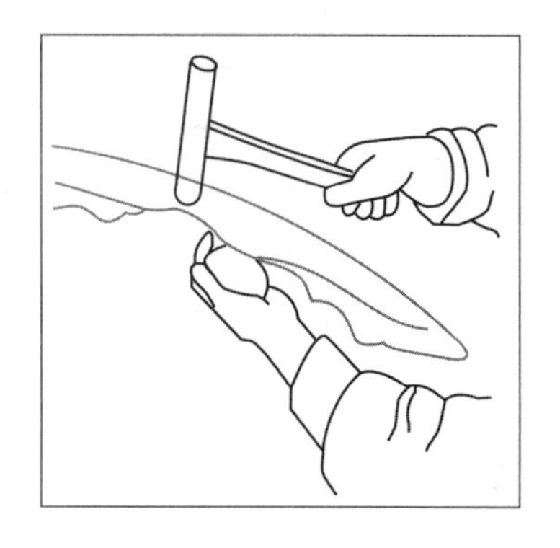

图7-5　铝合金板件手工修复　　图7-6　铝合金板件加热

在对铝合金板件进行手工修复时,为了避免产生电偶腐蚀,在修复铝合金板件时应使用专用的修复铝合金的钣金锤和手顶铁。铝合金修复专用钣金锤和手顶铁,形状与修复钢板的钣金锤和手顶铁类似,表面光滑,但质量较轻。如图7-7、图7-8所示分别为修复铝合金的钣金锤和手顶铁。

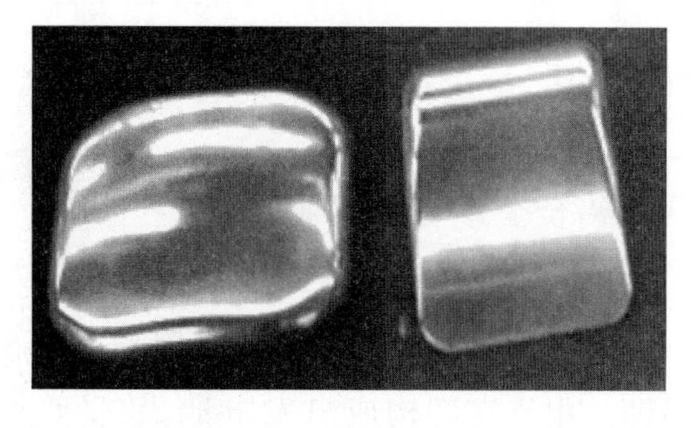

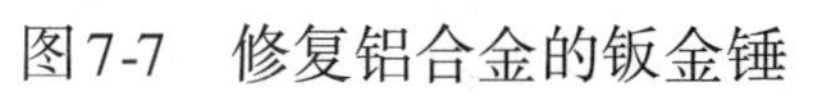

图7-7　修复铝合金的钣金锤　　图7-8　修复铝合金的手顶铁

2)机器修复

对于铝合金板件的凹陷,也可以采用铝合金外形修复机进行修复。使用铝合金外形修复机修复的原理与修复钢板的外形修复机原理类似,都是将介子片焊接在板件上进行拉拔修复。但有以下几点区别:在修复铝合金时,应使用铝合金外形修复机,如图7-9所示。使用铝合金外形修复焊机的介子片也是铝合金制的,如图7-10所示为铝合金介子片。铝合金介子片前端通常为一凸点,这是因为铝合金的导热、导电性较强,通过凸点使焊接铝合金介子片时可以将热量集中于此点,更利于铝合金介子片焊接在铝合金板件上。

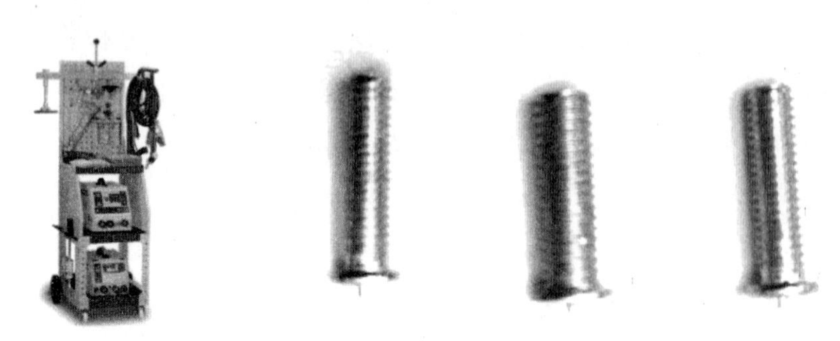

图7-9　铝合金外形修复机　　　　图7-10　铝合金介子片

在修复铝合金的过程中,同样要对铝合金进行加热,避免铝合金发生裂纹或断裂。修复铝合金板件后,铝合金介子片应使用工具贴近板件剪断,不能用其他方式取下铝合金介子片,避免对铝合金板件造成新的损伤。

表7-4对铝合金和钢板的凹陷修复方法进行了对比。

铝合金和钢板凹陷维修方法比较　　表7-4

维修方法	钢　　板	铝　合　金
手工修复	铁锤、木锤	木锤、橡胶锤、专用修复锤
机器修复	使用外形修复机、介子片	使用铝合金外形修复机、铝合金介子片

3.铝合金修复注意事项

1)防止电偶腐蚀

电偶腐蚀是指两种不同的金属相互接触而同时处于电解质中所产生的电化学腐蚀。由于它们构成自发电池,故受腐蚀的是较活泼的及作为阳极的金属。例如,用铁铆钉连接的铜板在潮湿的空气中即发生接触腐蚀,铁为阳极,发生溶解而被腐蚀。铝比铁活泼,若使用带有铁屑的工具维修铝合金板件,则铝合金板件会发生电偶腐蚀生成三氧化二铝,会阻止铝合金板件进一步反应。

为了防止维修铝合金时发生电偶腐蚀,在维修时建议配备一套工具专用于维修铝合金板件;或者维修过钢制零件的工具,清除铁屑后方能进行铝合金板件维修。

2)防止加工硬化和破裂

铝合金在维修中极易发生加工硬化,同时对铝合金板件进行敲击后,板件极易发生破裂。为了避免维修中产生加工硬化和板件破裂,可以对修复部位进行加热,提高铝合金板件的可修复性。如图 7-11 所示为铝合金维修加热的工具,但对铝合金进行加热时,温度一般宜在 180 ~ 220℃,若温度过高,铝合金板件的强度会降低。在加热时可以使用测温枪或热敏贴测量加热的温度,避免板件温度过高。

图 7-11　热风枪

3)打磨铝合金板件时需要防爆吸尘系统

在对铝合金板件进行打磨时,会产生铝合金粉尘,维修技师吸入后会损伤身体,在维修时维修技师应做好防尘防护。铝合金粉尘在空气中易燃,若车间的铝合金粉尘达到一定浓度时,极易发生爆炸,所以在维修铝合金车身时要设置单独的维修空间和单独的防爆吸尘系统,避免造成安全生产事故。

二、任务实施

(一)铝合金手工修复

1. 准备工作

(1)场地设施:装有废气抽排系统和消防设施的车身修复场地,场地应配备相应的压缩气源和电源。

(2)设备设施:铝合金板件支撑件,铝合金修复组合工具,单作用打磨机,热风枪等。

(3)工量具:常用拆卸工具,卡尺等。

(4)劳保用品:工作服,手套,防护眼镜,耳罩,劳保鞋。

(5)耗材:80 号砂纸、记号笔。

2. 技术要求与注意事项

(1)铝合金板件修复时,要求不能出现高点,低点不能低于原板件表面 1mm。

(2)在实车上进行修复时,一定要断开蓄电池负极。

(3)穿戴干净整洁的工作服。

(4)遵守场地安全规定,注意用电安全。

(5)正确使用铝合金外形修复机、手工修复等工量具。

3. 操作步骤

有一铝合金机盖，损伤情况如图 7-12 所示，现将对其修理。

穿戴劳保用品

(1) 穿戴劳保用品。

铝合金机盖修复需要的劳保用品有：工作服、棉手套、防尘口罩、护目镜、防噪耳塞。

(2) 损伤评估。

损伤评估

综合应用目视、触摸、按压、对比等方法对受损铝合金机盖进行损伤评估并对损伤范围进行标记。

(3) 加热受损部位。

加热受损部位

为了避免维修铝合金过程中发生断裂，在对铝合金板件修复前应加热待修复区域。加热温度应控制在 180 ~ 220℃。加热时，应一边加热，一边测量板件的温度，避免板件温度过高。如图 7-13 所示为加热受损部位。

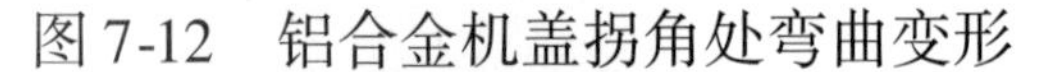
图 7-12　铝合金机盖拐角处弯曲变形

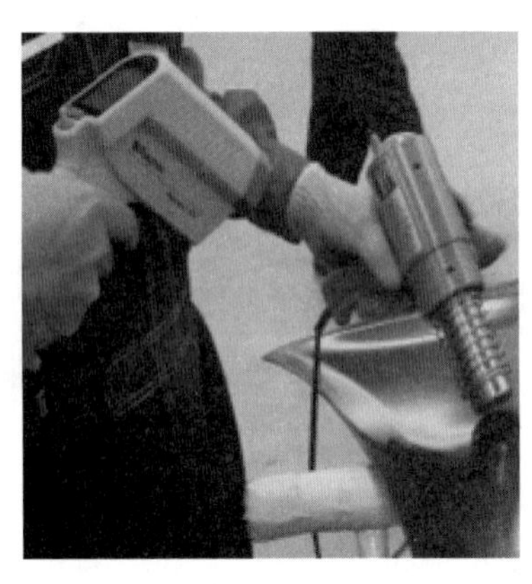
图 7-13　加热受损部位

图 7-14　敲击修复

(4) 敲击修复。

敲击修复

使用虚敲、实敲技术对受损部位进行敲击修复。注意应使用铝合金专用修复工具进行修复。敲击过程中应根据损伤的变形情况改变敲击方式。敲击过程中力度应适中。如图 7-14 所示为敲击修复。

修复后质量检查

(5) 任务实施完后，按照 5S 管理标准，整理操作工位及场地。

(二)铝合金机器修复

1. 准备工作

(1)场地设施:铝合金机盖、机盖支撑架,装有废气抽排系统和消防设施的钣金修复场地。

(2)设备设施:铝合金修复组合工具1套,单作用打磨机、热风枪、铝合金外形修复机。

(3)工量具:常用拆卸工具(1套)、卡尺等。

(4)劳保用品:工作服,手套,防护眼镜,耳罩,劳保鞋。

(5)耗材:80号砂纸,记号笔。

2. 技术要求与注意事项

(1)钣金修复时,要求不能出现高点,低点不能低于原板件表面1mm。

(2)在实车上进行修复时,一定要断开蓄电池负极。

(3)穿戴干净整洁的工作服。

(4)遵守场地安全规定,注意用电安全。

(5)正确使用钣金手工修复等工量具。

3. 操作步骤

有一铝合金机盖,损伤情况如图7-15所示,现将对其修理。

图7-15 铝合金机盖的凹陷

(1)穿戴劳保用品。

铝合金机盖修复需要的劳保用品有:工作服、棉手套、防尘口罩、护目镜、防噪耳塞。

(2)损伤评估。

综合应用目视、触摸、按压、对比等方法对受损铝合金机盖进行损伤评估并对损伤范围进行标记。如图7-16所示为标记损伤范围的铝合金机盖。

损伤评估

(3)去除旧漆膜。

若凹陷较深可以先使用撬棍修复。如图7-17所示。在打磨过程中,应使用防爆吸尘系统。在打磨过程中,打磨机的转速不应太高,避免打磨过程中产生的热量使铝合金机盖的温度过高。

去除旧漆膜

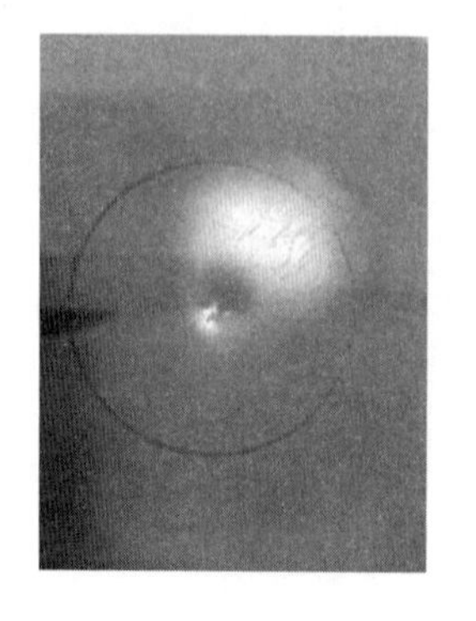

图 7-16　标记损伤范围

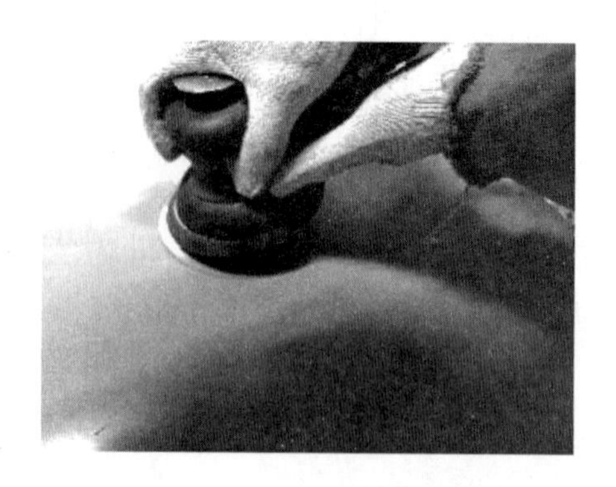

图 7-17　去除旧漆膜

(4)调整焊接电流并试焊。

打开铝合金外形修复机电源,调整合适的参数并在铝合金板件上进行试焊以确定焊接强度。试焊时应尽量选用相同厚度、相同材质的铝合金板件进行试焊。焊接的强度应适当,强度过低会导致焊接的铝合金介子片不牢固,凹陷未拉出介子片即脱离板件;焊接强度过高,则会对铝合金板件造成其他损伤。

(5)焊接铝介子片。

焊接铝介子片

通过试焊调整好铝合金外形修复机的参数后,将铝合金介子片焊接在待拉拔的区域,如图 7-18 所示。

(6)安装拉拔工具。

安装拉拔工具

在对铝合金板件进行精修前应安装拉拔工具,如图 7-19 所示为安装拉拔工具。安装拉拔工具应先使拉拔手柄处于无压力状态。安装好拉拔工具后,应通过旋钮调整拉拔装置与介子片处于绷直状态(注意不是进行拉拔),便于精修时对于板件进行拉拔。若此时介子片与拉拔装置过紧,则可能使拉拔后板件出现高点;若过松,拉拔时不能拉出凹陷。

图 7-18　焊接铝合金介子片

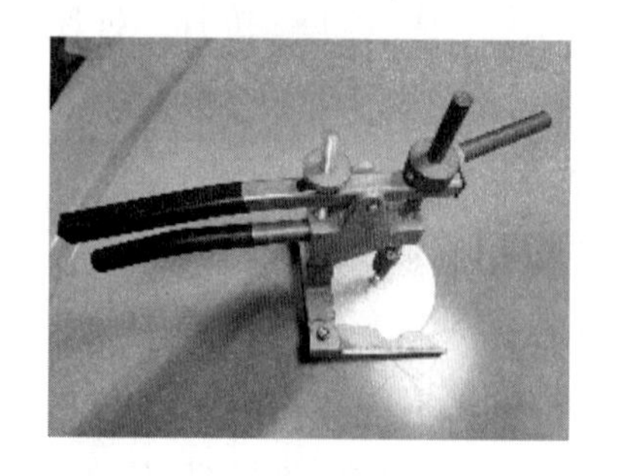

图 7-19　安装拉拔工具

(7)损伤修复。

损伤修复

安装好拉拔装置后,对板件的损伤进行修复。修复前,应先对板件进行加热,如图7-20所示。加热温度应控制在180~220℃,加热时应边加热,边对板件的温度进行测量,避免板件温度过高。

将铝合金板件加热到适宜的温度后,按压拉拔手柄对受损凹陷进行拉拔。拉拔时应注意拉拔力度,将板件拉拔出高于板件0.5mm左右。保持拉拔,对凹陷周围的应力进行消除,如图7-21所示。消除应力时可用钣金锤,或用手从较高部位滑至较低部位。

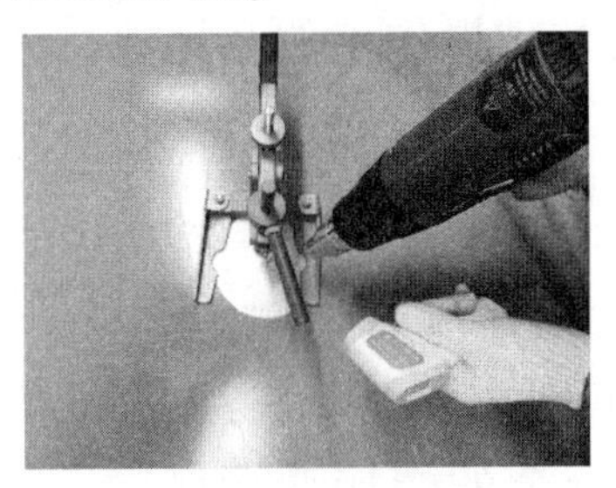
图7-20 加热

图7-21 修复铝合金板件

(8)拆卸铝合金介子片并打磨。

拆卸铝合金介子片并打磨

对板件修复完板件后,应使用斜口钳或台虎钳等剪切工具在贴近铝合金板件处,将铝合金介子片剪断,如图7-22所示。注意不能采用钢板维修的方法将铝合金介子片拆下,这样可能导致铝合金板件穿孔。使用锉刀或打磨设备,将铝合金板件上铝合金介子片残留进行打磨,使其表面平滑,如图7-23所示。

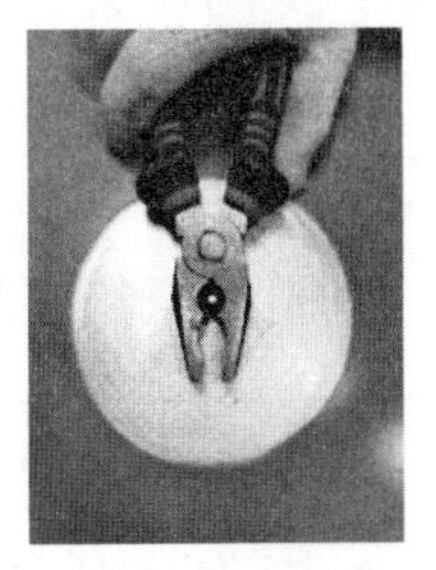
图7-22 剪切铝介子

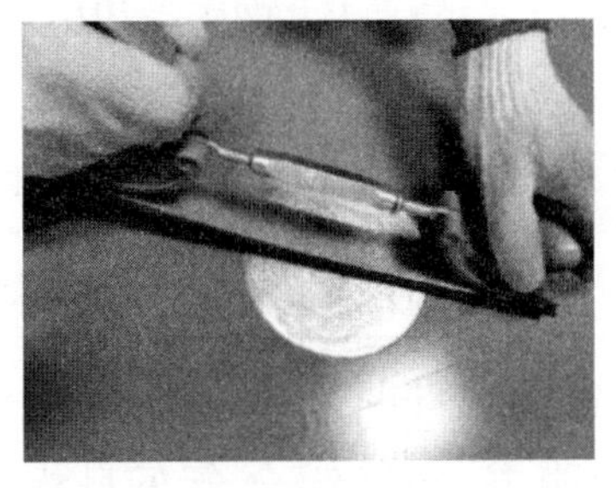
图7-23 打磨多余的铝合金介子片

(9)确认修复结果。

修复后,可以使用弧度规或钢板尺对铝合金板件的修复质量进行检验,如图7-24所示。如图7-25所示为修复后的铝合金板件。

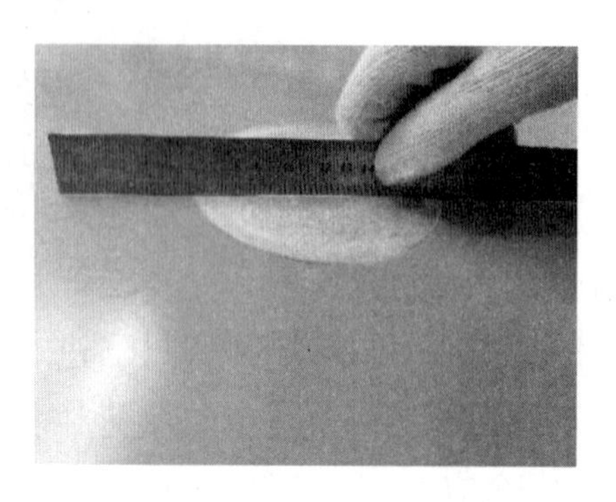

图 7-24　检验修复质量

图 7-25　修复后板件

(10)任务实施完后,按照 5S 管理标准,整理操作工位及场地。

三、学习拓展

目前铝合金焊接主要存在以下问题:一是焊接变形倾向明显,由于铝合金的热膨胀系数大,弹性模量只有钢的 1/3,同时由于其热传导系数大,焊接时往往需要更大的线能量。因此,与钢相比,铝合金的焊接变形倾向更明显。二是焊接接头质量难控制,由于铝合金具有强氧化性线,膨胀系数大,导热、导电性好,因此极易产生气孔、裂纹咬边、夹渣合金元素烧损、耐蚀性下降等焊接缺陷。表 7-5 对铝合金和钢板焊接方法进行了对比。这里只针对车身修复中常用的电阻点焊和气体保护焊进行对比。下面将对铝合金气体保护焊的焊接方法进行阐述。

铝合金和钢板焊接方法比较　　表 7-5

维修方法	钢　板	铝　合　金
电阻点焊	在钣喷车间可以完成	无法在钣喷车间完成
气体保护焊	使用二氧化碳或混合气(20% 二氧化碳 +80% 氩气)进行焊接	使用纯氩气进行焊接

在更换铝合金板件时通常会用到气体保护焊,在进行铝合金气体保护焊焊接前,应查阅说明书,明确铝合金车身板材中含有的成分,因为含有金属镁或铝镁合金的板材,在焊接过程中可以引燃金属,发生燃烧。该类材料一旦发生燃烧无法使用一般的灭火器将其扑灭,必须使用特质化学制剂。对于厂家严禁焊接的部位应严格遵守,同时严格按照厂家规定流程进行车身修复作业。

在进行铝合金气体保护焊焊接时,首先应做好防护作业。对于板件上有油漆的应使用打磨机打磨干净,确保金属裸露出来,提高焊接质量,若板件没有油漆,也应使用钢刷对焊缝周围的氧化物进行清除,如图7-26所示。铝合金气体保护焊使用100%氩气作为保护气体,在对待维修板件焊接前应试焊,以调节送丝速度、电流等参数在合适的范围,并确定焊接质量。焊接的其他方法与钢板类似,在此不再赘述。对接焊接的焊接效果如图7-27所示。在铝合金板件焊接过程中严禁出现逆向焊接,否则会导致熔池过热,击穿铝合金板件或者造成铝合金板件塌陷。

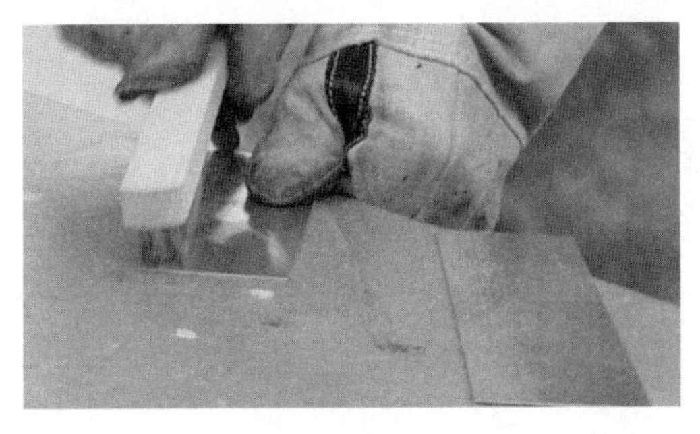

图7-26　使用钢刷清除氧化物

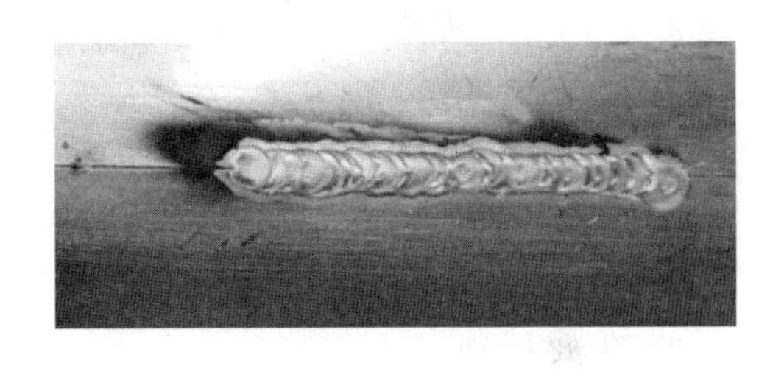

图7-27　铝合金对接焊接效果

现在有些铝合金板件更换采用胶粘铆接技术以取代气体保护焊。

四、评价与反馈

1. 自我评价

(1)通过本学习任务的学习你是否已经知道以下问题:

①铝合金的特性有哪些?

____。

②在维修铝合金时应注意哪些问题?

____。

(2)铝合金损伤修理的步骤是什么?

____。

(3)实训过程完成情况如何?

____。

(4)通过本学习任务的学习,你认为自己的知识和技能还有哪些欠缺?

____。

2. 小组评价

小组评价见表7-6。

小组评价　　表7-6

序号	评价项目	评价情况
1	着装是否符合要求	
2	是否合理规范地使用仪器和设备	
3	是否按照安全和规范的流程操作	
4	是否遵守学习实训的规章制度	
5	是否能保持学习实训地整洁	
6	团结协作情况	

3. 教师评价

____

____。

签名:__________　________年____月____日

五、技能考核标准

考核的方式建议采用每个人独立完成学习领域中的实训任务,培养学生独立自主完成任务的能力。实训任务综合性较强,以根据学生完成实训任务的情况评价整个学习领域的学习效果。表7-7为技能考核标准。

技能考核标准表　　表7-7

序号	项目	操作内容	规定分	评分标准	得分
1	劳保用品	劳保用品穿戴	15分	工作服、劳保鞋、护目镜、耳塞、防尘口罩,每少穿戴一项扣3分	
2	损伤评估	对受损区域损伤评估	10分	应综合采用损伤评估方法对受损区域进行评估,未评估每处扣5分,扣完为止	
3	去除旧漆膜	对受损区域的旧漆膜进行去除	10分	未打磨干净漆面每处扣2分,每5mm为一处,扣完为止	

续上表

序号	项目	操作内容	规定分	评分标准	得分
4	调节铝合金外形修复机	正确调整铝合金外形机参数	10 分	未调节参数、调节不正确均扣 10 分	
5	拉拔修复凹陷部位	正确使用拉拔器进行拉拔修复	20 分	未正确安装手持拉拔器扣 5 分,未进行加热即拉拔扣 5 分,手持拉拔器错误操作扣 10 分,拉拔中介子脱落扣 20 分,扣完为止	
6	应力去除	对凹陷周围的应力进行去除	10 分	未使用铝合金修复专用锤扣 5 分,敲击不正确扣 5 分	
7	铝合金介子片拆卸	拆卸铝合金介子片并对其残留进行打磨	10 分	拆卸铝合金介子片方法错误扣 5 分,对铝合金介子片残留打磨不正确扣 5 分,打磨过度扣 5 分,扣完为止	
8	修复质量检测	检查修复后损伤区域的平整度	10 分	高点每处扣 5 分,低点(超过 1mm)每处扣 2 分,每 5mm 为一处,扣完为止	
9	5S 整理	场地整理	5 分	未对场地进行 5S 整理,扣 5 分	
总分			100 分		

学习任务8　纤维型材料修复

☆ 知识目标

1. 能描述纤维型材料的特点；
2. 能描述纤维型材料的修复流程。

技能目标

1. 能判断纤维型材料损伤情况；
2. 能对纤维型材料进行修复。

建议课时

4 课时。

在日常生活中，由于驾驶员的粗心大意造成左前翼子板剐蹭损伤，经判断该翼子板为玻璃纤维材质。现需要对车门剐蹭损伤部分进行维修。

一、理论知识准备

（一）玻璃纤维的特性

玻璃纤维板又称玻璃纤维，传统的玻璃纤维板件是由 70% 聚酯树脂和 30% 玻璃纤维制成，各个厂家的配方可能不同。还有一种常用的玻璃纤维板件是由 40% 聚酯树脂、20% 玻璃纤维，33% 碳酸钙及 7% 的其他材料制成。玻璃纤维板用手工制造（手糊成型）或在模具中喷射成型。玻璃纤维具有下列特性。

（1）密度小，强度高。玻璃纤维比强度（强度的一种，指材料在断裂点的强度与其密度之比）超过钢材。

（2）导热率小，是优良的绝热材料；导电性差，是一种优良的绝缘材料；同时也具有良好的隔声性能，在车身上应用能提高车身的隔声性。

（3）玻璃纤维长期耐高温性能较差，一般不超过 200℃。玻璃纤维在超高温时产生大量气体，吸收大量热量，是一种良好的热防护和耐烧蚀材料。

（4）具有优良的耐磨损性能。

(5)玻璃纤维还具有不易受潮、不锈不烂、能够抵抗化学药品及油类的腐蚀等性能。

(6)抗剪强度及长期循环负荷强度较低。

(二)玻璃纤维在汽车上的应用

玻璃纤维主要在汽车的车身、内外饰件上进行应用,如图 8-1 所示为采用了玻璃纤维车身的英国 TVRChimaera 跑车。

在内饰方面,如图 8-2 所示为某车型行李舱内饰板,该车型为减轻质量,行李舱盖采用非金属材料制成,其中行李舱内饰板为玻璃纤维材质。

图 8-1　玻璃纤维车身

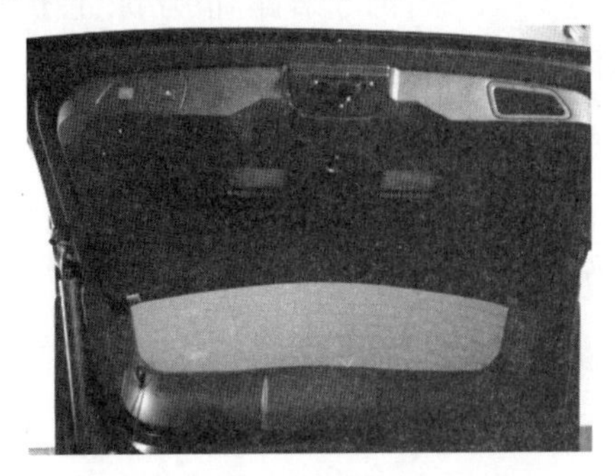

图 8-2　玻璃纤维内饰板

(三)玻璃纤维的修复

1.玻璃纤维板件中常见的损伤

玻璃纤维板件常见的损伤有:单面损伤、双面损伤、严重损伤三种。

(1)单面损伤是指表面损伤或不穿透板件背面和不致造成板件背面断裂的损伤,例如创伤和擦伤,如图 8-3 所示。对于较浅的单面损伤,如不太深的划痕,通常使用玻璃纤维填料进行填充,而对于较深较大的单面损伤,需使用树脂配合玻璃纤维布来进行修补。

(2)双面损伤是指贯穿性损伤,如塑料板件被刺穿或断裂,如图 8-4 所示。要对两面进行玻璃纤维布的填补修理,有时还要制作补板对结构进行加强。

图 8-3　玻璃纤维单面损伤示意　　图 8-4　玻璃纤维双面损伤示意

(3)严重损伤,玻璃纤维部件已经发生严重变形,需要整块更换或局部更换玻璃纤维板件。

需要注意的是,在同一辆汽车上很可能兼有上述的各种损伤类型。

2. 修复的安全事项

对玻璃纤维修理时必须注意安全。修理用树脂和硬化剂会产生有害的蒸气,对人的皮肤、肺和胃产生刺激。在修理中应阅读和了解下列安全事项:

(1)细心阅读各种材料的说明和警告。

(2)使用玻璃纤维、树脂或硬化剂时戴上橡皮手套,穿上规定的工作服,扣好领扣和袖口,防止磨屑接触皮肤。

(3)在身体的暴露部分涂上护肤膏。如果树脂或硬化剂与皮肤接触,要迅速用硼砂皂水或变性酒精清洗。

(4)戴上防毒面具以免吸进磨屑和树脂蒸气。

(5)戴好护目镜防止溶剂或树脂溅入,同时也可防止树脂蒸气对眼睛的刺激。

(6)保证车间通风良好。

(7)用玻璃纤维修理时,把周围区域罩好,以免溅上树脂。

(8)工具和设备在使用后立即用挥发性涂料的稀释剂清洗。在安全容器中处理剩余的混合材料。

3. 修理用工具和材料

1)工具

图8-5　双组分手动胶枪

玻璃纤维修理用工具包括一些通用工具和专用工具。通用工具如砂轮机、清洁工具等;专用工具有胶枪,其作用是把两部分黏结剂以恒定的速度挤出并混合在一起。胶枪有气动和手动两种,气动胶枪使用压缩空气把材料挤出。手动胶枪用手施加压力把材料从管中挤出,如图8-5所示。使用胶枪时,应遵守制造厂商的使用说明。在使用前应检查物料是否能正常流动,若不能正常流动应更换物料,避免损伤胶枪。使用时应检查两部分黏结剂的混合一致性。

2)黏结剂

用于玻璃纤维的材料通常是双组分的黏结剂,其由基体材料与硬化剂组成,两者必须按适当比例充分混合后才能使用。修理玻璃纤维的黏结剂是聚酯树脂，不能与其他黏结剂混用。

黏结剂的两种成分混合以后有一个使用限定时间，即间隔时间。在此时间内黏结剂可正常使用，超出此时间则黏结剂已开始固化而不能使用。使用限定时间由制造厂商给出。黏结工作完成后，黏结剂有一个硬化时间，此时不要挪动板件以免影响黏结质量，某些板件的硬化时间可通过加热来缩短。

温度和湿度会对修理工作和硬化处理时间产生影响。制造厂商会提供产品的使用温度范围及加热硬化处理的准则。湿度过高则会使硬化速度变慢。

3）填料和玻璃纤维布

结构填料在板料结构中用来填补较大的空隙，这种填料可提高板料的结构刚性，可选用单纹布、编织玻璃布或尼龙遮布。

装饰填料，典型的是双组分环氧树脂填料或聚酯填料，用来覆盖小缺陷。

4. 玻璃纤维的修复

根据损伤部位和损伤程度，常用修理方法有损伤修理、板件更换。这些修理方法有许多共同点，如采用的工具和材料、预处理和后处理程序等。

1）损伤修理

损伤修理分为单面损伤修理和双面损伤修理。对于较浅、面积不大的划痕，使用玻璃纤维填料进行单面损伤修理就足够了。有些单面损伤的面积较大，深度较深，伴有裂纹，但是没有崩开，所有增强纤维都在原位，修理时需使用玻璃纤维布对受损的一面进行强化。

修理程序包括清洁、打磨旧漆膜、制作止裂孔、制作坡口、裁剪玻璃纤维布、调制黏结剂、涂敷玻璃纤维布、打磨成型等步骤，具体操作在任务实施中介绍。

2）整块板件更换

整块板件的更换是相对简单的工作，其更换程序如下：

（1）用气动砂轮机磨去门板上的凸缘，把门边加热，用油灰刀插进两门板之间，使黏合处分开。或使用气动剪将整块门面板剪下。

（2）使用气动机把车门框架上的旧玻璃纤维除去。

（3）清洁车门框架，用注胶枪将双组分黏结剂涂抹到车门框架上，准备黏结新玻璃纤维车门板。

（4）清洁车门板待黏结的表面，对准黏结的部位将其黏结到车门框架上。

（5）等待黏结剂硬化。

(6)进行其他修理工作。

二、任务实施

1. 准备工作

(1)场地设施:装有废气抽排系统和消防设施的车身修复场地,场地应配备相应的压缩气源和电源。

(2)设备设施:保险杠支架,单作用打磨机等。

(3)工量具:气动钻,单作用打磨机,角磨机,塑料刮板等。

(4)劳保用品:工作服,手套,防毒面具,防护眼镜,耳罩,劳保鞋。

(5)耗材:玻璃纤维黏结剂,玻璃纤维布,60 号砂纸,80 号砂纸,120 号砂纸等。

2. 技术要求与注意事项

(1)玻璃纤维修复后,要求不能出现高点,低点不能低于原板件表面 1mm。

(2)进行修复时,应做好安全保护,避免造成伤害。

(3)遵守场地安全规定,注意用电安全。

(4)正确使用涂敷、打磨等修复工具。

3. 操作步骤

有一车辆,左前翼子板为玻璃纤维材质,受到了剐蹭损伤,损伤情况如图 8-6 所示,现将对其修理。

(1)劳保用品穿戴

穿上规定的工作服,佩戴好护目镜,佩戴防毒面具以免吸入磨屑和树脂蒸气。使用玻璃纤维、树脂或硬化剂时戴上橡胶手套。

(2)清洁受损区域。

用清洁剂清洁受损部位周围的表面,注意不要使清洁剂接触断裂的区域,否则可能会影响黏结的效果。如图 8-7 所示为清洁受损区域。

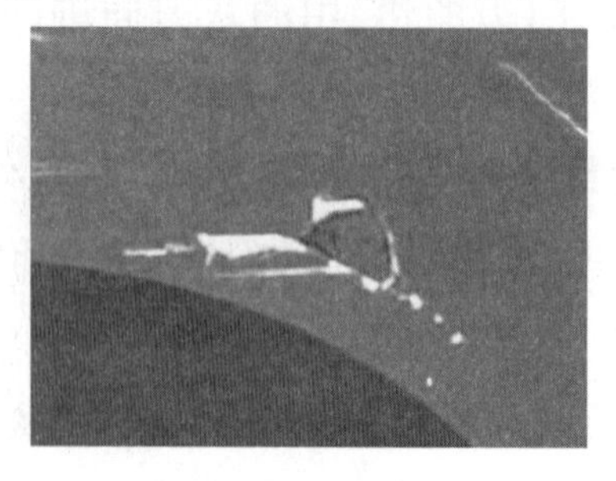

图 8-6　受损情况

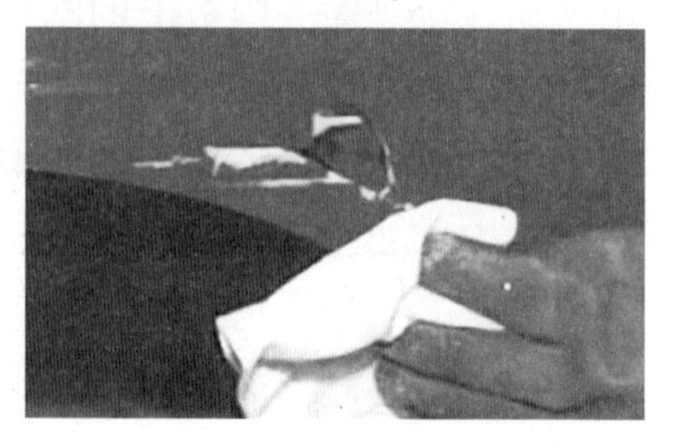

图 8-7　清洁受损区域

(3)去除旧漆膜。

如图 8-8 所示为使用打磨机去除受损部位的旧漆膜。去除旧漆膜的范围应略大于受损区域。如果板件的两面都受到了损伤,则对板件的背面也要打磨。图 8-9 所示为去除背面旧漆膜。

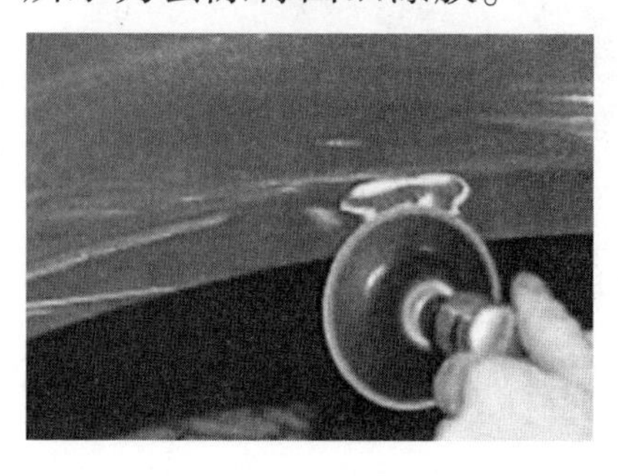

图 8-8　去除正面旧漆膜

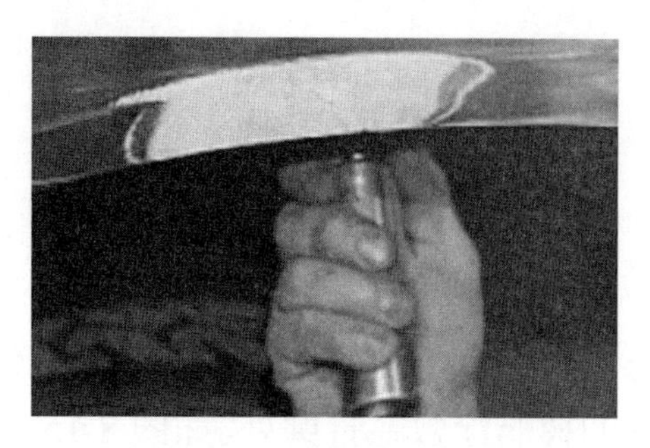

图 8-9　去除背面旧漆膜

(4)制作坡口及止裂孔。

使用 80 号砂纸打磨待修区域表面,增强黏结效果。同时在修理部位打磨坡口,以获得良好的黏合表面,如图 8-10 所示。

如果修复的损伤为裂纹损伤,则要在裂纹的末端制作止裂孔,防止板件继续裂开使损伤扩大,如图 8-11 所示。

图 8-10　打磨坡口

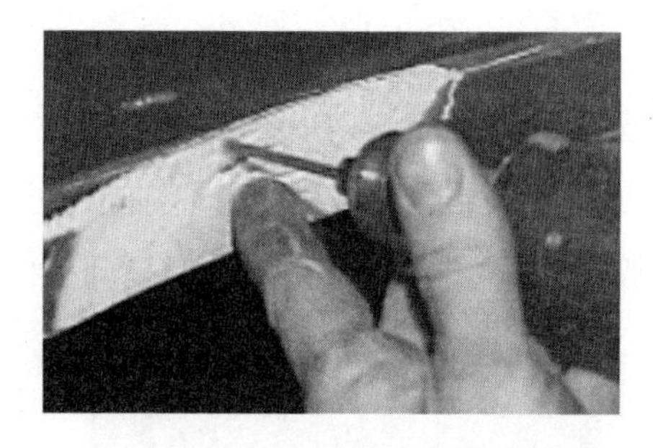

图 8-11　制作止裂孔

(5)裁剪玻璃纤维布。

裁剪玻璃纤维布或足够大的衬垫,用来覆盖孔和打磨好的部位,如图 8-12 所示。裁剪后的玻璃纤维布大小要能覆盖损伤部位。小块的放在损伤最深处,大块地覆盖在小块的上面。

(6)调制黏结剂。

准备调制黏结剂,将树脂和硬化剂按照一定的比例进行混合并搅拌均匀,注意搅拌时不能有气泡进入黏结剂,如图 8-13 所示。

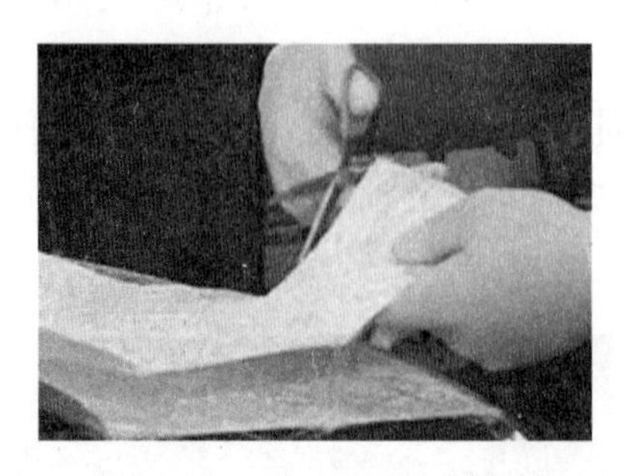

图 8-12　裁剪玻璃纤维布

图 8-13　调制黏结剂

(7)涂敷树脂和玻璃纤维布。

在进行涂敷玻璃纤维布前,应先进行除尘,如图 8-14 所示。用小油漆刷把混合好的树脂涂敷在打磨处,如图 8-15 所示。

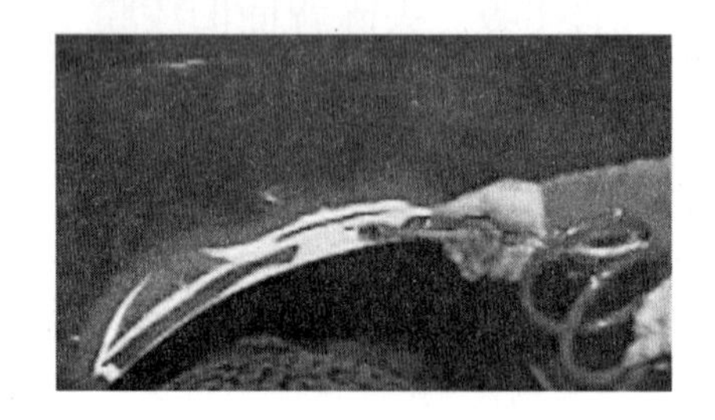

图 8-14　除尘

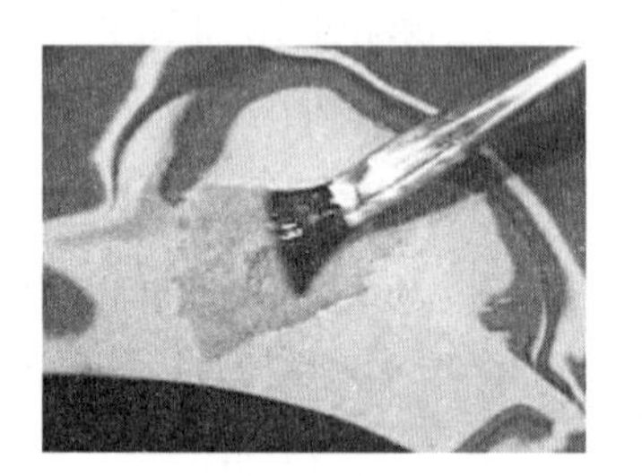

图 8-15　受损表面涂敷树脂

将玻璃纤维布在树脂混合物中浸透,如图 8-16 所示。然后取出摊铺在修理部位的表面或反面上,必须与损伤周围已磨好的部位完全接触,如图 8-17 所示。注意涂敷的玻璃纤维布填料应略高于原有表面,为后续打磨成型留下余量。

图 8-16　浸泡玻璃纤维布

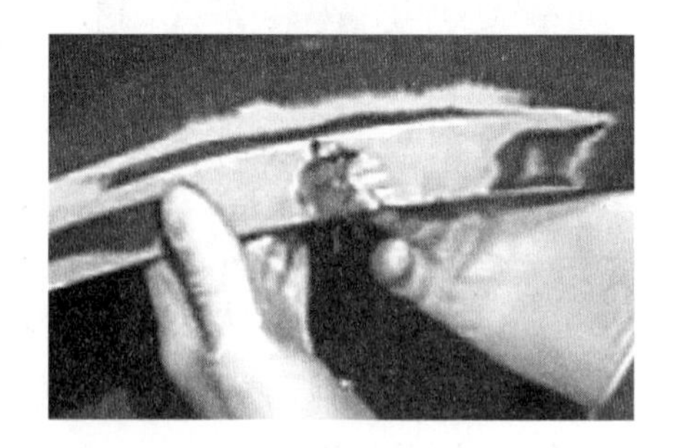

图 8-17　涂敷玻璃纤维布

用塑料刮板将玻璃纤维布刮平,并挤出其中的所有气泡,如图 8-18 所示。

(8)清洗工具。

涂敷完成后,及时使用稀释剂对工具进行清洗,如图 8-19 所示。待黏结剂固化后,将会增大清洗的难度。

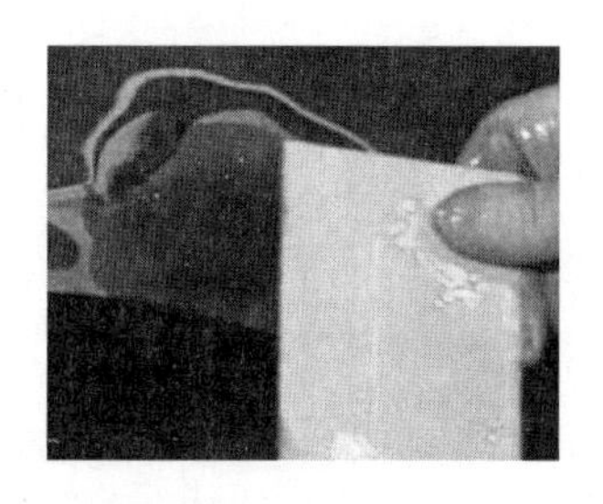

图 8-18　挤压气泡

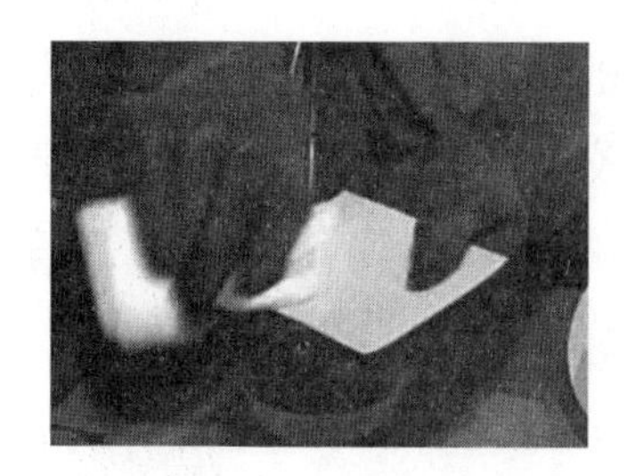

图 8-19　清洗工具

(9)硬化及打磨。

涂敷完成玻璃纤维布后,待其完全硬化后才能进行下一步的操作。硬化时,可用红外线加热灯加速其硬化。该加热灯的距离控制在 300~380mm 处,加热温度不要超过 90℃,因为太热会使材料变形。完全硬化后,使用 60 号砂纸轻磨玻璃纤维补块,再依次使用 80 号,120 号砂纸将其打磨成型,如图 8-20 所示。

图 8-20　打磨成型

(10)任务实施完后,按照 5S 管理标准,整理操作工位及场地。

三、学习拓展

(一)碳纤维的特性

碳纤维具有低密度、高强度、高模量、高热导、耐高温、抗化学腐蚀等特点,然而碳纤维性脆,抗冲击性和高温抗氧化性较差,故常与其他材料复合,作为增强体材料使用。

1)低密度、高强度、高模量

碳纤维的密度较小(在 1.5~2.0g/cm^3之间),同时其强度和模量高,抗拉强度大于 3500MPa,弹性模量大于 230GPa。与钢相比,碳纤维的密度仅为钢的 1/4,然而比强度是钢的 16 倍;与金属铝相比,碳纤维密度是铝合金的 1/2,比强度是铝合金的 12 倍。

2)化学性能稳定

碳纤维主要成分为稳定性好的碳元素,耐酸、碱腐蚀性好,在恶劣使用条件下可以抵抗外界的腐蚀破坏。

3)优良的热性能

当不接触空气和氧化剂时,碳纤维具有突出的耐热性能,与其他材料相比,在温度高于1500℃时碳纤维强度才开始下降。碳纤维具有较小的热膨胀系数，但导热系数却较高。同时，碳纤维具有优异的耐急冷急热的性能。研究发现，碳纤维从3000℃的温度突降至室温都不会开裂。

4）耐磨性好

碳纤维与金属对磨时，很少磨损，用碳纤维来取代石棉制成的高级摩擦材料，已作为飞机和汽车的制动片材料。

5）疲劳强度高

碳纤维的结构稳定，制成的复合材料经应力疲劳数百万次的循环试验后，其强度保留率仍有60%，而钢材为40%，铝材为30%，玻璃纤维则只有20%～25%，因此对于设计制品所取的安全系数，碳纤维复合材料为最低。

6）加工性能好

碳纤维的可加工性能较好，由于碳纤维及其织物质轻又可折可弯，可适应不同的构件形状，成型较方便，可根据受力需要粘贴若干层，而且施工时不需要大型设备，也不需要采用临时固定，且对原结构又无损伤。

（二）碳纤维的种类

碳纤维主要是由碳元素组成的一种高性能特种纤维。根据不同的标准，可对碳纤维按照力学性能分类、按照纤维结构和结晶取向分类、按照原材料分类等。

1）按照力学性能分类

按照力学性能分类，碳纤维可分为以下五大类。

超高模量（ultra high modulus，UHM）碳纤维，弹性模量>450GPa。

高模量（high modulus，HM）碳纤维，弹性模量350～450GPa。

中模量（intermediate modulus，IM）碳纤维，弹性模量200～350GPa。

高强度低模量（high tensile, low modulus，HT）碳纤维，拉伸强度>3GPa，弹性模量<100GPa。

超高强度（super high tensile，SHT）碳纤维，拉伸强度>4.5GPa。

2）按照纤维结构和结晶取向分类

按照纤维结构和结晶取向不同，碳纤维又可分为高模量碳纤维、高强度碳纤维和各向同性碳纤维，见表8-1。其中：高模量碳纤维制备时热处理温度大于2000℃，结晶取向主要平行于纤维轴向，长距离有序排列程度高；高强度碳纤维制备时热处理温度约为1500℃，结晶取向主要平行于纤维轴向，长距离有序排列程度低；各向同性碳纤维制备时热处理温度小于1000℃，结晶无取向，极少有长距离有序排列特点。

按照纤维结构和结晶取向分类的碳纤维　　　　表 8-1

碳纤维种类	热处理温度(℃)	结 晶 取 向	大多与纤维轴平行
高模量碳纤维	>2000	大多与纤维轴平行	高
高强度碳纤维	≈1500	大多与纤维轴平行	低
各向同性碳纤维	<1000	自由取向	非常低

3)按照原材料分类

用于制造碳纤维的原料被称为前驱体。制造碳纤维的前驱体90%为聚丙烯腈,其余的10%为胶黏纤维和石油沥青。所有的这些前驱体材料均为有机聚合物,它们都是由碳原子连接在一起的长链大分子。碳纤维也按前驱体材料分为聚丙烯腈基碳纤维、沥青基碳纤维和粘胶基碳纤维。

(三)碳纤维在汽车上的应用

1)碳纤维在车身上的应用

目前,碳纤维复合材料的车身、底盘、传动轴、制动片、轮毂、尾翼和发动机舱盖已经在汽车行业中被广泛应用。碳纤维增强聚合物基复合材料由于有足够的强度和刚度,是制造汽车车身和底盘等主要结构件的最轻材料。预计碳纤维复合材料的应用可使汽车车身和底盘减重40%~60%,相当于钢结构质量的1/6~1/3。英国材料系统实验室曾对碳纤维复合材料减重效果进行研究,结果表明,碳纤维增强聚合物材料车身质量为172kg,而钢制车身质量为368kg,减重约50%。

2014北京车展期间,宝马公司发布的BMW Vision Future Luxury概念车的最大的亮点和创新技术就在于大量采用碳纤维材料组合实现车身轻量化。该车前排座椅框架与承重结构由碳纤维一体化制造而成,坚固的车厢实现无B柱设计,如图8-21所示。

宝马i3混合动力电动汽车上应用碳纤维座舱减重50%。如图8-22所示为宝马i3的碳纤维座舱。随着碳纤维加工工艺的革新、产量的提高、成本的不断降低,纯碳纤维复合材料会在汽车上的应用越来越多。

图8-21　宝马BMW Vision Future Luxury全新的概念车

图8-22　宝马i3碳纤维座舱

2)碳纤维在汽车零部件上的应用

除了在车身上应用外,碳纤维在内外饰、轮毂、制动系统、进排气系统、传动轴等汽车零部件方面也有应用。

碳纤维复合材料具有较好的强度、韧性、耐热性和耐老化性,可改善传统塑料制品脆性高、耐久性不好的缺点,作为汽车内饰材料使用。碳纤维复合材料还具有较高的强度和刚性、较好的抗冲击性,可作为金属材料的替代品应用于汽车外饰构件。同时,碳纤维复合材料具有较好的吸振效果,对撞击有较大的缓冲作用,且减少撞击碎片的产生,提高了安全性。此外,碳纤维内外饰材料的使用,除了达到汽车轻量化效果,还简化了零件制造工艺,降低了零件加工、装配、维修费用,降低了生产成本。如图8-23所示为碳纤维内饰,图8-24所示为碳纤维转向盘。

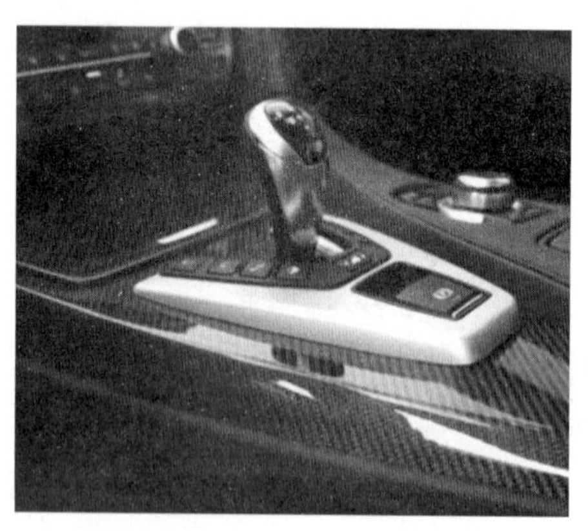

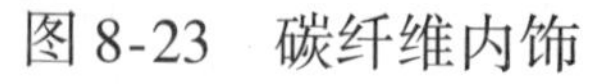

图8-23　碳纤维内饰

图8-24　碳纤维转向盘

作为保证汽车行驶安全的重要部件之一,轮毂不仅要承受整车重量和载重,还要传递驱动和转矩。因而对汽车轮毂的质量要求极高。汽车轮毂要具有较高的强度和抗冲击性,较好的耐热和导热性以及较好的耐久性和安全性。碳纤维复合材料具有优异的力学性能、耐热性和耐久性,可替代金属作为轮毂材料。同时,碳纤维材料的使用使得轮毂质量得到降低,有助于减少车轮转动惯量,使车辆拥有更快的起动、停止以及转向速度。如图8-25所示为碳纤维轮毂。

汽车制动器衬片主要使用石棉材料,制动时易摩擦产生高温,出现性能的热衰退,而产生的石棉粉尘有致癌危害。碳纤维复合材料的比强度高、耐磨性好、耐热性好,应用在汽车制动片上,可作为石棉的替代品。如图8-26所示为碳纤维制动盘。它能够在50m的距离内将汽车的速度从300km/h降低到50km/h,此时制动盘的温度会升高到900℃以上,制动盘会因为吸收大量的热能而变红降低制动效能，而碳纤维制动盘能够承受 2500℃ 的高温，提高制动稳定性。

图 8-25　碳纤维轮毂

图 8-26　碳纤维制动盘

碳纤维复合材料作为汽车进气系统材料，一方面可减轻质量，达到轻量化的效果；另一方面，碳纤维材料易加工成各种曲面形状，且表面较为光滑，可有效提高进气效率。如图 8-27 所示为碳纤维进气系统。

汽车传动轴的受力情况比较复杂，尤其要承受很大的转矩，对材料性能要求较高。碳纤维增强复合材料具有各向异性、比强度高和比模量相对较低的特点，替代金属材料作为传动轴可较好地满足使用需求。碳纤维传动轴不仅可减轻 60% 的质量，而且具有更好的耐疲劳性和耐久性。如图 8-28 所示为碳纤维传动轴。

图 8-27　碳纤维进气系统

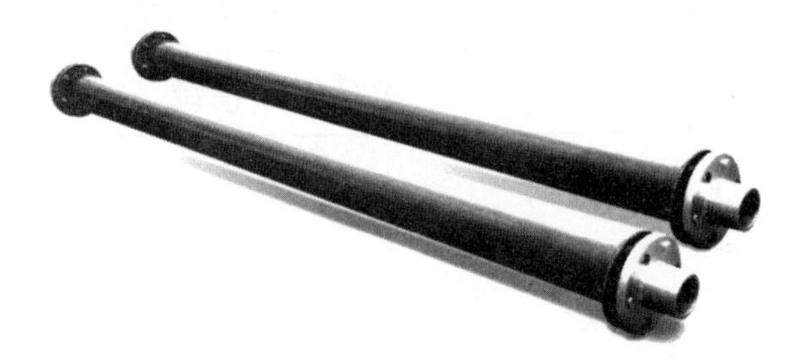

图 8-28　碳纤维传动轴

四、评价与反馈

1. 自我评价

(1)通过本学习任务的学习你是否已经知道以下问题：

①玻璃纤维的特性有哪些？

____。

②在维修玻璃纤维时应注意哪些问题？

____。

(2)玻璃纤维损伤修理的步骤是什么？

____。

(3)实训过程完成情况如何？

____。

(4)通过本学习任务的学习，你认为自己的知识和技能还有哪些欠缺？

____。

2. 小组评价

小组评价见表8-2。

小 组 评 价 表8-2

序号	评 价 项 目	评 价 情 况
1	着装是否符合要求	
2	是否合理规范地使用仪器和设备	
3	是否按照安全和规范的流程操作	
4	是否遵守学习实训的规章制度	
5	是否能保持学习实训地整洁	
6	团结协作情况	

3. 教师评价

____

____。

签名：____________ ________年____月____日

五、技能考核标准

考核的方式建议采用每个人独立完成学习领域中的实训任务，培养学生独立自主完成任务的能力。实训任务综合性较强，以根据学生完成实训任务的情况评价整个学习领域的学习效果。表8-3为技能考核标准。

技能考核标准表　　表 8-3

序号	项目	操作内容	规定分	评分标准	得分
1	劳保用品	劳保用品穿戴	10 分	工作服、劳保鞋、护目镜、耳塞、防尘口罩,每少穿戴一项扣 2 分	
2	修复过程(1)	损伤评估	10 分	使用目视、触摸、按压、对比对钢板进行评估,每少一项扣 2 分,未标记出损伤范围扣 2 分	
3	修复过程(2)	修理方法	25 分	在修理过程中,使用正确修理方法得 10 分,操作过程中每错一项扣 2 分,扣完为止	
4	修复过程(3)	修复中的安全文明操作	5 分	修复中安全正确使用工具,每错一次扣 2 分,扣完为止	
5	修复质量(1)	损伤修复情况	20 分	将损伤区域修复完整,每漏一处扣 5 分,损伤处能见明显裂纹等缺陷扣 10 分,扣完为止	
6	修复质量(2)	表面平整度	20 分	板件有高点,每 10mm 为一处,每处扣 10 分,修复后低点(低于 1mm 以上),每 10mm 一处,一处扣 5 分,扣完为止	
7	修复质量(3)	整体美观	5 分	板件修复后的整体美观度,由小组内互评取平均分	
8	5s 整理	场地整理	5 分	未对场地进行 5S 整理扣 5 分	
总分			100 分		

项目四　车身板件更换

学习任务9　结构件更换

学习目标

☆ **知识目标**

1. 能描述结构件的修换原则；
2. 能描述结构件更换工具和设备的特点；
3. 能描述结构件的更换步骤。

☆ **技能目标**

1. 能对前纵梁进行切割、分离和拼装；
2. 能对前纵梁进行电阻点焊、塞焊和连续焊接作业；
3. 能对前纵梁铝合金件进行更换。

建议课时

6 课时。

任务描述

某轿车在行驶过程中前部出现严重碰撞，导致前纵梁出现严重变形，无法通过修复达到原有性能要求，需要对其进行更换作业，恢复其原有性能。

一、理论知识准备

(一)结构件的种类及结构件更换原则

汽车结构件是指在车身上起到主要支撑及承载作用的构件，是所有车身零部件和附属于它们的外部板件的安装基础，承担着支撑车辆的重量、吸收碰撞能量、吸收道路冲击的重任。如图 9-1 所示为轿车车身典型结构件，主要包括散热器支架，前纵梁，门槛、后纵梁、A 柱、B 柱等。

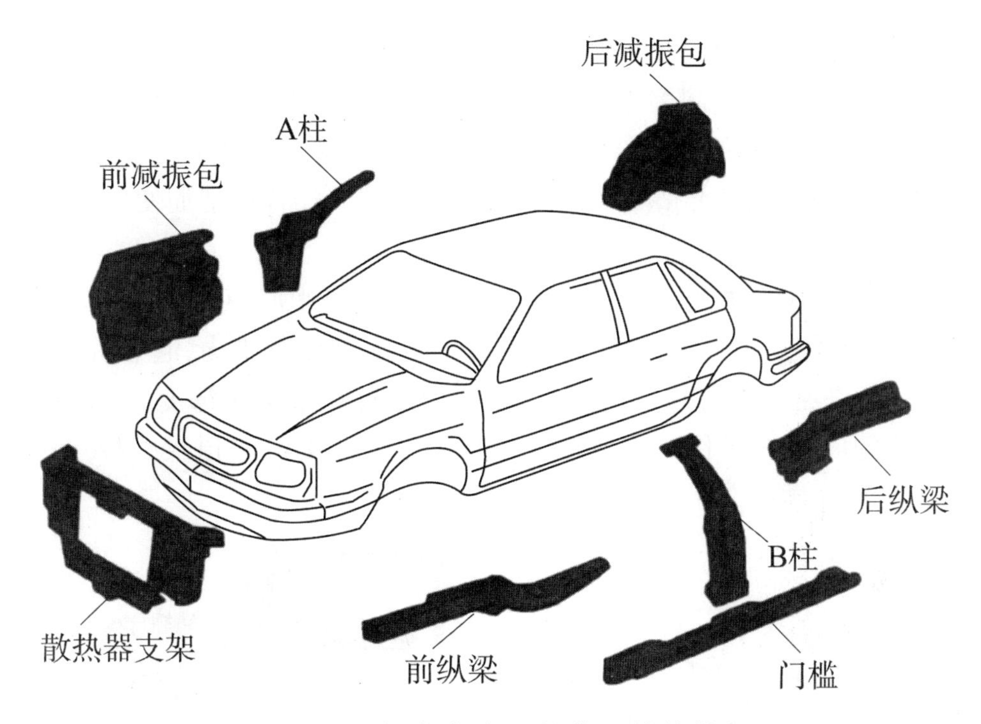

图 9-1　轿车车身上的典型结构件

在修复结构件时应遵循的原则是：如果部件弯曲，则进行修理；如果部件扭曲，则应进行更换。结构板件的更换工作中有两种情况，即更换一个板件的整体和更换一个零件的局部，后者也称为分割更换。

结构件更换的精确性，决定了所有外形件的配合和悬架装置的准确。在维修过程中，结构件必须精确地定位，以确保维修精度。

在进行结构件更换时，应遵循以下原则：不要割断可能降低乘客安全性、降低汽车性能的区域或者影响关键尺寸的地方；在任何条件下，都不能用加热来矫直高强度钢板；保险杠，侧护板门梁等高强度钢板件严重受损后必须更换等。

(二)结构件更换所用工具和设备

1. 结构件更换所用工具

结构件更换所用工具包括焊点去除钻、气动切割锯、双动打磨机、带式打磨机、气动研磨机。

1)焊点去除钻的使用与操作

车身上的焊点主要有电阻焊点、钎焊焊点、塞孔焊焊点(二次修理)等形式，分离方法一般采取钻头去除及砂轮机磨除等。

使用钻头去除电阻点焊焊点是最实用、高效的方法。钻头材质大多数以高速钢为主,柄部刻有“HS”或“HSS”字样,适用于钢材钻削,如图 9-2 所示。为提升耐温与耐磨性,有些钻头添加了钴元素,以适用硬度较高的钢材。有的则在表面镀上一层金黄色的氮化钛或者其他耐磨材料,可以增加钻头的使用寿命。在硼钢等强度较高的板材上钻除焊点时,很多厂家建议配合切削油使用,可以大幅提高工作效率。

钻孔前应使用手锤配合样冲在焊点中心击打出中心点。使用气动钻钻孔时,将钻心对准焊点中心,气动钻保持垂直角度,轻轻施加推力,起始阶段控制转速不要过快,以免钻头滑移。钻削过程中,应注意观察钻孔深度,采取钻孔、停止、再钻孔的间断式操作,以免伤及底板并防止钻头过热退火。焊点去除钻如图 9-3 所示。

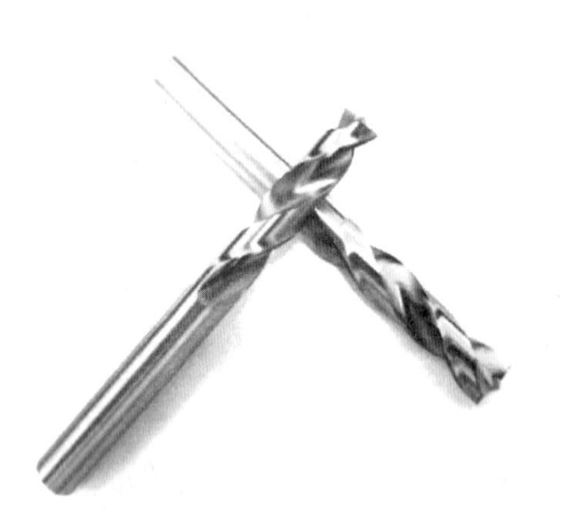

图 9-2　焊点去除钻钻头

图 9-3　焊点去除钻

专用焊点去除钻增加了省力装置,可以减少钻削作业的劳动强度。钻孔前可以通过调整钻头的伸出长度以及支撑架前后位置,并在金属板上验证,来保证钻孔深度。钻孔操作时,将钻心对准焊点中心,启动开关收紧大钩,进行钻孔,直到没有铁屑排出时即可停止钻削。

锯型钻头四周有锯齿,可将材料以圆形方式锯除,钻头后部的螺栓可以调节钻孔深度。锯型钻头可钻除电阻焊点,也可用于二次维修时的气体保护焊塞孔焊点去除。钻头钻除后的焊点一般只需要简单处理一下残留物或毛刺即可,而锯型钻头钻削后需要再次打磨留下的金属。

通过钻削去除焊点无疑是一种高效率的操作方法,但车身上有些焊点直径大于钻头直径,或者受空间所限,无法使用钻除的方法分离,这种情况下可使用带式研磨机或砂轮机磨除焊点。操作时应适当控制研磨深度,以免损伤底层钢板。

焊点钻除、磨除后，可将錾子从两层钢板之间的缝隙插入，使用手锤击打錾子后端分离板件，也可使用更加高效的气动铲分离，如图 9-4 所示。

图 9-4　气动铲分离板件

2）气动切割锯的使用与操作

车身修理过程中常用气动切割锯进行切割更换作业，相比砂轮机、气动铲、锯弓，其最为常用和高效。气动切割锯的工作原理是将压缩空气引入汽缸内，通过控制进气口和排气口，使活塞往复运动而带动前部锯条进行工作。

锯条的切削部分由许多锯齿组成，锯齿排列方式成左右交替突出状，主要为交错型与波浪型形式，以便锯割时锯条活动自如与排屑顺畅，防止锯条被锯缝夹住而折断，并可减少锯条与锯缝两侧金属板的摩擦，降低锯切温度。切割后锯缝的宽度一般略大于锯条厚度。

锯条齿数是指每英寸长度内锯齿的数量，通常会在数字后面加“T”表示。锯条齿数选用是锯割关键因素，由加工材料的厚度、硬度来决定。车身金属板材一般相对较薄、硬度高，应选用齿数多的锯条，此类锯条锯齿细、齿距小，切割时可以保证较多的锯齿在小断面上锯切，避免锯齿被工件卡住而崩裂。另外，硬质材料因锯切效率低，需要更多的锯齿来承受切削阻力，减少锯齿磨损。锯割前需要佩戴护目镜进行防护，以免铁屑进入眼睛。操作时应跟随气动锯节奏，轻轻向下施加压力，动作放松、自然，严禁重压，以免失去控制。锯割过程中应从侧向15°角观察，以切割线为参照，沿线的边缘或线中间切割，确保切割线直度。每次因停顿而重启气动锯时，应将锯条稍微向上抬起，确保处于放松状态，以避免锯齿与钢板卡住，往复式运动受阻，从而导致气动锯失控、锯条弯曲变形、断裂等现象。

3）双作用打磨机的使用与操作

双作用打磨机一般用于金属磨削和原子灰层的打磨等工作。其有多种外形结构，适合各种角度操作，体积小，转速高，研磨效率高，噪声低，振动小，具有强力的吸尘效果，长时间使用不疲劳。

在进行操作时，先确认打磨机的构件都有正确的连接和安装，并检查气管有无破损。检查打磨片是否上紧。用手拨动打磨片转动是否平顺，是否安装在中心。接通空气压缩机，打开空气压缩机开关，确保转动平顺无明显晃动。使用时应注意手一定要紧握气动打磨机,先把打磨片在打磨盘上粘贴固定好,右手握稳偏心打磨机开关把柄,拇指控制开关,左手握紧偏心打磨机上部圆形头。把偏心移至打磨处,要使打磨片与修复面紧密贴合,然后左手用适当力压紧,作用力主要产生在偏心打磨机打磨盘外沿上,按下开关,使打磨机在需要打磨区域内移动。打磨片要在与打磨面贴合状态下转动。打磨的方向应顺应打磨机的运转方向,即由左向右。偏心打磨完毕后,先放开开关,偏心完全停止转动,然后使偏心与打磨面脱离开,关闭打磨机,待打磨片停止转动后方可放下。使用后须清理干净。双作用打磨机应定期进行检查与维护,以更好延长其使用寿命。

4)带式打磨机的使用与操作

带式打磨机主要用于狭小,复杂,难进入研磨部位的研磨作业,在铝合金、锌合金压铸品研磨方面应用比较广泛。在玻璃、树脂、陶瓷等行业可以用于处理平面和工件边口。其中的砂带部位都采用特殊的工艺,使砂带使用寿命加长,并且砂带结构更加合理,使用简单,大大减小劳动强度,这样可以降低成本。带式打磨机属于气动工具,利用压缩空气来作为动力。可以根据效果的不同,来控制带式打磨机的运转速度,这样能够很好地达到目的。

带式打磨机在使用时依次检查开关是否有卡位卡死现象,拉伸弹簧弹力是否正常。然后将砂带机拉伸器压缩至最短处能使保险栓卡住位置,装上砂带再将保险栓解除保险。使用前可以在气管口滴 1 ~2 滴气动工具专用润滑油,空转 1 ~2min,使其充分润滑。砂带如果有偏离的情况下应做调整。打磨操作时将砂带机对准工件表面来回反复慢慢打磨,注意不能太用力,如果用力容易使砂带断裂。

2. 结构件更换所用设备

1)电阻电焊机的使用与操作

点焊是将焊件装配成搭接接头,并压紧在两柱状电极之间,利用电阻热熔化母材金属,形成焊点的电阻焊方法。点焊主要用于薄板焊接,分为预压阶段、焊接时间、维持时间和冷却结晶四个阶段。通电之前向焊接件加压,建立良好的接触与导电通路,保持电阻稳定,向焊件通电加热形成熔核,切断焊接电流,电流压力继续维持至熔核凝固到足够强度,当熔核达到合格的形状与尺寸之后,切断焊接电流,熔核在电极力作用下冷却。

(1)焊接工艺参数。

焊接电流决定于焊件的性质厚度与接触表面的情况。电极压力(电极对焊件施加压力)的目的是保持焊件间有一定的接触电阻,减少分流现象,保证焊点的强度与紧密程度,通常金属导电率越好,电极压力越大,焊接时间应越短,此时的电流大。电极通常由铬锆铜、铬铝青铜或冷硬紫铜制成,电极的直径不宜过小,以免引起过度发热及迅速磨损;焊点的距离越小,电流的分流现象增大,且会使点焊处压力减少,从而削弱点中心距离。

(2)焊接前的检查与试焊。

依次检查点焊机电源接线端子是否锁紧,以保证安全;检查冷却水流是否通畅,保障使用过程中能够有效冷却设备;检查电极头安装是否牢固以及两电极头是否对准,注意清洁及锁紧螺栓,如有特别发热处,先检查是否接触不良;若需更换电极头,应注意电极头接触完全用圆锥压入,取出或压入时一定要用旋转,不能用榔头等用力敲打,否则容易损坏斜度,造成接触不良及漏水;接上气管,气压指示则应达到相应设备使用手册参数要求;依据被焊接工件材料和外形尺寸,设定点焊参数。通过以上各项检查工作,即可开始试焊,先把控制电源和焊接电源开关接通,此时指示灯亮,表示点焊机准备工作就绪。

(3)焊接前的准备工作。

焊前需清除焊件焊点表面的一切脏物、油污、氧化皮及铁锈。未经清理焊件虽能进行点焊,但是会严重降低电极的使用期限,同时影响点焊的生产率和质量。对镀锌或镀锡的低碳钢件,可直接施焊。焊件装配应尽可能地彼此交接,避免折边不正、圆角半径不重合及皱折等缺陷,通常缝隙应在0.1~0.8mm之间。

(4)焊接操作。

焊件置于两极之间,按下操作臂按钮,电极臂开始移动。使上电极向下作圆弧运动,并与焊件接触,开始加压。再继续按下操作臂按钮时,电极通电对焊接板件进行通电加热焊接。接着电源切断后,被进一步加压,保证了可靠的焊件质量,松开操作臂按钮,电极恢复原位,板件焊接完成。施焊时,焊机外罩板应装妥,防止电火花及金属飞溅物,溅入焊机内部,损坏机件,影响使用。停焊后,必须拉开电源闸刀,切除电源。电极触头须保持光洁,必要时可用细锉或细砂纸修整。电源通断器的触头,必须定期修整,保持清洁,使接触可靠,必要时应更换触头。经常检查搭铁螺钉及搭铁线,保持机壳良好搭铁。清除杂物及金属溅沫。

(5)焊接注意事项。

焊接时应先调节电极臂的位置,使在电极刚压至电焊接表面时,电极臂保持相互平行,并使其适合工作行程。进行试焊时,电流由小试至适当位置,焊接时间由短路试至适当位置，从低压、长时间开始试较安全，根据试焊片厚度，必要时再调整压力、焊接电流、焊接时间至适当为止。另外，焊工应戴帆布手套、透明式面罩和工作服进行操作，以免被金属飞溅烫伤。空气压缩机送来的压缩空气中含有水分、尘埃，要经常检查空气过滤器，若有水分等应由下面放出。在操作时参数一经设定，不能随意变动。焊机调节和检修时，应在切断电源后进行。焊机施焊时，必须先接通冷却水路，并常注意维护仪器表面清洁。在操作焊机时，应特别注意任何时候均不得将手放在两电极之间，以保证操作的安全。

2）二氧化碳气体保护焊机的使用与操作

二氧化碳气体保护电弧焊（简称 CO_2 焊）以二氧化碳气体为保护气体，设备主要由焊接电源、送丝系统、焊枪、供气系统和控制系统等组成。在应用方面 CO_2 焊操作简单，适合自动焊和全方位焊接，焊接时抗风能力差，适合室内作业。由于二氧化碳气体的热物理性能的特殊影响，使用常规焊接电源时，焊丝端头熔化金属不可能形成平衡的轴向自由过渡，通常需要采用短路和熔滴缩颈爆断。因此，与熔化极气体保护电弧焊（MIG 焊）自由过渡相比，CO_2 焊飞溅较多。但如采用优质焊机，参数选择合适，可以得到很稳定的焊接过程，使飞溅降低到最小的程度。由于 CO_2 焊所用保护气体价格低廉，采用短路过渡时焊缝成形良好，加上使用含脱氧剂的焊丝即可获得无内部缺陷的高质量焊接接头。因此这种焊接方法目前已成为黑色金属材料最重要焊接方法之一。

（1）焊接操作前检查。

焊机及加热器搭铁必须可靠，焊枪绝缘必须良好。二氧化碳气瓶阀门应完好无损，搬运气瓶时瓶盖要盖好。电源电压波动范围不得超出额定输入电压值的 ±10% 时方可使用。电焊机上的各种仪器仪表应齐全、完好。

（2）焊接操作。

先接通总电源开关，再接通控制电源开关。检查焊机电源指示灯和冷却风机运行是否正常，风路是否畅通无阻。严禁在没有冷却的情况下使用设备。接通检气开关，打开钢瓶气阀，检查气阀是否完好；调整二氧化碳气体流量在 10 ~ 20L/min。接通预热器，检查二氧化碳气体是否加热正常。接通送丝机构部分，检查送丝速度是否均匀，并调整到适当值。接通主焊电路进行试焊。根据焊接工艺要求调整好电流、电压、送丝轮压力及焊嘴与母材间的距离，并随时观察焊缝质量，对其修正，调节到较佳位置。

（3）焊接注意事项。

在连续使用中，焊枪的焊接电流和负载持续率应控制在所有焊枪的额定表所规定的范围内。为延长喷嘴及导电嘴的使用寿命,在使用前应先涂一层防堵剂,防止其粘上焊接飞溅物。须经常清理喷嘴,以免出气孔被飞溅颗粒堵塞,保证气路畅通及防止焊接电源短路,损坏机内电气元件。使用时应经常检查导电嘴,如有磨损或堵塞应立即更换。焊枪用完后应放在可靠的地方,禁止放在焊件上。工作中需随时注意焊丝输送情况,紧轮不得过松、过紧,焊丝轮管不得有急弯。焊接现场严禁使用风扇,以确保气体的保护作用。焊接操作结束时,应关闭气路与电路,切断电源后方可离开。

(三)结构件更换方法

1. 结构件分离

车身结构板件在制造厂里主要用点焊连接在一起,因此拆卸结构板件主要作业就是分离点焊和焊缝。在对结构件进行分离时,应先确定分离的位置,再采用相应的焊点分离、板件切割等操作将板件进行分离。

1)板件切割位置选择原则

在汽车结构件分离操作中,结构件切割位置的确定在很大程度上影响了操作结构件更换效率和质量,同时在一定程度上降低了车辆的安全性。为了保证切割不危害车辆结构完整性,对切割部位、切口走向、切换范围等都有一定要求,应视车身构件的结构强度、点焊方式,断面形状等因素而定。因此,在对结构件进行切割作业时,根据厂家维修手册要求确定切割位置,或在了解具体构造的基础上,按以下基本原则选择板件分割位置。

(1)避重就轻。

所谓避重就轻,就是要求切口位置一定要避开构件的强度支撑点,而选择那些不起重要支撑作用的位置切割。同一构件上强度大小的区别在于,是否有加强板等结构在起辅助增强作用。

(2)易于修整。

结构件更换后还需要对接口、焊缝等进行修整,如果按修整工作量的大小选择切口,就可以简化结构件更换后的作业,如:所选切口正好位于车身内、外装饰件的覆盖范围内,其接口或焊缝的表面处理就会显得容易得多。从截面相对小的部位切割,也可以减少原子灰施涂的面积。

选择刚性强的部位切割,会较少焊接变形带来的后续工作量。冲压线距离短以及高曲率的部位,焊接后的变形倾向是升高,冷却后一般都可复原,或者经过简单的处理即可。冲压线距离远、低曲面、倒曲面焊接后的变形倾向通常是下沉,冷却后很难自动复原,整平工作量较大。

(3)便于施工。

选位应兼顾到切换作业的难易程度,如:需要拆装的关联件的多寡与作业难易程度,以及是否便于切割和所选的切口是否易于对接等。

(4)避免应力集中。

应力集中会使构件发生意想不到的损坏,切口的选位应避开车身构件的应力集中区。否则,将影响构件的连接强度并诱发应力集中损伤。

另外还应注意,要尽量避开防撞挤压区进行切割分离,否则就会改变设计安全目的,应避开支承点,如悬架支承点,座位安全带在地板中的支承点等。

2)焊点及焊缝的分离

(1)分离电阻点焊。

分离电阻点焊的第一步应是确定焊点的位置。可以用钢丝刷、砂纸等去除钢板表面的油漆或其他覆盖物。如果清除油漆以后,点焊的位置仍在不能看见的区域,可将两块板件用錾子錾开,这样可使点焊轮廓线显现,如图9-5所示。

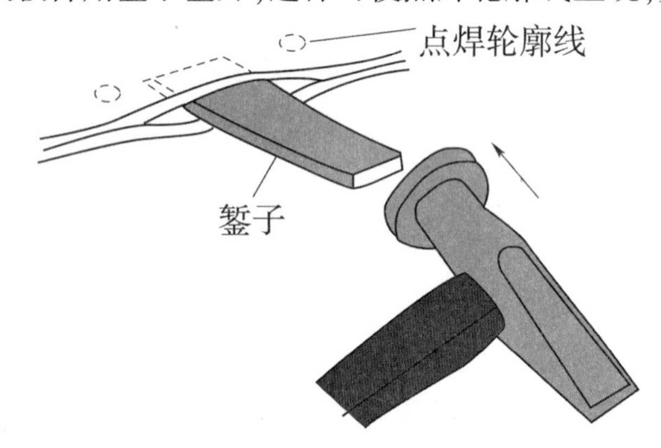

图9-5 用錾子确定点焊位置

确定点焊的位置以后,需对焊点进行去除。去除焊点时,可以使用的工具有:平头钻、定位钻、带式打磨机、滚轮式打磨机。

如图9-6所示为平头钻去除焊点,该方法去除焊点时,只能通过操作者的经验确定焊点是否分离,容易造成两层板件同时钻穿。如图9-7所示为使用定位钻去除焊点,去除焊点时可以根据板件的厚度设定钻头进给量,避免将两层板件同时钻穿。在狭小空间去除焊点时,可使用带式打磨机、滚轮式打磨机将焊点磨除,如图9-8所示为使用带式打磨机去除焊点,图9-9所示为使用滚轮式打磨机去除焊点。无论采用哪种点焊去除工具,在分离时应小心,不能对下层板件造成钻伤,同时也要准确地去除焊点,避免产生过大的孔。若去除焊点时将下层板件钻穿或穿孔,应对其进行补孔操作。

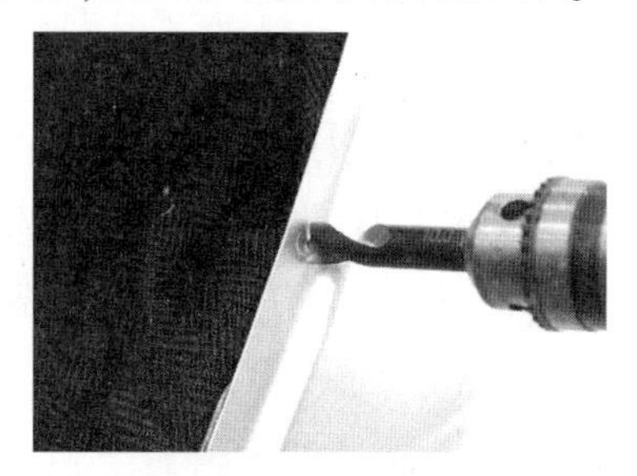

图 9-6　使用平头钻去除焊点

图 9-7　使用定位钻去除焊点

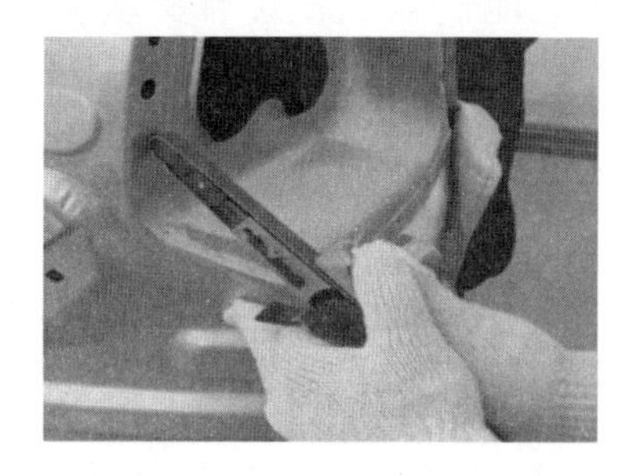

图 9-8　使用带式打磨机去除焊点

图 9-9　使用滚轮式打磨机去除焊点

用高速砂轮也可分离点焊的板件,仅仅在用钻头够不到焊接点,或更换的板件是在上部,或者柱形焊接点太大,以致不能钻掉时,才会采用这种方法。

(2)分离气体保护焊焊缝。

有些板件采用气体保护焊缝连接。由于焊缝长,因此要用砂轮或高速砂轮机来分离板件。如图 9-10 所示,握紧砂轮以 45°角进入搭接焊缝,割透焊缝而不割进或割透板件。磨透焊缝以后,用锤子和錾子来分离板件。

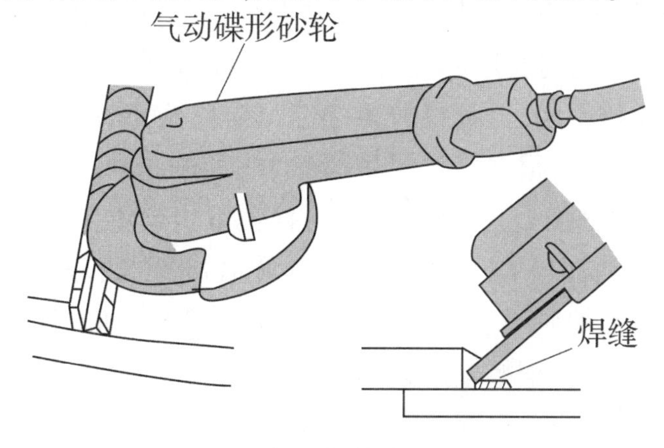

图 9-10　分离气体保护焊焊缝

(3)分离钎焊区域。

钎焊用于外部板件边缘处或车顶与车身立柱的连接处,通常是用氧乙炔焊炬或丙烷焊炬熔化钎焊的金属来分离钎焊区域。但是,用电弧钎焊的区域不适合采用这种方法,因为电弧钎焊的熔点比较高,若仍采用此法加热,有可能烧坏焊缝下面的板件。因此,通常是采用磨削分离电弧钎焊的区域。普通钎焊与电弧钎焊的区别,可以通过钎焊金属的颜色来识别。普通钎焊区域是黄铜色的,而电弧钎焊的区域是淡紫铜色的。

分离钎焊时,先去除焊接区域周围的油漆及钣金胶,再使用氧乙炔焊炬加热钎焊焊料,直到它开始熔化呈糊状,再将它快速地刷掉,注意不要使周围的板件过热,如图 9-11a)所示为加热过程,加热后用钳子夹住将两块板件分离,如图 9-11b)所示为分离焊接区域。板件分离后应保持直到钎焊金属冷却并硬化。

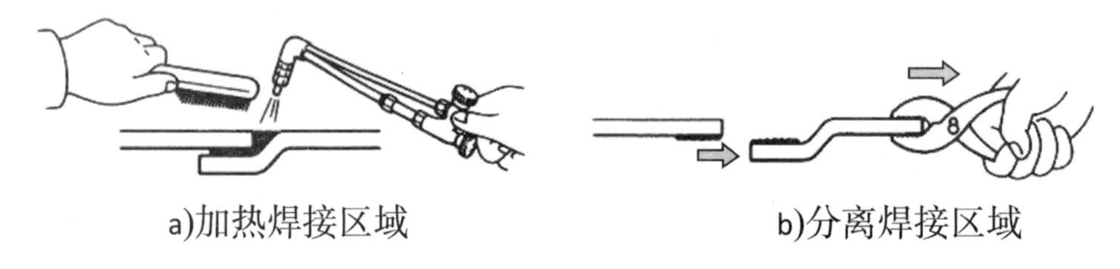

图 9-11　分离钎焊

如果除去油漆以后,确定连接是电弧钎焊,可采用高速砂轮机切除钎焊。如果是更换上面的板件,注意不要切穿在它下面的板件。磨掉钎焊接头以后,用錾子和锤分离搭接的板件。

2. 拼装定位

1)前期准备

将损坏的板件分离下来之后,首先要进行前期准备,以便安装新的板件。

(1)修整相邻或内侧变形部位,使之与更换件贴合。局部轻微变形通过手锤与顶铁配合简单修平即可,损伤较重的部位需要拉伸矫正作业。损伤部位的变形恢复与否至关重要,很多情况下都是新件安装的基础。

(2)接头及接合部位处理是否得当,直接关系到定位精度及焊接质量,应使用合适的工具清除油泥、锈斑、电阻点焊胶、隔音减振胶、玻璃胶、颗粒胶、防腐蜡、金属残留物、焊点毛刺等。使用研磨机磨除油漆层,研磨位置可根据焊接方式而定,将塞孔焊的底层钢板油漆磨除干净,对接焊只需要磨除表面油漆即可,但宽度一般不小于 30mm。如果采用电阻焊接,搭接部位的接合面及外侧油漆都需要清理干净,以确保可以正常焊接。研磨时注意不要磨削到板件,更不要使板件过热变成蓝色。

(3)使用打孔器或气动钻在新的板件上打孔,以便塞孔焊接,孔的间距及位置可参照厂家维修手册要求而定。缺少相关技术资料的情况下,可参照原车电阻焊焊点的间距及位置确定。要确保塞焊孔的直径合适,如果焊接孔的尺寸太大或者太小,则会造成金属熔透或焊接不完全现象,梁类结构件一般要求孔径为8mm,其他板件孔径为6mm。尽量不要采取就位钻孔的方法,以避免伤及底板,同时也可防止钻孔时的铁屑进入接合部位或空腔内侧,造成行驶异响或锈蚀。钻孔后应去除毛刺,并将孔四周的油漆去除。

(4)如果新的板件内侧缺失铰链、锁柱等加强件,应从旧的板件上分离取下,放入新的板件内侧固定、焊接。

(5)去掉油漆层的焊接结合面,需喷涂或刷涂可导电的底漆。底漆薄厚合适,过厚会降低焊接强度,过薄则影响防腐效果。通常要求喷涂后能完全遮住裸出金属即可。

2)板件定位

(1)定位方法。大力钳是板件定位首选工具,具有拆装方便、夹持牢固等优点。常见的大力钳有尖嘴大力钳、宽嘴大力钳、G 型大力钳、U 型大力钳等。大力钳的后端螺栓可以调节,以夹紧不同厚度的工件,钳口可以缩紧并产生很大的夹紧力,使被夹住的板件不会松脱。无法使用大力钳夹持时,可使用自攻螺钉进行定位。自攻螺钉定位的缺点是调整不便,并且会留下小孔,后期需要进行焊补。因此,这种方法一般仅在位置受限时采用。大力钳与自攻螺钉都无法满足定位需求时,可采取临时点焊定位。临时定位点焊用于两个工件正式焊接前的定位连接,是工艺性的临时焊接。定位过程中,如果板件匹配存在问题,焊点有可能需要打磨掉,重新进行焊接,因此临时点焊不需要特别高的强度,焊接时可以适当减少焊接时间,以获得一个较小的焊点。定位焊点的距离没有统一的标准,它与板件的厚度、曲率、冲压线之间的距离等有密切的关系,通常厚板及刚性较强的部位焊点间距可适当增加,反之应该减小。夹具定位是箱型梁类结构件最为常用的定位方式,优点为可控、操作方便、精度高。操作时,可利用结构件自身的螺栓、螺栓孔、凸缘等与夹具连接在一起进行定位。

(2)板件匹配。新的板件与原车身匹配是车身修理极为重要的一个步骤。车身关键部位的结构件,如前后纵梁、横梁、减振器支座等需要通过测量进行精确匹配。这类板件匹配不准确,将直接影响到车辆行驶性能。因此,板件匹配过程中应仔细测量,确认数据准确。车身上有很多位置很难采取测量的方法进行精确匹配,操作时,可通过检查新板件与相邻板件之间的相互关系,来找到板件的正确位置。板件匹配是一个费时耗力的复杂过程,需要与相邻的每个零部件逐一对比,发现存在的问题并进行调整。如后翼子板更换时,需要检查与后门、行李舱盖、后风窗、后尾灯、后保险杠等匹配情况,如果其中一个有匹配不良现象,有可能需要全部重新调整。当然,板件更换前必须做完所有的矫正工作,否则新板件不可能装配适当。

3. 焊接

1)安全防护与车辆防护

焊接前,应穿戴好防护用品,做好身体防护,防护用品包括焊接围裙、安全鞋、护膝、焊接面罩等。另外,车身漆面、风窗玻璃、仪表板、座椅等应使用防火毯完全遮住,以防焊接飞溅物烫伤损坏,如图 9-12 所示。板件内部的易燃物也应在焊接前去除,防止燃烧造成火灾。焊接区域放置灭火器备用,做好安全防范措施。

a)防护玻璃

b)防护内饰件

图 9-12　使用防火毯防护车辆

2)焊接质量控制

(1)为确保母材被完全熔化,二氧化碳气体保护焊焊接前需要进行试焊。试焊板确保与待焊金属板材质、厚度一致,可从被分离下来的旧零件上截取。试焊后,首先通过目测检查焊接熔透性是否满足要求,必要时应进行破坏试验。

(2)焊接时应注意保持身体站位、肘和手的支撑部位稳定,这是达到高质量焊接的关键因素。焊接时稳定性差,甚至轻微的抖动都有可能导致焊缝或焊点出现缺陷。另外,还应该调整好焊接面罩的感光度及焊枪角度,以便能够清晰观察熔池,从而保证焊接质量。

(3)无论如何控制焊接区域,都会由于热影响产生变形倾向,有可能导致出现尺寸变化、缝隙变小、焊接区域凸凹不平等现象。因此,应采取一些方法或者手段尽量减少热量累积，将变形量控制到最低程度。二氧化碳气体保护焊焊接时母材完全熔化，电阻点焊焊接时母材为半熔融状态，二氧化碳气体保护焊焊接时的热量远大于电阻点焊的焊接热量，因此尽可能采取电阻点焊焊接。首先焊接电阻点焊，然后再焊接塞孔焊，最后焊接对接焊。先焊接强度高的部位，再依次焊接强度相对弱的部位。遵循这些原则可以适当减少焊接变形。较长的对接焊焊缝一般采取跳焊或退焊的方法，有的厂家要求每焊完一段焊缝后，暂停焊接，使用吹枪冷却，待焊缝完全冷却后再焊接下一段焊缝，以减少热量累积。塞孔焊、电阻点焊及分段连续焊，可以采取跳焊的方法减少热量累积。焊接后，打磨焊缝、塞孔焊点。对凹凸不平的部位应进行修整，直到符合要求。通常应先焊填孔焊，再进行对接焊。

4. 防腐

车身在修理过程中经过锤击、矫正研磨、焊接等工序进行施工，导致其原有的防腐功能失效，车辆在使用过程中将会出现腐蚀，甚至锈穿现象。防腐操作贯穿于事故车辆修理的整个过程，主要包括：电阻焊焊接前在板件内接合面刷涂锌粉漆、修理暂停时对裸露的钢板及时刷涂环氧底漆、缝隙部位打胶密封、底盘装甲、空腔注蜡等。

二、任务实施

模拟前纵梁更换

1. 准备工作

(1) 场地设施：装有废气抽排系统和消防设施的车身修复场地，场地应配备相应的压缩气源和电源。

(2) 设备设施：带台虎钳的工作台，电阻点焊机，二氧化碳气体保护焊机，双作用打磨机，气动切割锯，焊点去除钻。

(3) 工量具：大力钳、钢尺、划针等。

(4) 劳保用品：工作服，手套，防护眼镜，耳罩，安全鞋。

(5) 耗材：80 号砂纸，砂带，扭转砂碟，记号笔。

2. 技术要求与注意事项

(1) 穿戴干净整洁的工作服。

(2) 正确使用绝缘手套与透明式面罩。

(3)对气动切割锯和焊点去除钻进行正确地操作。

(4)遵守场地安全规定,注意用电安全。

(5)正确使用钣金手工修复等工量具。

3. 操作步骤

模拟前纵梁结构件如图9-13所示,结构板件散件(板材为1.5mm厚度的低碳钢板和2.0mm厚度的铝合金板)如图9-14所示,其中A、B、D、E为钢板件,F为铝合金板件,C板件为钢铝组合板件,先按技术要求对模拟前纵梁采用电阻点焊进行组装结合操作,然后再采用气体保护焊及胶粘铆接工艺完成B钢板件整体、A钢板件局部和F铝合金板件更换,具体更换尺寸要求见下文。

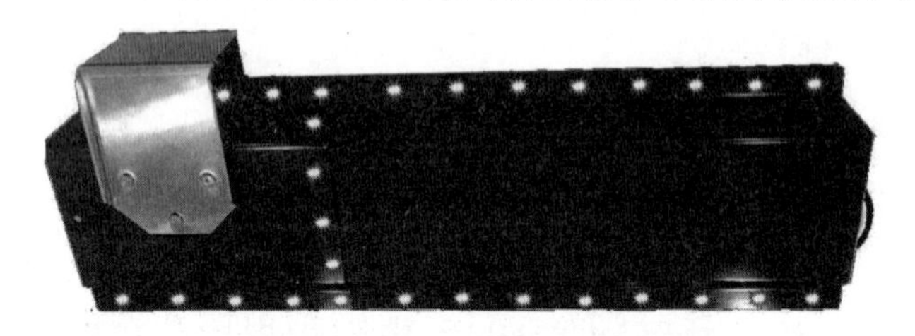

图9-13　模拟前纵梁结构件

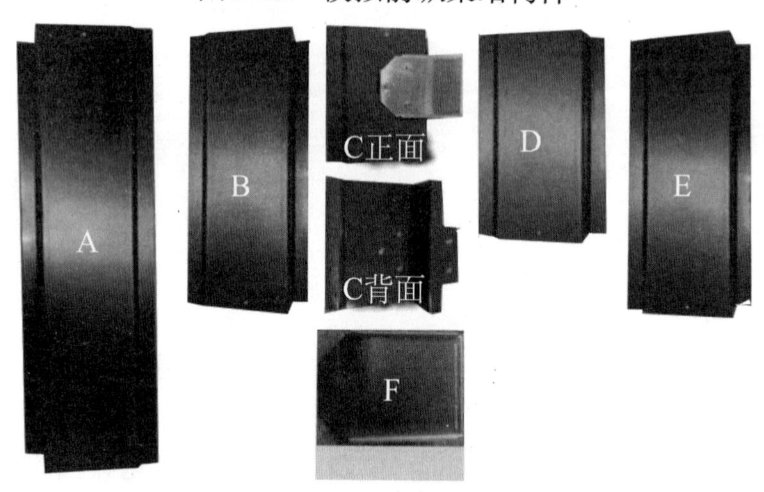

图9-14　模拟前纵梁结构板件散件

(1)穿戴劳保用品。

结构件更换需要穿戴的劳保用品有:工作服、棉手套、防尘口罩、护目镜、防噪耳塞。在焊接时还应穿戴焊接围裙、焊接护腿。

(2)更换电极臂。

更换电极臂的时候注意要扶好枪身,选取正确的电极头,插上气管,然后开机,如图9-15所示。

图 9-15　更换电阻电焊机电极臂

(3)去除板件旧漆膜。

去除板件旧漆膜

由于打磨的区域较多,选取较好的打磨机和打磨片能提高效率,将板件拐角处的漆膜也应去除干净。打磨过后不能残留旧漆膜,如图 9-16 所示。

a)去除旧漆膜　　b)去除旧漆膜后的板件

图 9-16　去除模拟结构件表面旧漆膜

(4)画线。

画线

采用钢板尺进行画线处理,为保证画线的准确,以钢尺左端为基准,划过一个电阻点焊点位置后,移动钢尺将钢尺左端对准其前一个所画点位置,依次连续按照尺寸要求将点画完,如图 9-17 所示,注意不要错画和漏画。

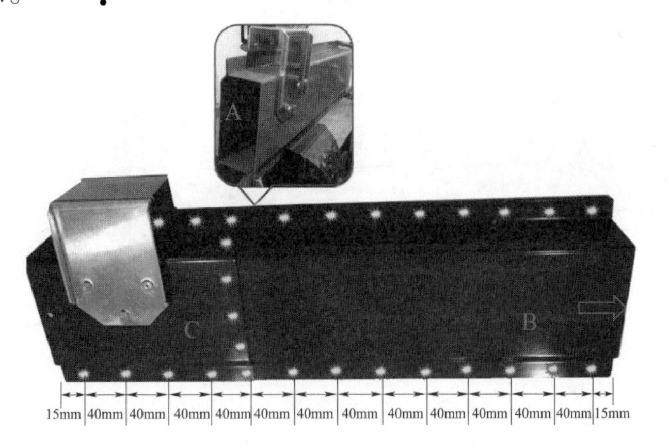

图 9-17　电阻点焊点画线确定

(5)板件清洁。

采用擦拭布取除油剂对打磨区域进行清洁处理,如图 9-18 所示,将板件上打磨粉尘和油渍等物质去除,保证电阻点焊焊接作业质量。注意在擦拭时,速度不宜过慢,因除油剂挥发性较强。

(6)板件拼装前板件防腐处理。

在板件内侧打磨表面喷涂锌喷剂,如图 9-19 所示,以提高板件的耐用性,在喷涂时一定要均匀,不能漏喷、错喷、流挂;为防止在喷涂过程中喷涂到未打磨区域,采用遮盖方式将未打磨区域进行处理。

图 9-18　板件清洁除油

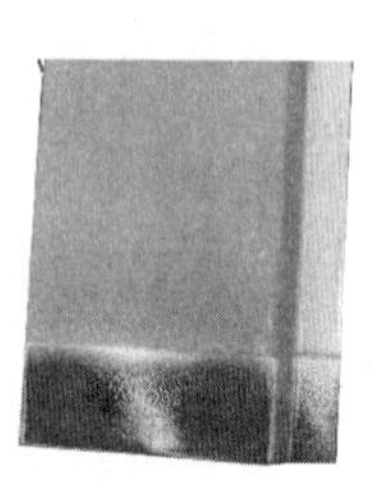

图 9-19　板件防腐处理

(7)电阻点焊。

电阻点焊

使 BC 板件的拼接长度与 A 钣件(510mm)的长度一致,然后对 BC 板件进行电阻点焊连接焊接作业,如图 9-20 所示;将 BC 板件焊接过后,与 A 板件进行拼装处理,拼装过后,板件 ABC 四周边缘对齐,将 ABC 板件拼接位置进行电阻焊点作业,如图 9-21 所示。注意在焊接操作过程中,为保证电阻点焊在加紧过程中板件受力的均匀性和焊接后板件的变形量降低到最小值,采用隔点跳焊的方式进行焊接,并且焊点的中心与所画点位置偏离位置不大于 1mm,焊点的圆度不大于 1mm。

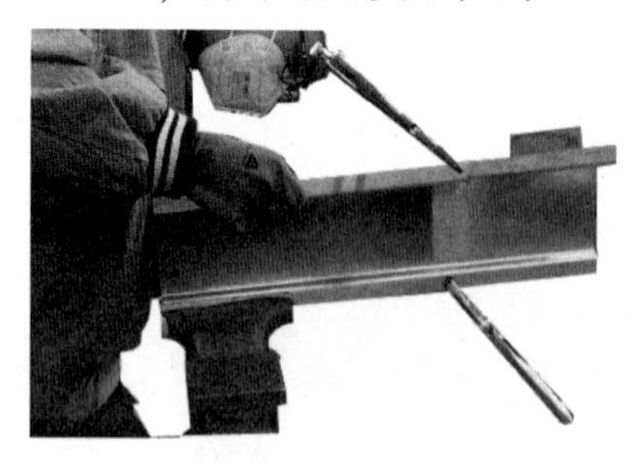

图 9-20　板件拼装与焊接

(8)D 板件钻孔。

对 D 板件边缘内外侧进行打磨、清洁和画线处理,与上述步骤和方法一致,按照尺寸要求采用样冲在 D 板件边缘进行冲点，使用气动钻按照充点位置进行钻孔处理，如图 9-22 所示，为防止在钻孔过程中伤及气动钻支架，通常在待钻位置垫一块薄钢板以保护气动钻支架。

D 板件钻孔

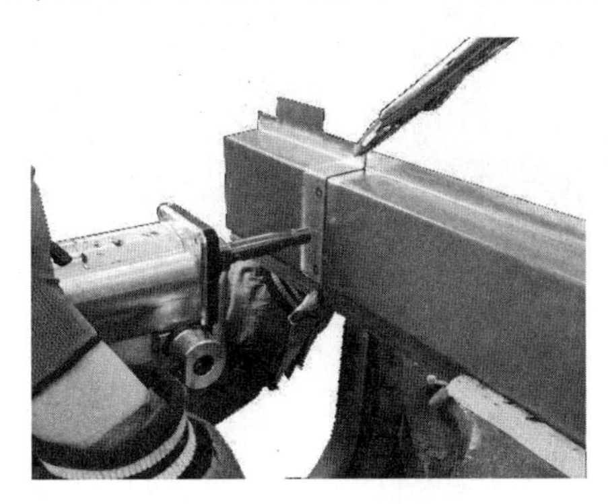

图 9-21　ABC 板件拼装与焊接

(9)E 板件的切割及钻孔。

按照尺寸要求，E 板件与 ABC 板件重叠切割，如图 9-23 所示，重叠切割可提高 E 板件切割过后与旧板件之间的拼装精度，E 板件的钻孔作业与 D 板件钻孔作业流程相同。

E 板件的切割及钻孔

图 9-22　D 板件钻孔

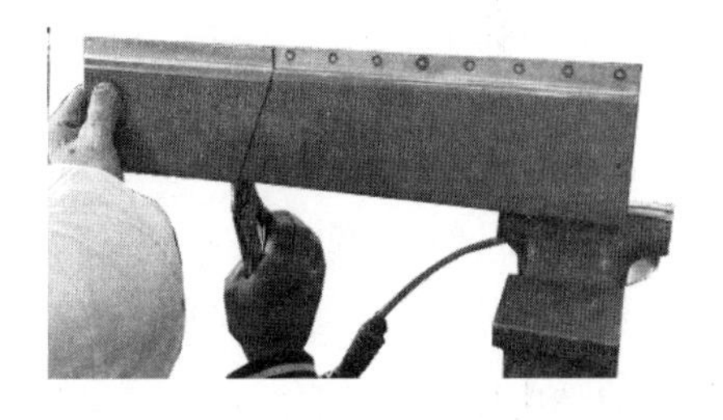

图 9-23　E 板件切割和钻孔

(10)ABC 板件分离。

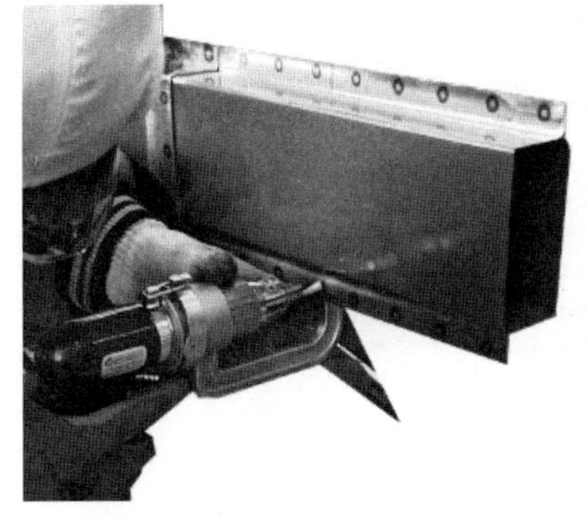

图 9-24　ABC 板件分离

ABC 板件分离前，先使用样冲对准焊点中间进行冲点作业，使用焊点去除钻进行分离作业，如图 9-24所示，焊点钻除后，不能伤及背面板件。

ABC 板件分离

(11)拆卸铝合金板件。

先使用带式打磨机把冲压铆钉打磨平，再用 6.7mm 的钻头把 5 个冲压点钻穿，用热吹枪使钣金胶软化，再用铲子把板件和铝合金板件分离，用铲子

拆卸铝合金板件

把残余的胶去除干净，如图 9-25 所示。

a)打磨铆钉

b)钻除铆钉

c)热软化钣金胶

图 9-25　铝合金板件 F 分离

（12）打磨及固定铝合金板件。

打磨毛刺

图 9-26　更换板件拼装

使用带式打磨机或者气动研磨机打磨所有钻孔和切割的位置，以及去除新件焊接区域油漆，打磨钻孔残余的毛刺时，要注意打磨位置不能有明显的凹陷，所有打磨完成后，固定铝合金板件。

（13）拼装。

拼装

把新件拼装好后组装到预留件上，组装时注意连续焊缝隙的大小（1.5～2.0mm），板件是否边缘对齐，组装后板件总长度为 510±1mm，如图 9-26 所示。

（14）塞孔焊及连续焊。

塞孔焊及连续焊

先进行连续焊定点，然后是塞孔焊，塞孔焊时注意要把每个孔夹紧，不能有缝隙，塞焊圆度要均匀，直径在 9～11mm 之间，如图 9-27a）所示；连续焊时注意最上面两层板焊接时容易高，操作焊枪时要左右晃动，焊接高度不高于 1.5mm，并具有较好直线度，如图 9-27b）所示。

a)塞孔焊

b)连续焊

图 9-27　板件塞焊与连续焊

(15)板件除渣和修整。

板件除渣和修整

去除焊渣和擦拭板件,如图9-28所示;检查板件间是否有缝隙,若板件之间有间隙则用钣金锤进行修整处理。

(16)任务实施完后,按照5S管理标准,将设备和工具进行整理归位,废弃板件放置相应回收位置,将操作工位打扫干净。

三、学习拓展

(一)高强度钢的种类、特点

图9-28　板件除渣

传统汽车制造中最常使用的是低碳钢,其抗拉强度小于270MPa,有良好的成形性,生产成本较低。而近年来,由于材料工业的不断发展,人们通过许多金属加工方法来提高金属的强度,包括金属的热处理、冷轧工艺和给金属加入合金成分等,制造出了很多具有较好成形性能和焊接性能的高强度薄钢板,很快被应用于车身制造上面。普通高强度钢的抗拉强度达到700MPa。高强度钢的特点是具有高于普通低碳钢板几倍甚至十几倍的抗拉强度,但其质量并没有因此而增加。现代汽车制造追求车身总体质量轻量化、车身总体强度提高以增加安全性,同时还要兼顾防腐性能,因此高强度钢板作为理想材料得到了较为广泛的应用。与普通高强度钢相比,先进高强度钢具有较低的屈强比、较好的应变分布能力、较高的应变硬化特性,其抗拉强度达到1500MPa。同时先进高强度钢具有更好的碰撞吸收能、较高的疲劳强度、更低的平面各向异性和更高的疲劳寿命等优点。

如图9-29所示为整体承载式车身上使用高强度钢的常见位置。

根据金属强度得以强化的过程,车身常用的高强度钢板主要有以下3种。

1)高强度—低合金钢(HSLA)

高强度—低合金钢是一种通过合金成分提高钢材强度的低合金钢,在车身中回磷钢应用较多。回磷钢是通过在低碳钢中加入合金成分磷来提高其强度的。磷和硫等非金属物质在钢材中的含量过多会使钢材变得非常硬、脆而强度变低,机械性能变得很差,因此往往被当作钢材中的杂质,需要在炼制过程中充分去除。但合理加入磷成分后可以提高钢的强度,因此这种钢也称为回磷钢。

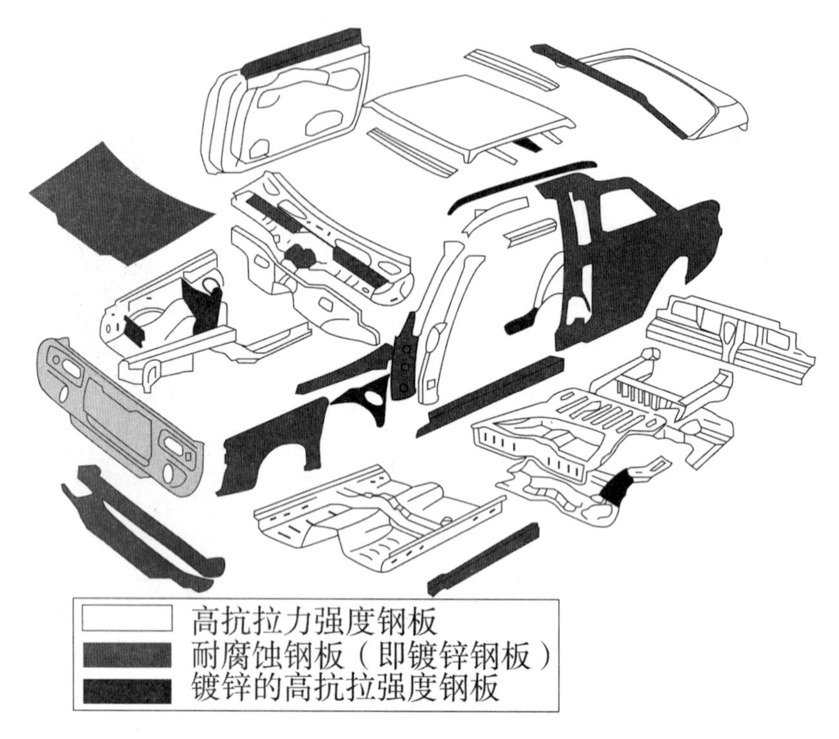

图 9-29　高强度钢板在承载式车上的应用

高强度—低合金钢的强度主要依赖于添加的化学元素，当过分加热这种钢材时，加热部位的添加元素将会被周围的元素吸收，导致加热部位强度严重弱化。因此，为避免修理后车辆的结构性能降低，在对高强度—低合金钢进行加热操作(包括加热释放应力和焊接等)时，加热的温度不得超过 350 ~ 480℃，加热的时间也不得超过 3min。焊接时应采用气体保护焊，不能使用氧—乙炔焊和电弧焊等高热量的焊接方式。

由于世界各国物产不同，在美国生产的车辆上高强度—低合金钢应用较多。高强度—低合金钢具有和低碳钢相类似的机械加工特性，可用来制造前后纵梁、车门槛板、保险杠的衬板和车门立柱等。

2) 高抗拉强度钢(HSS)

高抗拉强度钢也是一种合金钢，车身常用的高抗拉强度钢有硅—锰固溶体淬火钢和沉淀淬硬钢等，其强度要高于普通低碳钢数倍。

硅—锰固溶体淬火钢是添加硅和锰等元素的合金钢，沉淀淬硬钢是通过碳氮化铌沉淀物来提高其强度的。这种钢材再经过一定的热处理工艺，使其强度更加提高。

正常的加热和焊接工艺(氧—乙炔焊和电弧焊)一般不会降低高抗拉强度钢的强度，这主要归功于其高强度。当车辆遭受撞击而产生变形时，结构件的应力超过其屈服极限，但对产生变形的部位进行加热并通过校正恢复其原有的形状后，由于屈服应力得到释放，其强度又可基本恢复到原有的水平。如果碰撞所产生的应力超过其抗拉强度极限，构件产生破裂时，常规的焊接方法也不会对其强度有过大的影响，因此氧—乙炔焊接工艺也可以用于这种钢材的加工。但这并非说明高抗拉强度钢可以无限制地加热，过高的温度同样会降低这种钢材的强度。当用加热的方法释放加工应力的时候，加热的温度应控制在650℃左右。用高抗拉强度钢制造的一些主要车身构件，为避免修理后产生强度弱化，以采用更换的方法为好，如车门防撞钢梁和保险杠的衬板都是不宜做校正的，尤其是要经过加热的校正，如损伤过于严重应考虑更换。

日本生产的车辆上使用高抗拉强度钢的较多，主要用于制造与悬架结构有关的车身部件和主要车身结构件，如门槛和保险杠衬板等。

3）超高强度钢（UHSS）

超高强度钢不含合金成分，它是通过特殊的热处理工艺（将钢材在一个连续的热处理传送带或带钢热轧机上进行淬火和轧制）来获得其高强度的。这种钢材具有两相显微金相组织（淬火马氏体和铁素体），因此又称为“双相钢”，其抗拉强度可达普通低碳钢的10倍。

用特殊的热处理工艺获得的特殊金相结构使超高强度钢具有非常高的强度，如若加热会破坏这种特殊的金相结构（相当于退火），使其强度恢复到普通低碳钢的水平，所以不能采用任何加热的校正方法进行修复作业。但由于这种钢材硬度很高，一旦产生塑性变形后几乎无法在常温下对其进行冷压校正，因此用这种材料制造的车身部件一旦损坏，只有将其更换。在换件操作时，必须采用气体保护焊接工艺。

由于超高强度钢具有优良的抗冲击性能和良好的成型性，很多车辆都使用这种材料制造车的门柱等侧向防撞构件，有些车辆也用它来制造保险杠的衬板。

然而，高强度钢板的应用给车身的维修也带来了一定的困难。当高强度钢材料受到撞击产生变形时，由于其强度和硬度非常高，通过简单的校正工艺很难使其恢复原状。在进行普通低碳钢板的校正时，往往采用加热的方法使金属软化以便于整形操作，或进行热收缩操作、释放拉伸应力和焊接等。而使用高强度钢材以后，这种加热则需要严格的控制，有些钢材甚至根本不能使用加热的方法校正，否则会严重影响构件的强度，给车身造成结构上的伤害。因此，在对高强度钢进行校正时需要采用科学合理的方法，通过机械拉伸、有控制地加热，甚至局部或整体更换等方法进行修复。

(二)高强度钢更换的注意事项

在对车身高强度钢板进行更换作业时,作业流程与结构件更换流程相同。但需要注意以下几点。

1)严格按照生产厂商要求进行更换作业

在更换作业过程中,严格按照生产厂家的要求进行更换。高强度钢属于保障车身安全性的重要部件。高强度钢在加热到一定温度时,内部的晶粒会发生肉眼观察不到的变化,造成高强度钢板的强度、刚度等力学性能下降。因此,在更换时应严格按照生产厂家要求对高强度钢板进行更换。

2)更换高强度钢板使用的工具设备

因高强度钢板材料的特殊性,在进行高强度钢板更换时需使用符合高强度钢板要求的工具设备。下面以某生产厂维修技术要求的更换高强度钢板使用的工具设备进行阐述。

在进行电阻点焊时,需使用大电流、高压力的电阻点焊机。如某生产厂要求使用焊接电流为10500A,压力为4kN的电阻点焊机。若使用小于该参数的电阻点焊机,焊接的板件不通过破坏性试验。

由于维修时,活性气体保护焊焊接时最高温度达到1500℃左右,会破坏高强度钢板的结构,需使用惰性气体保护钎焊,焊接温度为950℃左右,这样焊接时,母材温度可以一直保持在高强度钢强度被减弱的温度以下。同时在进行高强度焊接时应使用高强度钢焊丝,如硅青铜焊丝。若使用普通焊丝进行焊接,在进行拉伸试验时,其焊接处的强度远低于高强度焊丝。

进行气体保护焊接时,应按照图9-30所示的技术要求进行焊接。这样会产生毛细作用从而使焊丝熔化,以便渗透到上下板中。将焊点高点打磨后的效果如图9-31所示。

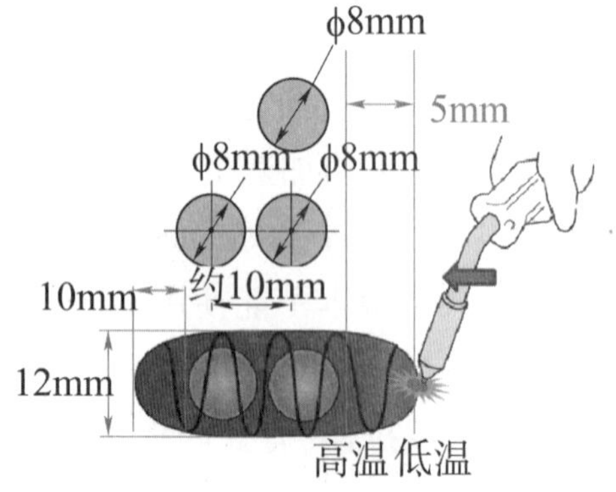

图9-30　高强度钢保护焊焊接方法

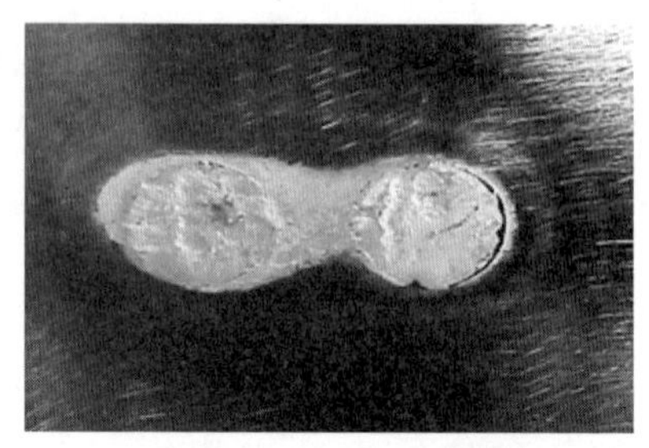

图9-31　对焊点打磨后的焊接效果

四、评价与反馈

1. 自我评价

(1)通过本学习任务的学习你是否已经知道以下问题:
①结构件更换作用是什么?

____。

②在进行更换结构件时应注意哪些问题?

____。

(2)结构件更换的步骤是什么?

____。

(3)实训过程完成情况如何?

____。

(4)通过本学习任务的学习,你认为自己的知识和技能还有哪些欠缺?

____。

2. 小组评价

小组评价见表9-1。

小 组 评 价　　　　表9-1

序号	评 价 项 目	评 价 情 况
1	着装是否符合要求	
2	是否合理规范地使用仪器和设备	
3	是否按照安全和规范的流程操作	
4	是否遵守学习实训的规章制度	
5	是否能保持学习实训地整洁	
6	团结协作情况	

3. 教师评价

____

____。

签名:____________　__________年____月____日

五、技能考核标准

考核的方式建议采用每个人独立完成学习领域中的实训任务，培养学生独立自主完成任务的能力。实训任务综合性较强，以根据学生完成实训任务的情况评价整个学习领域的学习效果。表9-2为技能考核标准。

技能考核标准表　　表9-2

序号	项目	操作内容	规定分	评分标准	得分
1	劳保用品	劳保用品穿戴	10分	工作服、劳保鞋、护目镜、耳塞、防尘口罩，每少穿戴一项扣3分，扣完为止	
2	电阻点焊	电阻点焊定位	5分	焊点边距20mm、间距40mm，距边缘10mm，未按要求每个扣1分，扣完为止	
3		电阻点焊质量	20分	焊点偏移中心十字线，每个扣2分；未焊透，每个扣2分；表面焊渣，每处扣2分，扣完为止	
4	板件分离	切割板件	5分	切割偏离超过1mm扣5分，未按要求切割扣5分，扣完为止	
5		电阻点焊分离	5分	电阻点焊分离后，孔径失圆每个扣1分，扣完为止；焊点分离后底层钢板无明显钻痕，每焊点扣1分，扣完为止	
6		漆层去除	5分	未打磨，每30mm扣1分(正反面、结合面)，扣完为止	
7		毛刺去除	3分	毛刺每处扣1分，扣完为止	
8		塞焊区域打磨	2分	打磨孔边宽度小于10mm或未打磨，每个孔扣0.5分	

续上表

序号	项目	操作内容	规定分	评分标准	得分
9	板件焊接	塞焊	20分	焊接点位或数量不正确,每个扣1分;焊疤高度超过1.5mm(正、背面同标准),每个扣1分;直径大于孔径的1.5倍,每个扣1分;未焊透、咬边、气孔未填满,每个扣1分	
10		外侧板的连续焊	20分	有孔洞、漏焊、未焊透等缺陷,每处扣1分;焊缝宽度、高度超标,每10mm为1处,每处扣1分,扣完为止;每处连续焊的焊缝长度小于10mm,扣1分	
11	5s整理	场地整理	5分	未对场地进行5S整理扣5分	
总分			100分		

学习任务10　非结构件更换

学习目标

☆ **知识目标**

1. 能描述非结构件的种类、特点;
2. 能描述非结构件更换工具的特点;
3. 能描述非结构件的更换步骤。

☆ **技能目标**

1. 能对断翼子板重叠切割;
2. 能熟练掌握焊接及打磨工艺;
3. 能对更换后的翼子板进行整形。

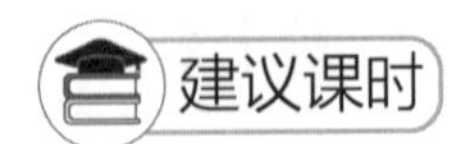

建议课时

4 课时。

任务描述

现有一上汽荣威350轿车在行驶过程中出现交通事故,发生轻微碰撞,左前翼子板前部受损严重无法手工修复,需要对翼子板前部进行切割更换,恢复翼子板原来的形状和功能。

一、理论知识准备

(一)非结构件的种类、特点

汽车非结构件(以下简称非结构件)是指构成汽车车身或驾驶室、覆盖发动机和底盘的由薄金属板料制成的异形体表面和内部零件。轿车的车前板和车身、载重车的车前板和驾驶室等都是由非结构件和一般冲压件构成的。

非结构件组装后构成了车身或驾驶室的全部外部和内部形状,它既是外观装饰性的零件,又是封闭薄壳状的受力零件。非结构件的制造是汽车车身制造的关键环节。

1. 非结构件的分类

按功能和部位分类,非结构件可分为外部非结构件、内部非结构件和骨架类非结构件三类。外部非结构件和骨架类非结构件的外观质量有特殊要求,内部非结构件的形状往往更复杂。按工艺特征分类如下。

(1)对称于一个平面的非结构件。诸如发动机罩、前围板、后围板、散热器罩和冷却器罩等。这类非结构件又可分为深度浅呈凹形弯曲状的、深度均匀形状比较复杂的、深度相差大形状复杂的和深度深的等。

(2)不对称的非结构件。诸如车门的内、外板,翼子板,侧围板等。这类非结构件又可分为深度浅比较平坦的、深度均匀形状较复杂的和深度深的等。

(3)可以成双冲压的非结构件。所谓成双冲压既指左右件组成一个便于成型的封闭件,也指切开后变成两件的半封闭型非结构件。

(4)具有凸缘平面的非结构件。如车门内板,其凸缘面可直接选作压料面。

(5)压弯成型的非结构件。

2. 非结构件的特点和要求

同一般冲压件相比,非结构件具有材料薄、形状复杂、结构尺寸大和表面质量要求高等特点。非结构件的工艺设计、冲模结构设计和冲模制造工艺都具有特殊性。因此,在实践中常把非结构件从一般冲压件中分离出来,作为一个特殊的类别加以研究和分析。非结构件的特点决定了它的特殊要求。

1)表面质量

非结构件表面上任何微小的缺陷都会在涂漆后引起光线的漫反射,从而损坏外形的美观,因此非结构件表面不允许有波纹、皱折、凹痕、擦伤、边缘拉痕和其他破坏表面美感的缺陷。非结构件上的装饰棱线和筋条要求清晰、平滑、左右对称和过渡均匀,非结构件之间的棱线衔接应吻合流畅,不允许参差不齐。总之非结构件不仅要满足结构上的功能要求,更要满足表面装饰的美观要求。

2)尺寸形状

非结构件的形状多为空间立体曲面,其形状很难在非结构件图上完整准确地表达出来,因此非结构件的尺寸形状常常借助主模型来描述。主模型是非结构件的主要制造依据,非结构件图上标注出来的尺寸形状,包括立体曲面形状、各种孔的位置尺寸、形状过渡尺寸等,都应和主模型一致,图面上无法标注的尺寸要依赖主模型量取,从这个意义上看,主模型是非结构件图必要的补充。

3)刚性

非结构件拉延成型时,由于其塑性变形的不均匀性,往往会使某些部位刚性较差。刚性差的非结构件受振动后会产生空洞声,用这样零件装车,汽车在高速行驶时就会产生振动,造成非结构件早期破坏,因此非结构件的刚性要求不可忽视。检查非结构件刚性的方法,一种是敲打零件以分辨其不同部位声音的异同,另一种是用手按看其是否发生松弛和鼓动现象。

4)工艺性

非结构件的结构形状和尺寸决定该件的工艺性。非结构件工艺性的关键是拉延工艺性。非结构件一般都采用一次成型法,为了创造一个良好的拉延条件,通常将翻边展开,窗口补满,再添加上工艺补充部分,构成一个拉延件。

工艺补充是拉延件不可缺少的组成部分,它既是实现拉延的条件,又是增加变形程度获得刚性零件的必要补充。工艺补充的多少取决于非结构件的形状和尺寸,也和材料的性能有关。工艺补充的多余料需要在以后工序中去除。

拉延工序以后的工艺性,仅仅是确定工序次数和安排工序顺序的问题。工艺性好可以减少工序次数,进行必要的工序合并。审查后续工序的工艺性要注意定位基准的一致性或定位基准的转换,前道工序为后续工序创造必要的条件,后道工序要注意和前道工序衔接好。

(二)非结构件更换所用工具和设备

1. 非结构件更换工具

非结构件更换所需准备工具包括钣金锤套装、錾子、双作用打磨机、气动角磨机、带式打磨机、焊点去除钻、气动切割锯、划线工具等工具与设备。气动打磨机、带式打磨机、气动钻、焊点去除钻、气动切割锯和二氧化碳气体保护焊机的使用与操作详见前文。

1)錾子

常见的錾子有扁錾、狭錾、油槽錾和扁冲錾等。扁錾用于整削平面,切割和去除毛刺;狭錾用于开槽;油槽錾用于切削润滑油槽;扁冲錾用于打通两个钻孔之间的间隔。在非结构件更换过程中主要使用的是扁錾,如图 10-1 所示。

錾子的握法随錾削工件不同而不同,一般有 3 种握法。

(1)正握法。手的腕部伸直,拇指和食指自然接触,松紧适当,用中指、无名指握住錾子,小指自然合拢,錾子头部伸出约 15 ~ 20mm,如图 10-2 所示。

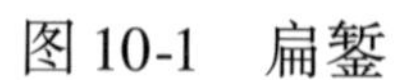

图 10-1 扁錾

图 10-2 錾子正握

(2)反握法。手心向上,左手拇指、中指握住錾子,食指抵住整身,无名指、中指自然接触,如图 10-3 所示。

(3)立握法。左手拇指与食指捏住錾子,中指、无名指和小指轻轻扶持錾子,这种握法适合于垂直錾削,如图 10-4 所示。

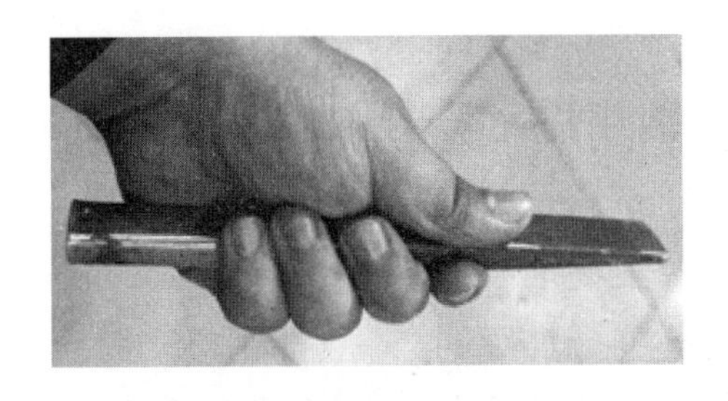

图 10-3　錾子反握

图 10-4　錾子立握

2)气动角磨机的使用与操作

气动角磨机是利用高速旋转的百叶轮抛光片、薄片砂轮、橡胶砂轮以及钢丝轮等对金属车身进行磨削、切削、除锈、磨光加工的工具,如图 10-5 所示。一般用气动角磨机来磨削不易在固定砂轮机上磨削的工件,如车架、车身各部骨架及其覆盖件的焊缝以及大型铸、锻件的飞边、毛刺等。

图 10-5　气动角磨机

(1)气动角磨机的使用方法。

①使用气动角磨机,起动前必须两手将手柄握紧,防止因起动转矩作用而掉落,确保人身机具安全。

②气动角磨机必须安装防护罩,否则不得使用。

③气动角磨机工作时,操作人员不要站在出屑的方向,防止铁屑飞出伤到眼睛,使用时最好戴防护目镜。

④磨削薄板构件时,气动角磨机应轻轻接触工作,不能用力过猛,并密切注视磨削部位,以防磨穿。

⑤使用气动角磨机要轻拿轻放,用后妥善放置,严禁乱丢乱放。

(2)气动角磨机的使用注意事项。

①切割及打磨作业时,周围 1m 内不能有人员,不要对着有人的方向进行工作,以防造成人员受伤。

②当气动角磨机的角磨片使用完以后,需要更换的时候,须将气动角磨机调节气量开关关闭来进行更换,以防不小心按下气动角磨机的开关,造成不必要的人员事故。

③在使用时,我们要按照使用规范和说明书去使用,定时检查、维修,保证在完好的情况下进行工作,减少事故的发生。

3）电动钻的使用与操作

电动钻又称手枪钻、手电钻，是一种手提式电动钻孔工具，适用于在金属、塑料、木材等材料或构件上钻孔，如图 10-6 所示。通常对于因受场地限制，加工件形状或部位不能用钻床等设备进行加工时，一般都用电动钻来完成。

图 10-6　电动钻

电动钻按结构分为手枪式和手提式两大类，按供电电源分为单相串励电动钻、三相工频电动钻和直流电动钻三类。单相串励电动钻有较大的起动转矩和软的机械特性，利用负载大小可改变转速的高低，实现无级调速。小电动钻多采用交直流两用的串励电动机，大电动钻多采用三相工频电动机。

使用和维护电动钻时应注意如下事项：

①使用前首先要检查导线绝缘是否良好，如果导线有破损，可用胶布包好。

②应根据使用场所和环境条件选用电动钻。对于不同的钻孔直径，应尽可能选择相应的电动钻规格，以充分发挥电动钻的性能及结构上的特点，达到良好的切削效率，避免过载而烧坏电动机。

③与电源连接时，应注意电源电压与电动钻的额定电压是否相符，以免烧坏电动机。

④在使用电动钻时，应戴绝缘手套、穿劳保鞋或站在绝缘板上，以确保安全。

⑤使用前，应空转 1min 左右，检查电动钻的运转是否正常。三相电动钻试运转时，还应观察钻轴的旋转方向是否正确，若转向不对，可将电动钻的三相电源线任意对调两根，以改变转向。

⑥使用的钻头必须锋利，钻孔时用力不宜过猛，以免电动钻过载。遇到钻头转速突然降低时，应立即放松压力。如发现电动钻突然刹停时，应立即切断电源，以免烧坏电动机。

⑦在工作过程中，如果发现轴承温度过高或齿轮、轴承声音异常时，应立即停转检查。若发现齿轮、轴承损坏，应立即更换。

⑧电动钻应保持清洁、通风良好，经常清除灰尘和油污，并注意防止铁屑等杂物进入电动钻内部而损坏零件。

⑨移动电动钻时，必须握持电动钻手柄，不能拖拉电源线来搬动电动钻，并随时防止电源线擦破和扎坏。

⑩电动钻使用完毕，应将导线绕在电动钻上，放置回原位。

2. 非结构件更换使用的设备

非结构件修复设备通常会用到二氧化碳气体保护焊机和钣金外形修复机。二氧化碳气体保护焊机主要用于更换新件,将新件与旧件进行焊接连接在一起;当非结构件新件在焊接过程中时,会由于热影响而导致板件变形,需采用钣金外形修复机进行修复作业。二氧化碳气体保护焊机和钣金外形修复机的使用方法详见前文。

(三)薄钢板的切割方法

在非结构件更换中,需要对板件进行切割操作,一般有重叠切割法、末端切割法以及标记切割法。

1. 重叠切割法

重叠切割法,就是将新板件与旧板件重叠在一起,同时进行切割,如图10-7所示。重叠切割法的优点是切割后的新旧板件间缝隙均匀,利于开展气体保护焊作业;缺点是切割的难度大。在进行重叠切割时应将新旧板件间固定好。

图10-7　重叠切割法

2. 末端切割法

末端切割法,即在新板件的末端对旧板件进行切割,如图10-8所示。末端切割法的优点是可以减少切割次数,对切割人员的技能水平要求较高。

3. 标记切割法

标记切割法,即通过测量尺寸标记处切割的位置进行切割,如图10-9所示。标记切割法的优点是操作简单,但在切割中对精度要求较高。若标记错误,则可能导致板件间缝隙过大,而造成维修困难。

图10-8　末端切割法

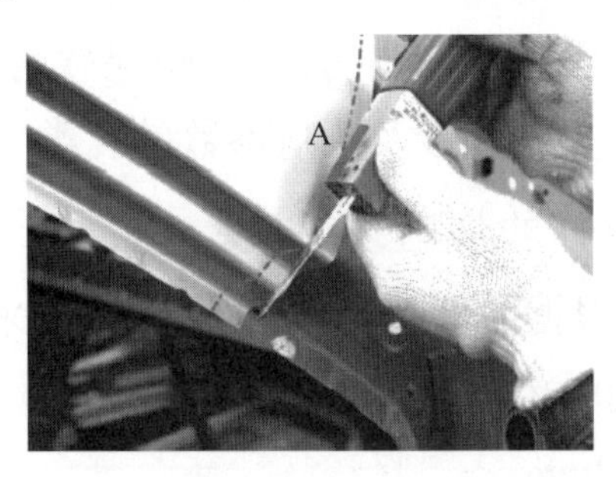

图10-9　标记切割法

在进行薄板切割中,通常采用重叠切割法进行切割。

(四)非结构件更换步骤

汽车车身非结构件在交通事故中极易损坏,需通过更换才能有效保证车辆的安全性和车身外饰的美观度。当车身非结构件损坏时,应首先确定评估损伤区域和损伤程度,以更好制订维修方案,提高车身非结构件修复效率和质量,非结构件的更换步骤具体如下。

1. 拆卸相关部件

根据事故车维修方案,对影响损坏非结构件更换的部件和内饰等进行拆卸。例如,车辆后翼子板损坏严重需要进行更换,则需要拆卸后风窗玻璃、右后门、行李舱盖、内饰板、后座椅、地毯等,防止切割或焊接时被火花伤到。

2. 钻孔及切割

(1)根据非结构件的受损程度确认切割线,其切割线既要方便切割,又要方便与新件接合与定位。

(2)切割线要避开构件中的一些孔类,如螺钉孔、定位孔、测量孔等。

(3)画出切割线。

(4)钻孔及切割时注意安全,戴好眼罩、口罩、手套等。

(5)用砂轮机或者气动切割锯沿切割线切割,注意切割的火花不得飞溅到车漆、玻璃、真皮上等。需要时可在车身表面覆盖上遮盖物。

(6)对于焊点钻孔,应选择大于焊点直径的钻头,一般用8mm的钻头。有些焊点会被原子灰和密封胶覆盖,需要对其进行打磨去胶后才会发现。

(7)用扁錾对车身外沿的焊点进行剥离。

钻孔和切割时需要注意,切割车身件时,一定要沿直线切割并避开加强件;检查需要钻孔或切割的背面,确保软管、电线等没有损伤;不要损伤安装用的螺钉孔或卡夹孔和涉及测量参数的孔类。

3. 新件的切割及定位

(1)根据旧件切割线先前的定位来给新件定位切割线。一般来说,新件第一次切割时要留有余量,防止切割过量后造成新件对接口间隙过大,一般的余量在20~30mm。

(2)切割时注意安全,戴好眼罩、口罩、手套等。

(3)在焊接前要对新件进行精确的定位,否则会因为车身参数达不到标准而重新返工。

(4)新件的定位一般有参数法、适配法(重叠切割)等。只是更换翼子板可用适配法。如果车身参数有明显偏差的,可两种方法配合使用效果会更佳。

(5)把新件套上,调整位置,用大力钳在合适的边缘暂时固定,方便新件的进一步调整。

(6)对非结构件相邻部件进行调整,使之与新件更贴紧。

(7)对不方便用大力钳固定的地方或者为了使新件位置更紧凑,可用2mm的钻头在适合的地方钻通,上自攻螺钉暂时固定。

(8)目测新非结构件与相邻部件之间的线型间隙是否符合标准。如不符合,可一边调整一边观察,直到符合为止。

(9)适配完毕,各间隙、线型等都符合标准,新件与其关联构件无变形现象,尺寸参数无误差等即可对新件转入焊接。

4. 新件的焊接

(1)焊接时,经过车身的电流可能会损坏车上的电器元件,所以焊接前要断开蓄电池的负极。

(2)为了避免焊接时产生的火花损坏车漆、玻璃、内饰件、真皮等,要对相关件遮盖或拆除。

(3)焊接时注意安全,戴好眼罩、口罩、手套等。

(4)车身件焊接用二氧化碳气体保护焊较多,新件铁皮较薄,调整好适合的挡位方可焊接。

(5)对新件塞焊时,选择的钻头一般为5mm。焊接板件的组合厚度超过3mm的,不可点焊,一定要塞焊。

(6)对新件接口的焊接平面最好先打磨,这样方便焊接并使焊接更牢固。允许接口焊接平面低点,一般低到1mm较好,修整时也不会因为打磨光整而影响焊接的质量。

(7)点焊时,可调高焊机挡位,使焊枪轻松焊穿第一层外板,也不影响加强件和内板。

(8)焊接时,如果接口平面有些部位没有对齐,可用一字螺丝刀把接口平面撬平,再焊几点固定。

(9)点焊时,尽量避免在旧的焊点上焊接。

(10)组焊应遵循由中间向两边、先基础件后附属件的焊接原则。

(11)为避免焊接口过热变形或焊缝不够紧贴等问题,必要时先用大力钳或钻孔上自攻螺钉夹紧再焊。

(12)重要部位在焊接过程中要随时受控制,即一边焊接一边测量。

(13)如果新件切割过多,接口间隙过大,可加条铁丝一起焊接效果会好一些。

5.焊缝的修整

(1)对焊缝的光整度要求不是很高的部位,打磨圆滑有点凸起即可。

(2)对焊缝的光整度要求很高的部位,如车身表面,打磨要适度,以免影响焊接的质量。

(3)焊接过后焊缝周围区域因焊接的热影响出现高低不平,则要通过手工修复进行整平处理。

(4)修整时注意安全,戴好眼罩、口罩、手套等。

6.新件的防锈及密封处理

(1)即使很小的损伤也会使板件生锈、腐蚀,只要铁皮有损伤或漆膜有损伤都要进行处理。

(2)施工前先将需要防锈密封的部位周围清理干净。

(3)如果需要打密封胶的部位有金属裸露,要先对金属裸露部位喷防锈漆后再打密封胶。

(4)车身密封胶可以防止泥水等进入焊缝,具有很重要的作用,特别在车身外部一定要仔细涂抹。

(5)车身的底层和轮罩等经常受到飞溅石子碰撞的部位容易损伤生锈,所以要在这些部位喷上足够的底盘胶。

(6)对密封胶美观要求较高的,可在施工部位的两旁粘贴上胶带,密封胶枪对准焊缝均匀打胶,并用手指沾些酒精将其涂抹,将胶涂抹光滑后揭去两边胶带即可。

二、任务实施

前翼子板切割更换

1.准备工作

(1)场地设施:装有废气抽排系统和消防设施的车身修复场地,场地应配备相应的压缩气源和电源。

(2)设备设施:翼子板支架,气体保护焊机,钣金修复组合工具,撬棍,单作用打磨机等。

(3)工量具:常用拆卸工具,翼子板卡尺等。

(4)劳保用品:工作服,手套,防护眼镜,耳罩,劳保鞋。

(5)耗材:80 号砂纸,记号笔,纸胶带。

2. 技术要求与注意事项

(1)焊接时一定要穿戴好防护工具。

(2)钣金修复时,要求不能出现高点,低点不能低于原板件表面 1mm。

(3)在实车上进行修复时,一定要断开蓄电池负极。

(4)穿戴干净整洁的工作服。

(5)遵守场地安全规定,注意用电安全。

(6)正确使用钣金手工修复等工量具。

3. 操作步骤

如图 10-10a)所示为和上汽荣威 350 轿车左前翼子板前端形状一致的翼子板更换新件,按照图 10-10b)所给尺寸将新件更换到受损翼子板上,通过焊接和修整将更换维修过后的翼子板完好安装到车辆上。

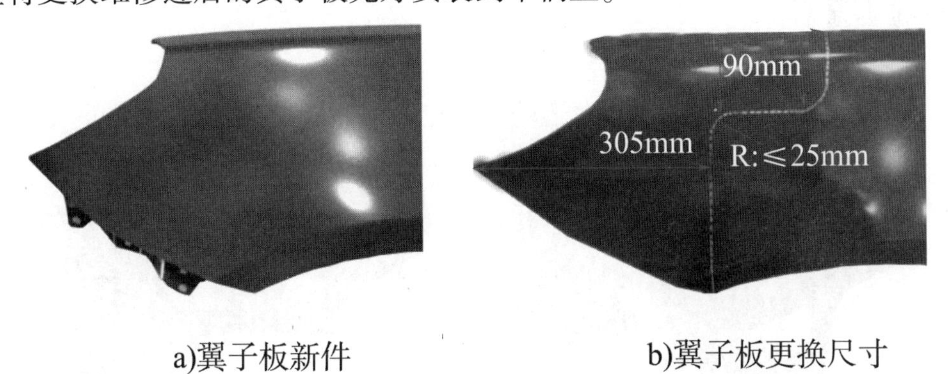

a)翼子板新件　　b)翼子板更换尺寸

图 10-10　上汽荣威 350 轿车左前翼子板新件和更换尺寸

(1)穿戴劳保用品。

翼子板更换修复需要穿戴的劳保用品有:工作服、棉手套、防尘口罩、护目镜、防噪耳塞。

(2)拆卸前保险杠、左前照灯及左前翼子板。

选用 10 号套筒把所有螺栓都拆卸下来,先把保险杠和前照灯拆下来放到指定位置,然后再将损坏的翼子板拆除。

(3)粗画线。

对翼子板新件和旧件先进行粗略画线。对翼子板旧件画线主要是评估损伤区域,便于切割后对旧件的保留;依据对旧件损伤区域的确定,在新件上进行画线,如图 10-11 所示,便于确定打磨区域。

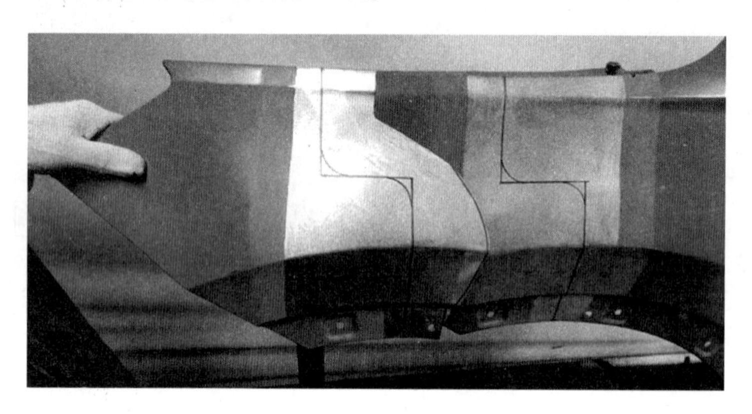

图 10-11 板件粗画线

(4)打磨。

打磨区域,正面离切割线左右两侧打磨不低于 3cm,如图 10-12 a)所示,背面离切割线左右两侧打磨不低于 2cm,如图 10-12 b)所示,翼子板上侧拐角处内部则为难打磨区。

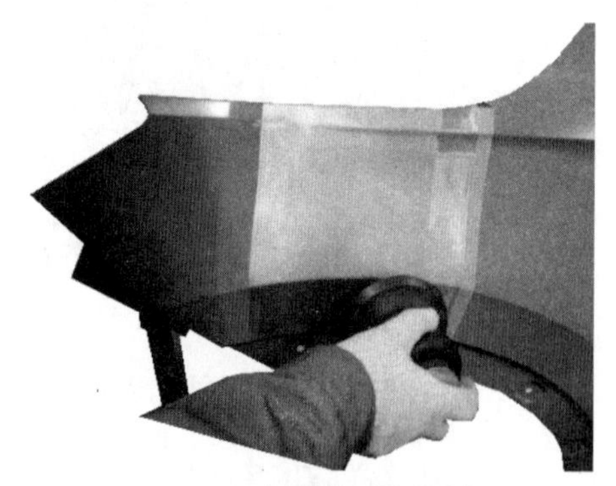

a)正面打磨区域

b)背面打磨区域

图 10-12 翼子板切割部位左右两侧打磨

(5)精画线。

精画线是把切割的线画出来,只在新件上切割,如图 10-13a)所示,无须在旧线上进行画线。再用纸胶带沿着边缘贴起来方便切割,如图 10-13b)所示。

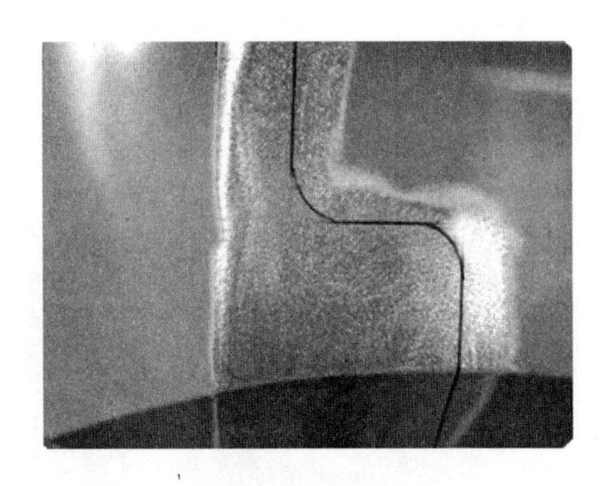

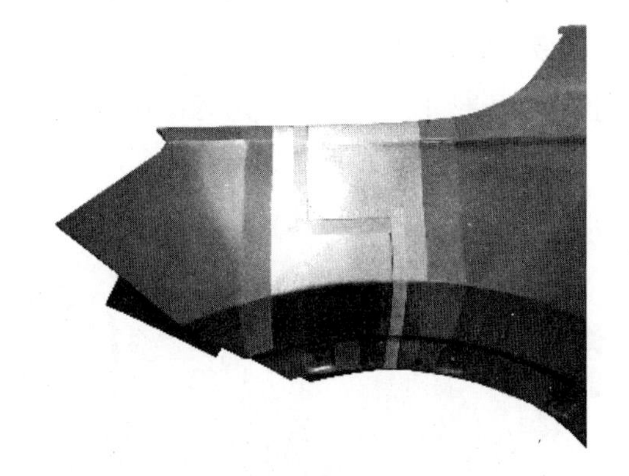

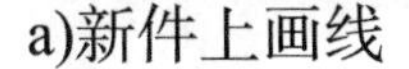

a)新件上画线　　b)沿所画线粘贴纸胶带

图 10-13　翼子板精画线

(6)粗切割。

由于两块翼子板要重叠切割,所以之前要进行粗切,把新旧翼子板多余的地方先切掉。新翼子板粗切割如图 10-14a)所示,旧翼子板粗切割如图 10-14b)所示。

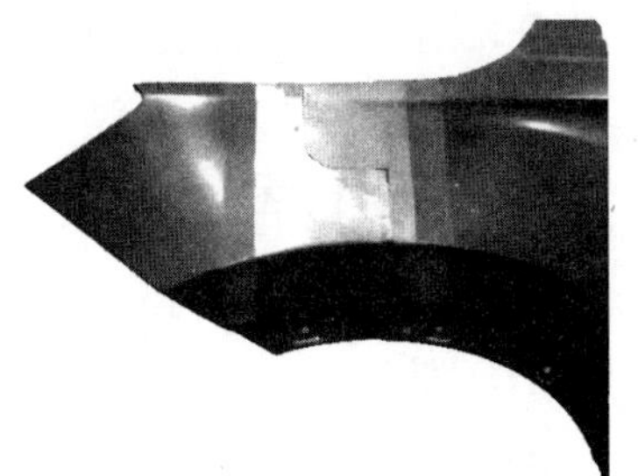

a)新翼子板粗切割　　b)旧翼子板粗切割

图 10-14　翼子板粗切割

(7)去除粗切割毛刺。

打磨掉粗切割留下的毛刺,如图 10-15 所示,以便重叠切割时翼子板新件与旧件贴得更紧密,提高重叠切割精确度。

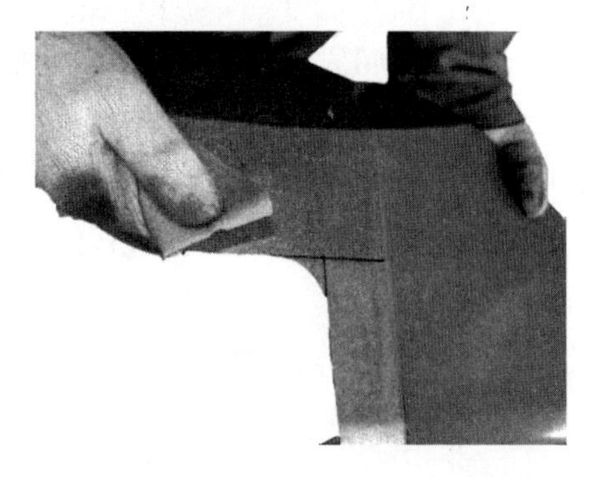

图 10-15　去除翼子板粗切割毛刺

(8)重叠切割。

两块板件重叠在一起时,上面的筋线要对齐,从侧面看在一条线上,对齐后用大力钳先把上面固定好,下面的两块板件筋线要重叠,然后用大力钳进行固定,上下两边固定好以后,再用大力钳把中间固定好,注意不要夹在要切割的部位，如图 10-16a）所示。然后利用气动切割锯进行重叠切割（切割尺寸上部为 260mm，平行切割线 90mm，中段为 305mm），如图 10-16b）所示。

a）翼子板新件与旧件重叠固定

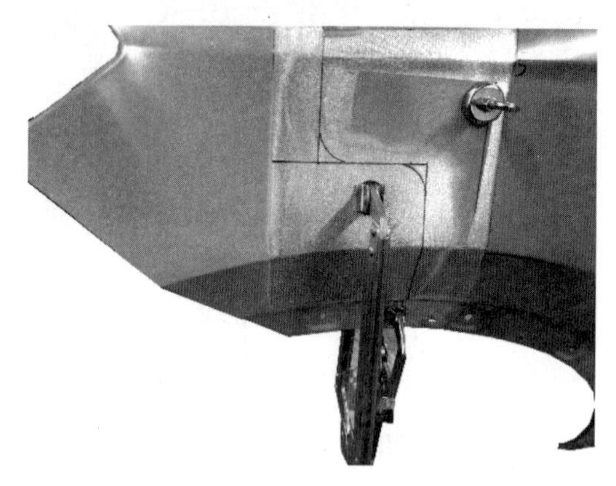

b）翼子板新件与旧件重叠切割

图 10-16　翼子板重叠切割

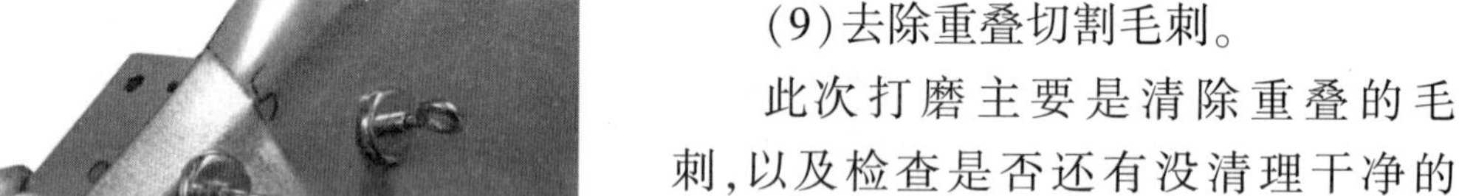

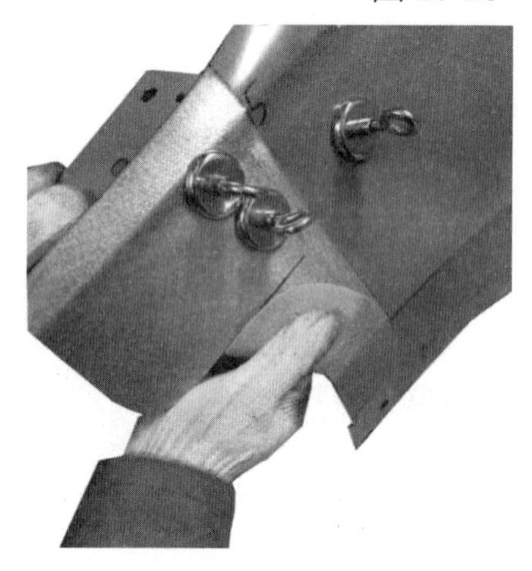

图 10-17　去除重叠切割毛刺

（9）去除重叠切割毛刺。

此次打磨主要是清除重叠的毛刺，以及检查是否还有没清理干净的油漆，如图 10-17 所示。

（10）拼接。

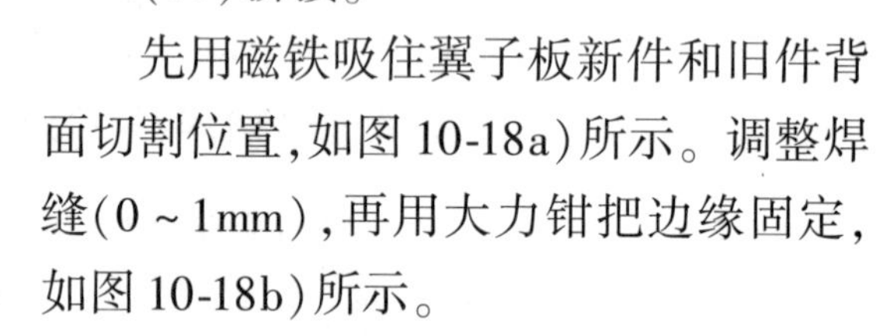

先用磁铁吸住翼子板新件和旧件背面切割位置，如图 10-18a）所示。调整焊缝（0～1mm），再用大力钳把边缘固定，如图 10-18b）所示。

（11）定点。

重新拼装好翼子板，先把上边缘的点定好，再调整缝隙，然后把最下面的点定好，接着把拐弯处点定好，最后中间点定好，注意边缘定好且不咬边，定点的间距为 25～40mm，如图 10-19 所示。

（12）定点打磨。

采用气动研磨机打磨定点，打磨时注意不要伤到定点的边缘，否则焊接的时候容易穿孔，如图 10-20 所示。

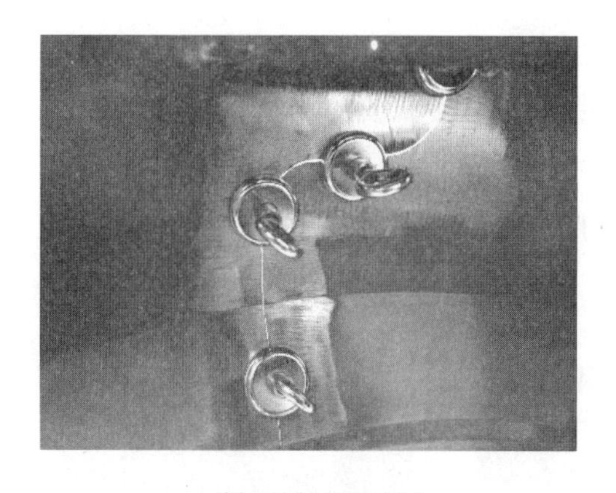

a)翼子板粗拼接

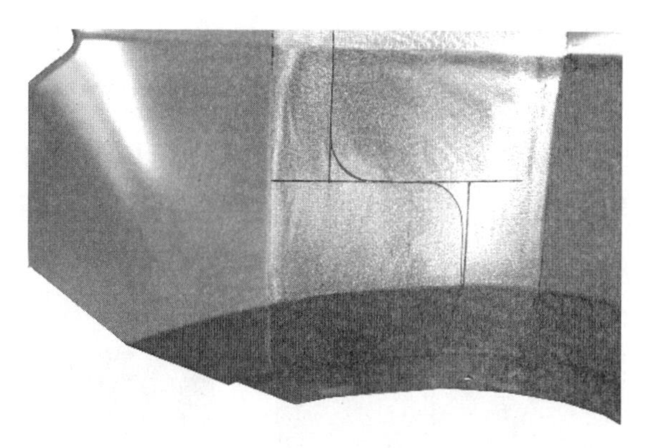

b)翼子板精拼接

图 10-18　翼子板拼接

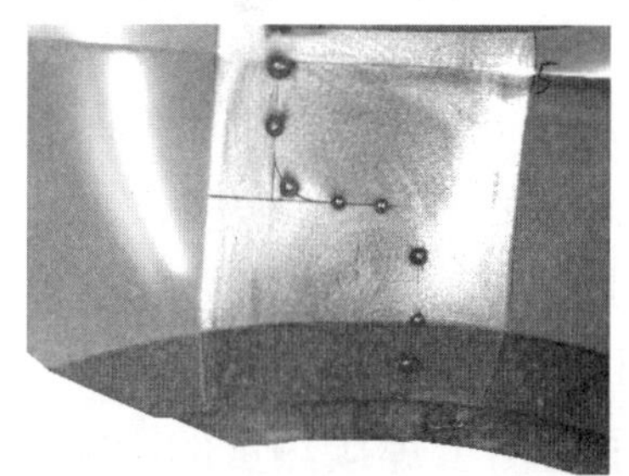

图 10-19　翼子板定点

图10-20　翼子板定点打磨

(13)焊接。

焊接前先进行试焊,先焊接上面折边处,如图 10-21a)所示,再把正面采用连续焊接焊完即可,如图 10-21b)。注意焊缝要求(宽度:3 ~5mm,高度<1.5mm)。

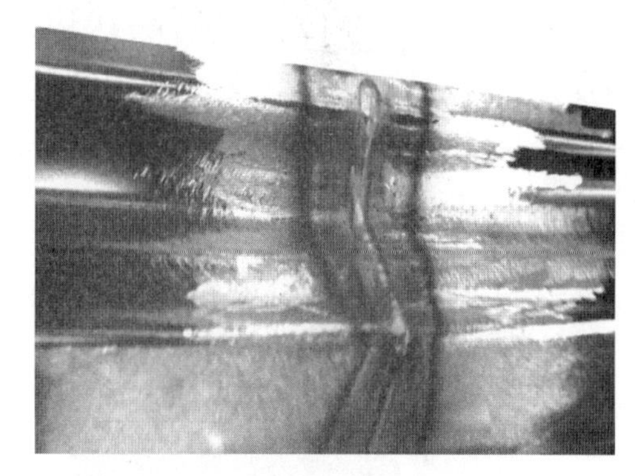

a)折边处

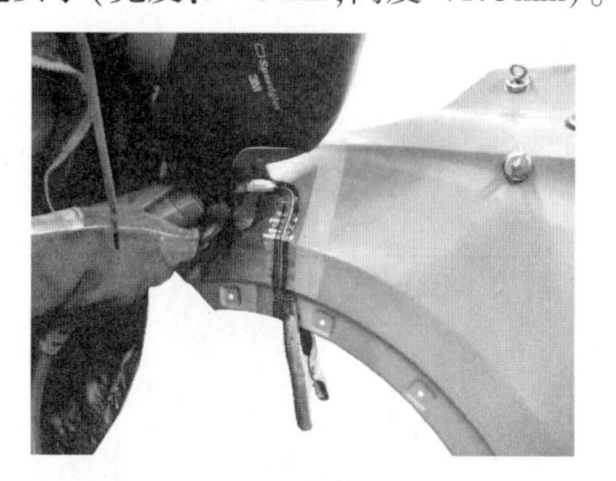

b)正面焊接

图 10-21　翼子板连续焊

(14)打磨焊缝。

先用 40 目的角磨片进行粗打磨(不要打磨到焊缝两边的面板),如

图 10-22a)所示。再用 60 目的角磨片将焊缝打磨到与平面齐平,焊缝两侧打磨不到的地方用錾子沿焊缝边缘从背面修整,使焊缝两侧凹陷消失,如图 10-22b)所示。再用 80 目的角磨片进行打磨,打磨时上下范围要拉大一点,最后用双作用打磨机打磨。打磨过后使得焊缝与焊缝周围区域平滑过渡,如图 10-22c)所示。

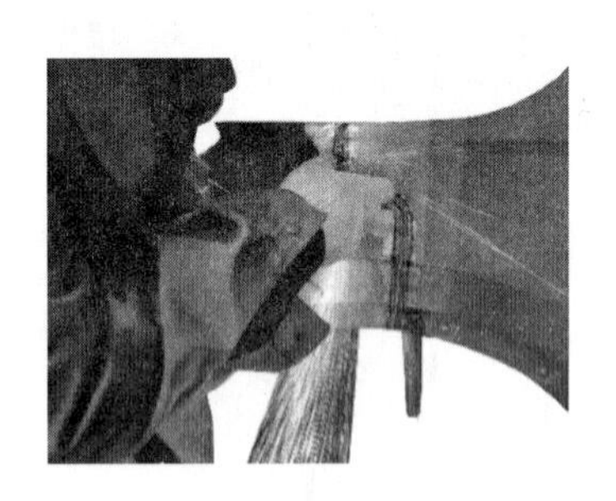
a)打磨焊缝

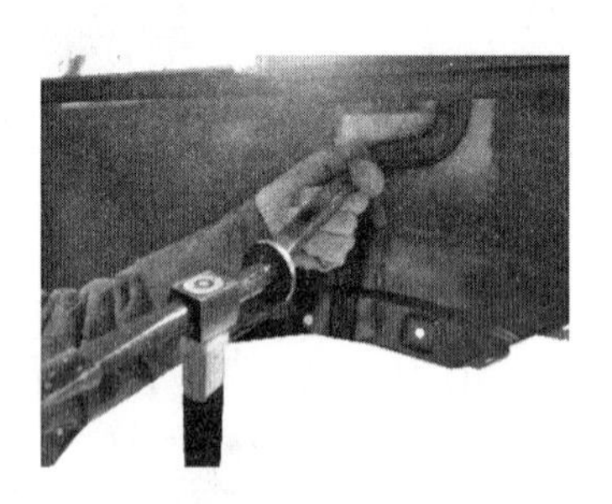
b)消除焊缝两侧凹陷

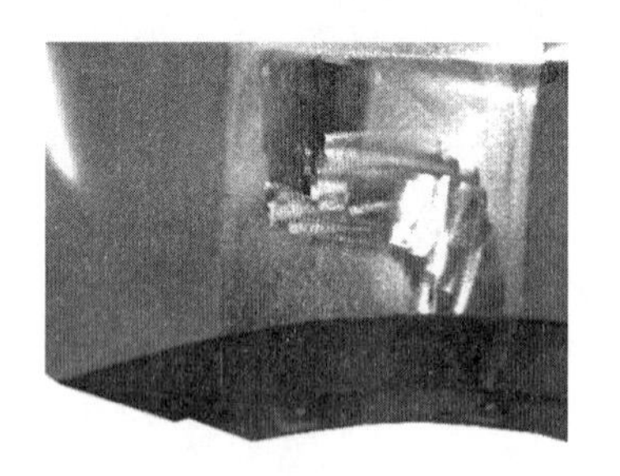
c)焊缝打磨平整

图 10-22　打磨焊缝

(15)翼子板整体修整。

翼子板由于焊接热量的影响,导致焊缝两侧出现凹凸不平现象,则利用手工进行修整,使得修整过后翼子板表面尺寸与原厂板件尺寸高差不大于 1mm,如图 10-23 所示。

图 10-23　翼子板整体修整

(16)羽状边打磨。

换上 400 号的打磨砂纸打磨羽状边,如图 10-24所示,裸金属与油漆交接处要平滑过渡,羽状边边缘宽度一致。图 10-25 为完成后图片。

图 10-24　羽状边打磨

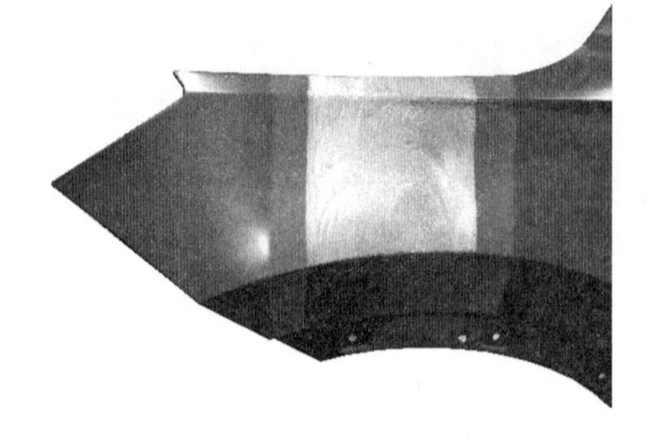
图 10-25　完成后图片

(17)安装翼子板及周部件。

将翼子板、前照灯和保险杠安装到车辆上面。先将翼子板和前照灯固定螺栓和螺钉拧上,留出一定余量,调整翼子板和周围部件间隙,调整过后则将螺栓和螺钉拧紧。

(18)任务实施完成后,按照5S管理标准,收拾工位,将工具和设备放回原处。

三、学习拓展

从汽车整个制造过程所涉及的工作部位和功能角度出发,可将车用胶黏剂大致分为焊装工艺用胶、涂装工艺用胶、内饰件用胶、装配件用胶、特殊工艺用胶5大类别。

1. 焊装工艺用胶

这一类别的密封胶黏剂在焊装工艺中代替点焊或减少焊点,起着增强结构、密封防锈、减振降噪的作用,一般要求与油面钢板有良好的附着性。由于各工位均无专门的加热固化设备,需要在车身油漆工艺条件下固化,所以要求这种胶黏剂既不能受清洗液、磷化液影响,也不能影响电泳漆质量,其主要有以下品种。

(1)折边胶:用在车门、发动机舱盖、行李舱盖等卷边结构处,其粘接强度高,已完全取代点焊结构。这一胶种目前普遍采用单组分环氧树脂胶,单车用量约为200g。

(2)点焊密封胶:预先涂布在钢板焊接的搭接部位,点焊后填实缝隙,保证密封,防止锈蚀。对于那些装配后被遮蔽而难以涂布焊缝密封胶的部位,点焊密封胶更是不可缺少。

(3)膨胀减振胶:在车门内外板之间、车身外覆盖件与加强筋之间常常用到这类胶。它一般由合成橡胶或树脂添加发泡剂而成,经过固化膨胀,能将覆盖件同加强筋接合为一体,起到减振降噪的作用。

2. 铆接工艺

拉铆操作的主要工艺过程是:首先根据铆钉芯棒直径选定铆枪头的孔径,并调整导管位置,用螺母锁紧,然后将铆钉穿入钉孔,套上拉铆枪,夹住铆钉芯棒,枪端顶住铆钉头部,开动铆枪,依靠压缩空气产生的向后拉力,使芯棒的凸肩部分对铆钉形成压力，铆钉出现压缩变形并形成铆钉头，同时，芯棒由于缩颈处断裂而被拉出，铆接完成。

四、评价与反馈

1. 自我评价

(1)通过本学习任务的学习你是否已经知道以下问题：

①非结构件的分类为哪几种？

______________________________。

②在切割钢板时应注意哪些问题？

______________________________。

(2)翼子板更换步骤是什么？

______________________________。

(3)实训过程完成情况如何？

______________________________。

(4)通过本学习任务的学习，你认为自己的知识和技能还有哪些欠缺？

______________________________。

2. 小组评价

小组评价见表10-1。

小组评价　　表10-1

序号	评价项目	评价情况
1	着装是否符合要求	
2	是否合理规范地使用仪器和设备	
3	是否按照安全和规范的流程操作	
4	是否遵守学习实训的规章制度	
5	是否能保持学习实训地整洁	
6	团结协作情况	

3. 教师评价

____

____。

签名:____________________年____月____日

五、技能考核标准

考核的方式建议采用每个人独立完成学习领域中的实训任务,培养学生独立自主完成任务的能力。实训任务综合性较强,以根据学生完成实训任务的情况评价整个学习领域的学习效果。表 10-2 为技能考核标准。

技能考核标准表　　表 10-2

序号	项目	操作内容	规定分	评分标准	得分
1	劳保用品	劳保用品穿戴	10 分	工作服、劳保鞋、护目镜、耳塞、防尘口罩,每少穿戴一项扣 2 分	
2	板件拆除	清除翼子板漆膜	10 分	未清除干净的每处扣 2 分,清除宽度正面小于 30mm 或背面小于 20mm 均不得分	
3		板件分离	5 分	切割线位置划错或偏离切割线扣 5 分	
4	板件拼装定位	板件拼装定位	10 分	接缝定位焊间距、间隙合适,焊点间 25 ~ 40mm,间隙 0.5 ~ 1mm 每缺失一处扣 2 分,扣完为止	

续上表

序号	项目	操作内容	规定分	评分标准	得分
5	板件焊接	连续焊正面焊缝质量	20分	正面宽度3~5mm、高度1.5mm,每项缺失、错误扣3分,扣完为止;	
6		连续焊背面熔深质量	5分	背面熔深≤1.7mm,每项缺失、错误扣2分,扣完为止	
7		连续焊焊缝缺陷	15分	缺陷:烧穿、两端有缺口、气孔、高低宽窄不一致、焊缝弯曲,每项缺陷扣3分,飞溅物超过三个扣3分,扣完为止	
8	卡板检查	使用卡板检测更换后的精度	15分	板件未打磨扣10分,卡板检查:一处误差±1mm内不扣分,一处误差±2mm内扣2分,一处误差±3mm以上扣3分,以此类推,扣完为止	
9	整体感观	整体美观程度	5分	由小组组员给出得分,取平均分	
10	5S整理	场地整理	5分	未对场地进行5S整理扣5分	
总分			100分		

项目五　车身损伤分析及维修方案编制

学习任务 11　车身损伤评估

☆ **知识目标**

1. 能描述车身损伤的类型；
2. 能描述碰撞位置的不同对损伤的影响；
3. 能描述碰撞力的传递路径；
4. 能描述车身操作的评估步骤。

☆ **技能目标**

1. 能目测检查车身损伤；
2. 能够规范填写操作评估报告。

建议课时

4 课时。

任务描述

在日常生活中，由于驾驶员的粗心大意造成了车辆的碰撞，车身受到损伤。为了高质量地修好汽车，必须要对车辆碰撞损伤作出精确的诊断，确定导致变形的主要原因，确定损坏的类型及其严重程度，分析损坏的范围，找出受损的部件。

一、理论知识准备

(一) 车身损伤类型

1. 按汽车碰撞损伤程度分类

按碰撞损伤程度不同，通常将汽车碰撞损伤分为一般损伤、严重损伤和汽车报废。

1)一般损伤

一般损伤又称轻微损伤，是指只需要更换或修理少数零部件，再通过喷漆即可修复的损伤。如图11-1所示为车辆碰撞一般损伤。

一般损伤还包括：如图11-2所示在碰撞处周围产生弯曲变形，如图11-3所示在碰撞处形成S形波浪状的弯曲变形，如图11-4所示在碰撞处形成S形包卷弯曲变形，如图11-5所示在碰撞处形成局部收缩变形等。

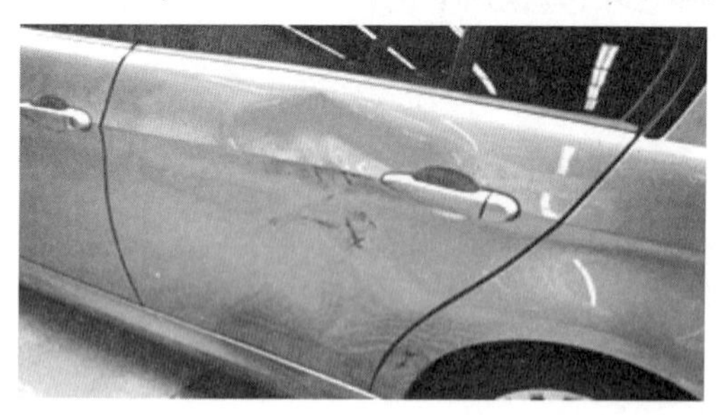

图11-1　一般损伤

图11-2　弯曲变形

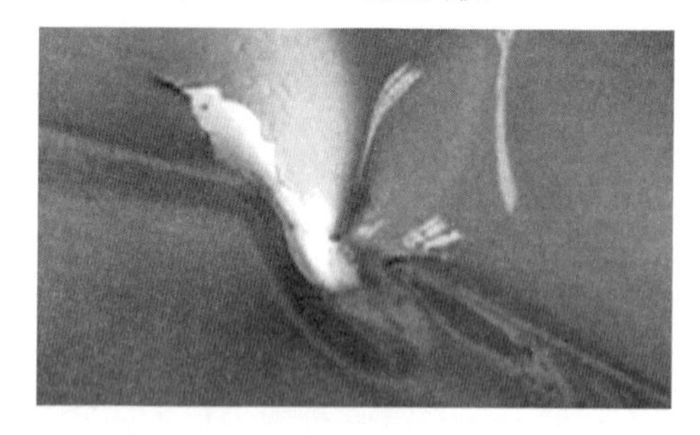

图11-3　S形波浪状的弯曲变形

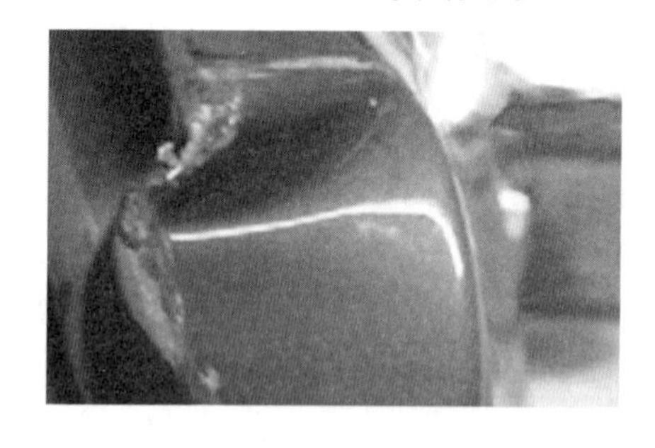

图11-4　S形包卷弯曲变形

2)严重损伤

严重损伤是指通过更换、修理和校正较大的车身部件，然后再喷漆修复的损伤。有时甚至需要对损坏的零件进行切割，然后焊接新件。虽然损伤严重，但是修理的费用仍低于换件的费用或是汽车本身的价值。车身严重损伤如图11-6所示。

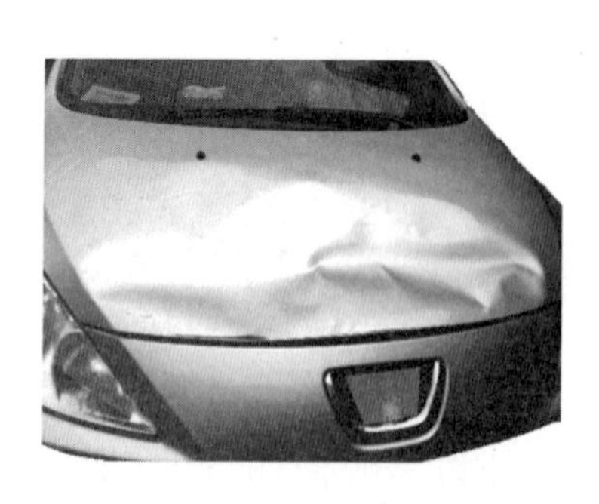

图11-5　局部收缩变形

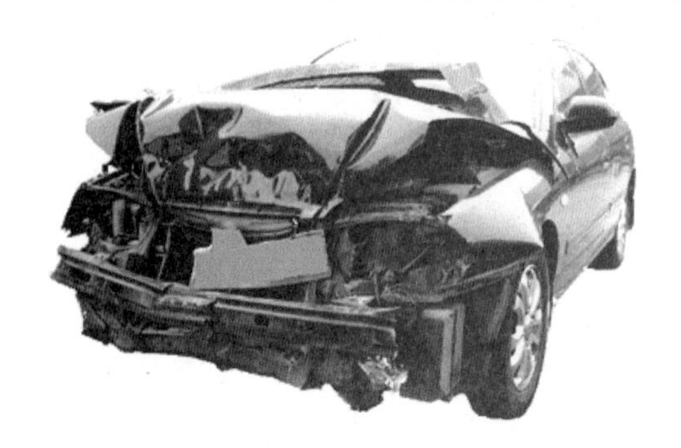

图11-6　严重损伤

严重损伤还包括:如图 11-7 所示的车身皱折撕裂损伤,如图 11-8 所示的连接件脱落开裂损伤,如图 11-9 所示的车架大梁变形损伤。

图 11-7　车身皱折撕裂

图 11-8　连接件脱落开裂

2. 按汽车碰撞行为分类

按汽车碰撞行为,可将一般汽车碰撞损伤的种类分为一次损伤和二次损伤。

1)一次损伤

车辆和障碍物最初的碰撞称为一次碰撞,因一次碰撞所导致的损伤称为一次损伤。如图 11-10 所示为一次损伤。

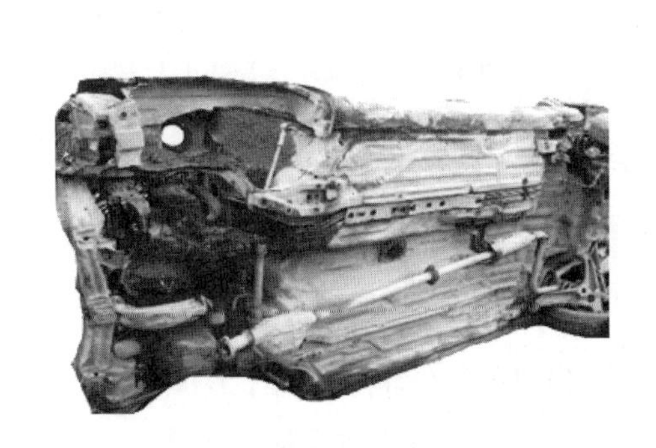

图 11-9　车架大梁变形

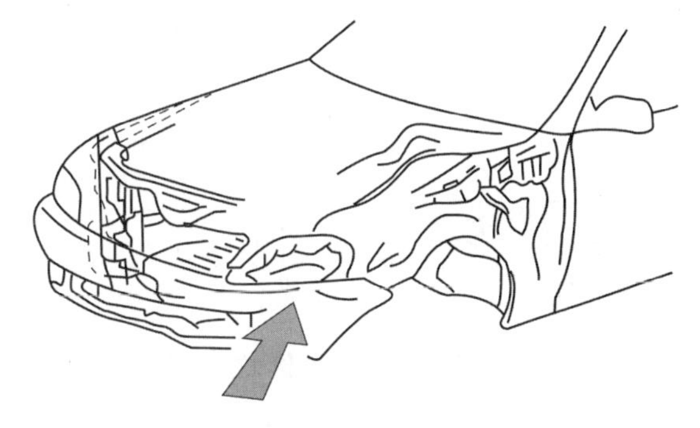

图 11-10　一次损伤

一次损伤包括直接损伤、间接损伤(也叫诱导损伤)、波纹效应损伤。直接损伤由碰撞物体直接作用在车辆上造成的损伤。诱导损伤是由直接物体牵连造成的损伤。波纹效应损伤是由撞击能量的传递造成的损伤。如图 11-11 所示为波纹效应损伤。

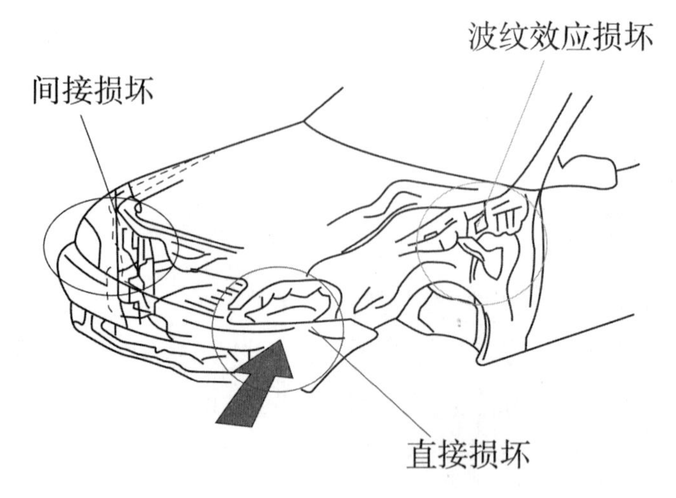

图 11-11　波纹效应损伤

2）二次损伤

二次损伤是在车辆发生碰撞（一次损伤）的过程中，车辆的某些部位、车内物品或乘员在惯性力的作用下发生碰撞所引起的损伤，又称惯性损伤，如图 11-12 所示。例如车前部风窗玻璃破碎，是由于安全气囊爆开或者车内某个物体由于惯性力的作用把玻璃撞击碎掉，这个损伤即是二次损伤。又如汽车与一固定刚性体相撞，车速瞬间降为零，此时车身整体在惯性作用下有一个向前翻转的趋势，车身后部腾起，之后又重重跌落。车身某些强度薄弱的部位经受不住后部巨大的惯性转矩和跌落时的冲击，发生较大变形，车顶后部上翘，车辆后地板弯曲，后翼子板等均有不同程度的破坏，如图 11-13 所示。

图 11-12　车上乘员和货物对车辆的二次冲击

图 11-13　车辆自身由于惯性力作用而变形

（二）碰撞力的传递

1. 碰撞力

碰撞力是指在碰撞过程中，物体间相互碰撞时先突然增大而后迅速消失的力。碰撞力的大小、方向、作用点决定了车辆受损程度，具体来说，影响车身变形的主要因素是速度,其次还有角度、位置、面积、质量等因素。

2. 碰撞力的速度、位置、面积

在理想状态下,也就是说除速度以外的其他因素都相同,在不考虑墙体变形的情况,质量一定的前提下,速度越大,碰撞力力越大,车辆损伤越严重,速度在车身变形中起决定性作用。

碰撞力的位置:撞击位置与车身材料有关,如果碰撞部位的材料厚,则损伤程度小,材料薄则损伤程度较为严重。

碰撞力的面积:即使两种情况下发生撞击时的车辆重量和速度均相同,破坏程度也会随车辆撞击物体的不同而存在显著不同。

单位面积的撞击力 = 总撞击力/总撞击面积。随总撞击面积的加大,单位面积的撞击力变小,变形量也相应减小,但破坏面积会加大。如图 11-14 所示。

如果撞击面积较小,如撞击电线杆时,则单位面积的撞击力较大,变形量也相应较大,如图 11-15 所示。

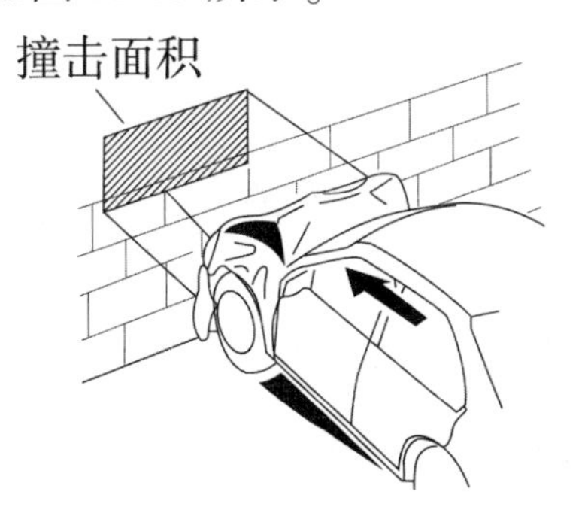

图 11-14　撞击面积较大

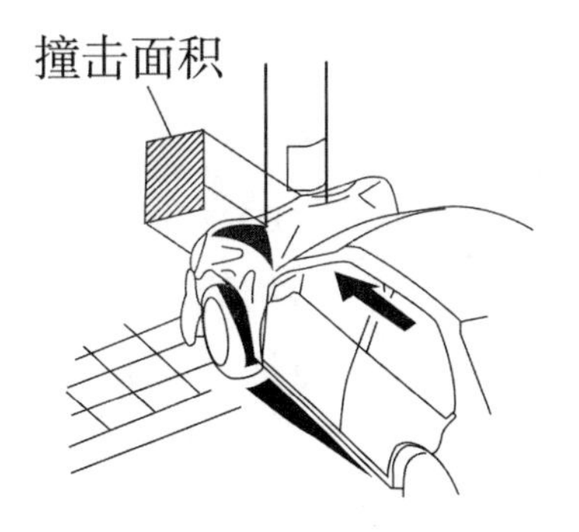

图 11-15　撞击面积较小

3. 碰撞力的角度

假设碰撞力的大小相同,在不考虑车辆质量、碰撞位置是否有吸能区的情况下,当碰撞方向的延伸线通过车辆的重心时,车辆不会发生旋转,此时车的损伤程度较大,当碰撞方向的延伸线没有通过车辆的重心时,车辆会发生旋转,车的损伤程度较小,如图 11-16 所示。

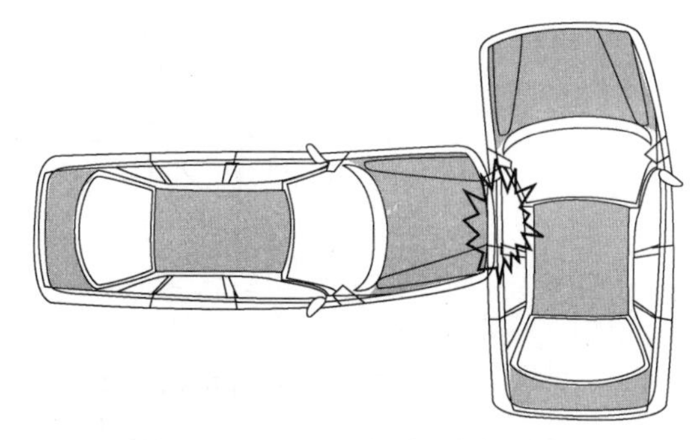

图 11-16　碰撞力的角度

4. 碰撞力的分散

碰撞力(外力)由三个变量组成:输入点、角度和幅度。车辆在受到碰撞时,碰撞的方向和幅度可以分为两个或三个变量。当规定的力"F_1-O"以角度(矢量)"α"作用于输入点"O"时,对一辆实际的车而言,F_1-O 分为水平力 F_2 和 F_3 以及垂直力 F_4。F_2 向后推动前轮罩,F_3 向中间推动隔板上框架,F_4 向下推动隔板,如图 11-17 所示。

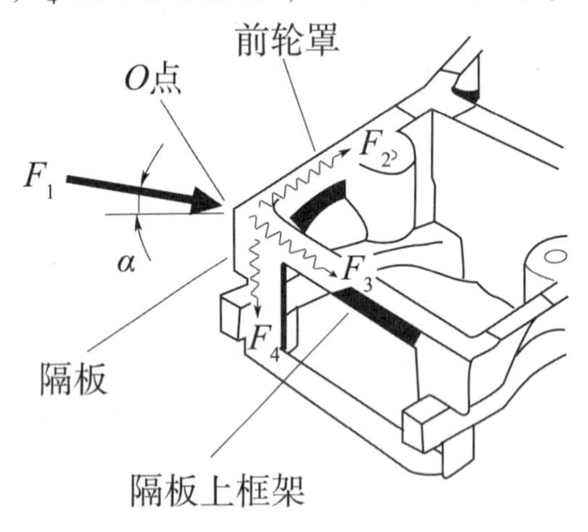

图 11-17　碰撞力分解图

5. 碰撞力的传递

1)正面碰撞力的传递

如图 11-18 所示,假设汽车前角受到一个力 F_0 作用,B 区域将会变形,减小了 F_1 的冲击作用,剩下的碰撞力传递到 C 点,金属将发生变形,能量继续减小到 F_2,F_2 将分解成两个方向传递到 D 点,碰撞力继续减弱传递给 F_3,所受到的力继续改变方向并冲击着车身的支柱和车顶盖,E 点的碰撞力继续减小到 F_4,汽车车顶盖金属轻微变形,在 F 点几乎不再有碰撞力,也不再发生变形。碰撞能量大部分都被汽车零部件所吸收。刚性连接点、结构件、钣金件都可以吸收能量。不仅这些部分可以吸收碰撞能量,而且其他与该点相连的零件也会发生变形,甚至在该点对面的零部件也能够发生变形或偏离原来位置。

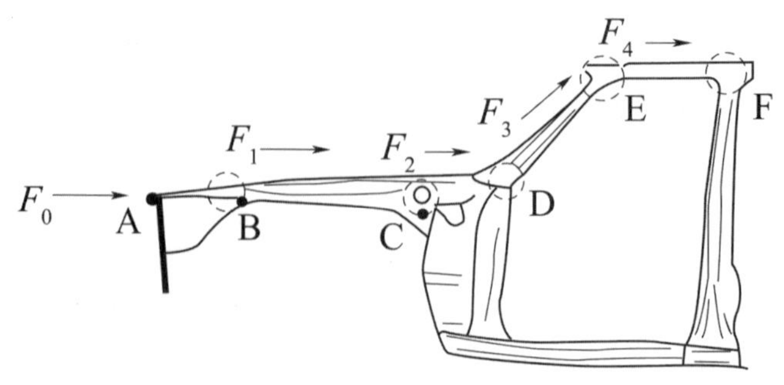

图 11-18　正面碰撞力的传递

要想完全掌握现代汽车特别是承载式车身的碰撞损坏,了解汽车的碰撞力传递原理是非常重要的。否则,就不能理解轻微损坏可能会引起汽车在操纵控制和运行性能上发生严重故障。

通常,乘员舱用于向后传递纵向力,如图11-19所示。其主要路径有两条,一条是通过成员舱底部纵梁和门槛梁向后传递,这条路径承受纵向力的能力最大。因此,通常在其前端布置主要的吸能部件,如前纵梁。在碰撞中,纵向力经前纵梁、门槛梁和乘员舱底部纵梁向后传递。当前部结构的压缩变形较大时,前轮参与碰撞,纵向力经前轮、铰链柱下部结构和门槛梁向后传递,这样可以防止前部结构继续变形而使动力传动总成撞向乘员舱。另一条路径是纵向力经前纵梁和铰链柱、A柱、车门及其抗侧撞梁和门槛梁而向后传递。此路径上较大的载荷会导致门框的较大变形,使碰撞后车门开启困难,因此该路径前部结构的吸能能力通常较小。

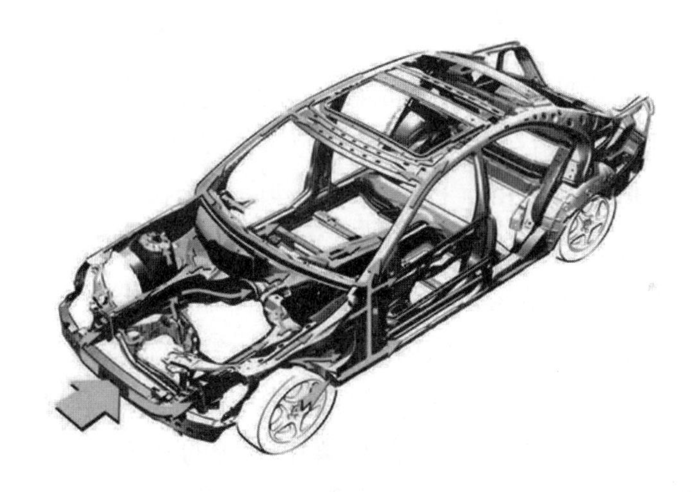

图11-19　前部碰撞力的传递路径

2)侧面碰撞力的传递

当汽车侧面受到撞击时,车门在侧向撞击力的作用下,产生向车内运动的趋势,这种趋势受到车门框的阻挠,同时,车门框受到车门传递来的侧向力作用。如果车门内布置了抗侧撞梁,前门受到的侧向撞击力将主要被传递到铰链柱和B柱,后门受到的侧向撞击力将主要被传递到B柱和C柱,如图11-20所示。

铰链柱在侧向力的作用下也有向车内运动的趋势。对于这种运动趋势的抵抗,在铰链柱上端主要由前风窗下横梁和仪表板安装横梁的轴向刚度提供,在铰链柱下端主要由该处车身底部横向结构的刚度提供。C柱受到侧向力时,情况与此类似。

车门受到侧向撞击后,其向车内运动的趋势使B柱受到向车内弯曲的弯矩作用。对 B 柱向车内变形的抵抗，主要来自其弯曲刚度和 B 柱上、下接头的刚度。

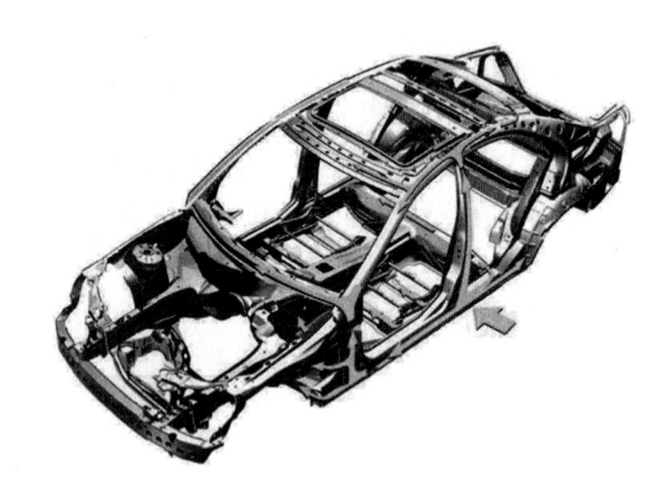

图 11-20 侧面碰撞力的传递路径

通过 B 柱上接头，作用在 B 柱上的部分力通过车顶边梁、车顶横梁和相关的接头结构向非撞击侧传递。B 柱上接头对 B 柱向车内运动的抵抗由车顶结构提供，主要是车顶横梁的轴向刚度、车顶边梁的弯曲刚度、A 柱和 C 柱的弯曲刚度，还有在以上情况下各接头结构相应的刚度；通过 B 柱下接头，作用在 B 柱上的部分力被传递给门槛梁。作用在门槛梁上的侧向力，一方面来自外部的直接撞击，另一方面来自 B 柱的作用。当 B 柱受到弯矩作用后，通过 B 柱下接头，使门槛梁受到向车身内侧的推力、弯矩和绕门槛梁中心线的转矩作用。在这些载荷的作用下，门槛梁将产生向车内侧的弯曲变形。对这种变形的抵抗来自两方面，一方面是门槛梁的弯曲刚度和其与铰链柱、C 柱接头结构的弯曲刚度，另一方面是车身底部横向结构对门槛梁向车内运动的抵抗。最终，门槛梁受到的侧向力通过车身底部的横向结构被传递到非撞击侧。

3）后面碰撞力的传递

后面传递的路径通常有两条，如图 11-21 所示。第一条由后保险杠，经后纵梁传递给门槛梁；第二条由后车轮后部结构，经后车轮传递给门槛梁。对于第二条载荷传递路径，由于当轮胎参与碰撞后，它与其前面轴向刚度较大的门槛梁接触，导致对撞击的抵抗明显增加，所以碰撞吸能区通常被布置在后车轮后部，而将后轮作为变形限制器加以作用。通常后纵梁是后部结构的主要吸能部件。在以上情况中还要考虑备胎的影响。

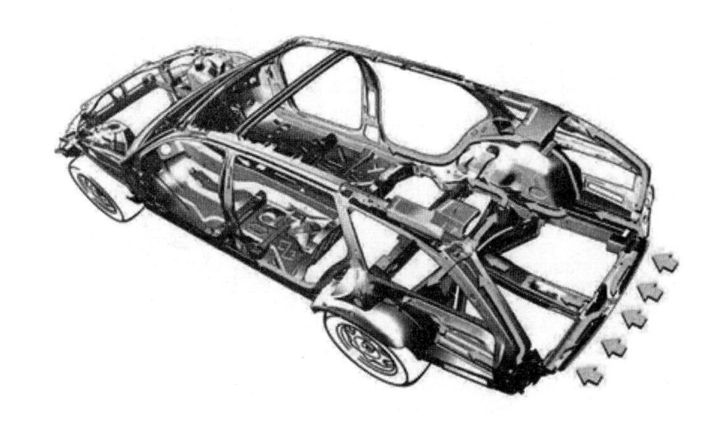

图 11-21　后面碰撞力的传递

(三)碰撞位置不同对损伤的影响

在车辆发生的事故中,有超过 70% 的碰撞会发生在车辆的前部,如图 11-22 所示为汽车前部撞击。撞击力较小时,由前部保险杠缓冲垫、吸能盒来吸收撞击力。撞击力强大时,前纵梁通过吸能区的变形来吸收撞击力。前纵梁作为前部最坚固的部件,不仅有承载发动机部件的载荷能力,且当在发生碰撞时会由吸能区的变形来吸收撞击力。如图 11-23 所示为汽车前部的吸能区。

图 11-22　前部撞击

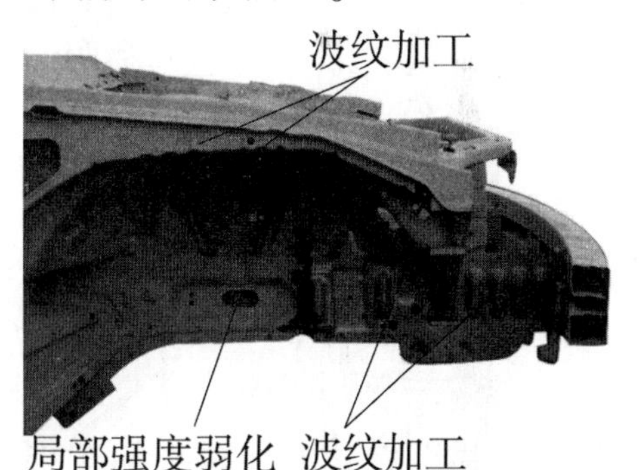

图 11-23　汽车前部吸能区

如果前部遭受到严重的碰撞,前纵梁会发生轴向压缩变形并导致前翼子板向后位移。如果撞击力够大,A 柱(特别是前门铰链上部位置)将会变形,致使前车门下垂位移。此外,由于撞击力强大会使前纵梁发生溃缩,导致前悬架系统部件向后位移。

当车辆发生碰撞时,撞击力的方向与车辆重心位置重合称为对心碰撞,如图 11-24 所示。撞击力的方向未与车辆重心位置重合称为偏心碰撞,如图 11-25 所示,偏心碰撞极易造成车辆产生旋转,导致二次碰撞。

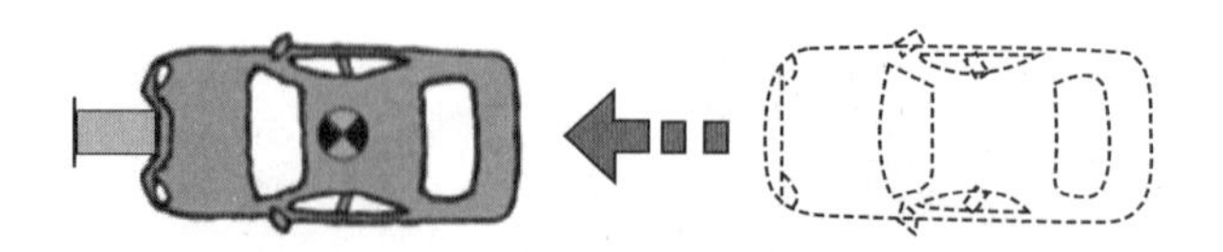

图 11-24　前部撞击对心碰撞(未旋转)

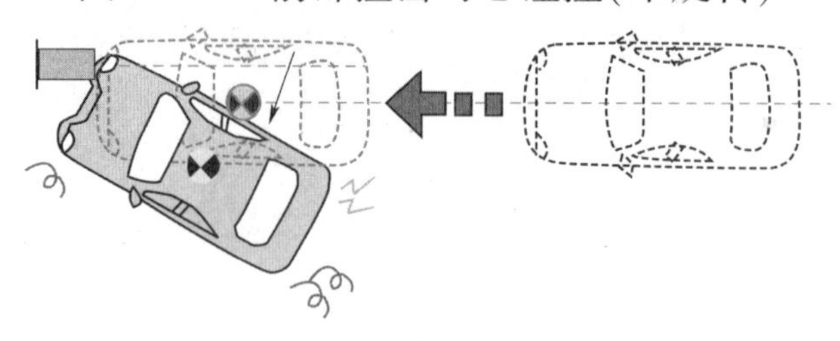

图 11-25　前部撞击偏心碰撞(旋转)

汽车发生侧面碰撞,车身受到侧面撞击时,车门、前翼子板、车身 B 柱、地板及顶盖都会发生变形。当前翼子板的中心位置受到碰撞时,前轮会被推进去,前悬架横梁和前纵梁都会发生变形,振动波甚至会传递到另一侧车轮,造成另一侧车轮定位失准,发动机支架、转向装置等也会因此而产生不同程度的损坏,如图 11-26a)所示。如果中部侧面碰撞比较严重,车门、车身 B 柱、门槛、上边梁都会严重弯曲,整个车身可能呈香蕉形,如图 11-26b)所示。

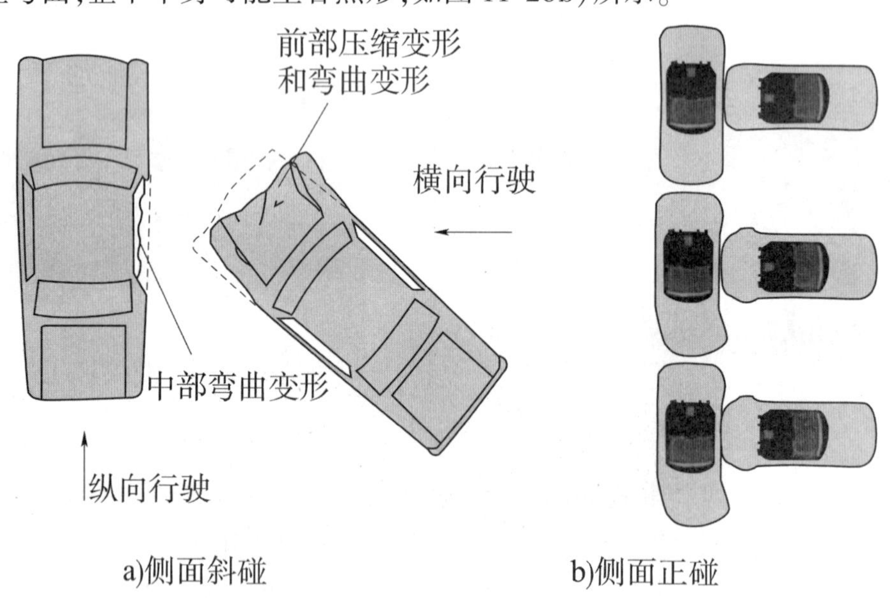

图 11-26　车身侧面碰撞损伤

汽车发生后部碰撞时,发动机前置的车辆由于车身后部没有支撑驱动系统的支架,后部强度一般较前部低,故发生后方撞击时,前方车辆的受损程度会比后方追撞车辆严重。

撞击停驶的车辆，追撞车辆的动能完全作用在被追撞车辆上，导致其损伤变形量大，如图11-27所示。

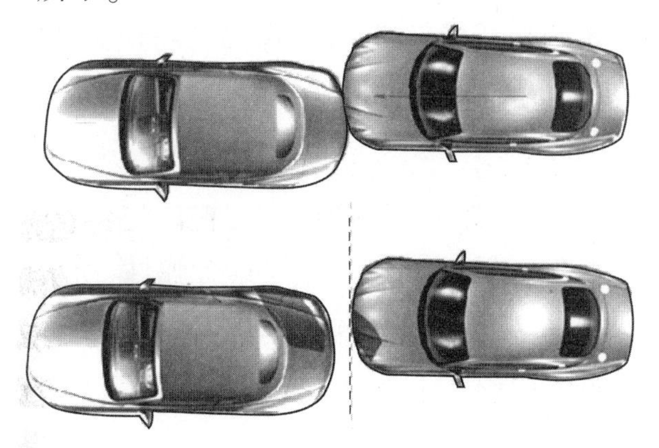

图11-27　撞击停驶的车辆

撞击行驶中的车辆，损伤状态因双方车辆速度差而异，前方被追撞车辆因保有动能，与停驶时被追撞的车辆相比，损伤变形量相对较小，如图11-28所示。

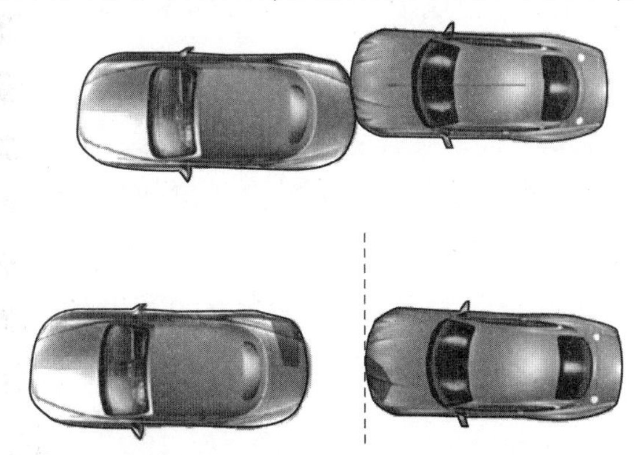

图11-28　撞击行驶中的车辆

汽车在行驶时发生追尾碰撞会引起车身后部的损伤。当碰撞较轻时，后保险杠、后底板、行李舱盖及地板都可能发生变形，后围板会发生翘曲。如果碰撞力较大，会使后顶盖侧板塌陷，对于四车门汽车，车身B柱会弯曲，后纵梁会出现上弯损伤，如图11-29所示。

a)发生碰撞时　　b)损伤情况

图11-29　车身后部碰撞损伤

(四)承载式车身的变形

承载式车身在发生前部或后部碰撞时,碰撞力将从碰撞点开始,沿着车身构件向外传播,从而造成更大面积的损坏。一般来说,车身发生变形的顺序如下。

1.弯曲变形

在碰撞发生后的一瞬间,碰撞力达到最大,它首先会对构件产生挤压作用,使构件中部产生弯曲变形。但由于金属构件具有弹性,所以在碰撞力消失后可能会部分或全部恢复原状。在诊断分析时,如果发现测量的高度值超出允许范围,通常表示产生了弯曲变形。

2.褶皱变形

随着碰撞的进一步延续,碰撞点处会出现明显的褶皱,从而进一步吸收碰撞能量,以保护乘客舱的安全。由于碰撞力沿着车身传递,导致远离碰撞点的部位也可能发生褶皱、撕裂或拉松。在损伤分析时,如果发现测量的长度值超出允许范围,通常表示发生了褶皱变形。

3.扩宽变形

对于设计良好的承载式车身结构,乘客舱在事故中的变形量会很小,即使产生变形,也是使乘客舱的构件向外鼓,而不是侵入舱内,以保护成员安全,这就是所谓的扩宽变形。在损伤分析时,如果发现测量的宽度值超出允许范围,通常表示发生了扩宽变形。

4.扭曲变形

如果像前面所述,碰撞点通常不是在汽车正中,碰撞力产生的力矩会使车身产生扭曲变形。扭曲变形通常是最后发生的一种变形形式。在损伤分析时,如果发现测量的高度和宽度值都不在允许范围内,通常表示发生了扭曲变形。

虽然承载式车身与非承载式车身在碰撞事故中的损坏形式很相似,但是承载式车身的损坏往往更复杂。另外,承载式轿车在严重碰撞中通常不会产生错位损伤。

(五)非承载式车身的变形

当非承载式汽车发生碰撞时,其车身板件的损坏形式与承载式汽车基本相似。所不同的是,非承载式汽车的车架作为承载件,可能会在严重的碰撞或倾翻事故中发生比较明显的变形,从而严重影响整车的操纵性能。车架最常见的变形有弯曲、凹陷、褶皱和扭曲等,这几种损伤变形往往会在事故车上同时存在,在进行损伤分析时应仔细检查,逐一确认。

1. 弯曲变形

弯曲变形是指车架的前部或后部向一侧弯曲,如图 11-30 所示,通常在侧面碰撞中出现。一般通过查看车架纵梁的一侧是否向内或向外弯曲,即可确定车架是否产生了弯曲变形。在事故勘查中,如果发现车门的长边缝隙变大而短边出现褶皱,或者发动机罩或行李舱盖的边缝变大或变小,就应当注意进一步查看车架是否产生了弯曲变形。

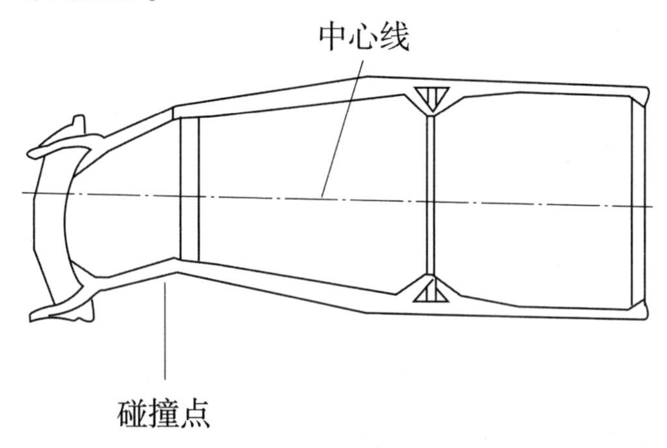

图 11-30　车架的弯曲变形

2. 凹陷变形

凹陷变形是指车架某一处的离地高度低于正常值,即向下凹陷,如图 11-31 所示,通常在前部或后部正面碰撞中出现。车架凹陷变形常见于车架的前部和后部,有时是一侧凹陷,有时是两侧凹陷。在事故勘查中,如果发现翼子板和车门之间的缝隙是顶部变小、底部变大,或者车门下垂,就应当注意进一步查看车架是否发生了凹陷变形。

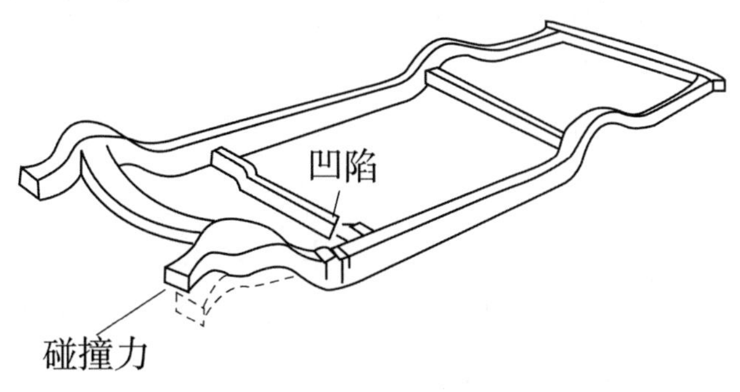

图 11-31　车架的凹陷变形

3. 挤压变形

挤压变形是指车架纵梁或横梁长度比正常值缩短，一般伴随褶皱变形，如图 11-32 所示。车颈板前部和后风窗后部区域在前、后正面碰撞中比较容易出现挤压变形。在损伤分析时，如果发现发动机舱盖、翼子板或车架纵梁有褶皱变形，轮罩上部的车架被抬高，就应当注意进一步查看车架是否发生了挤压变形。

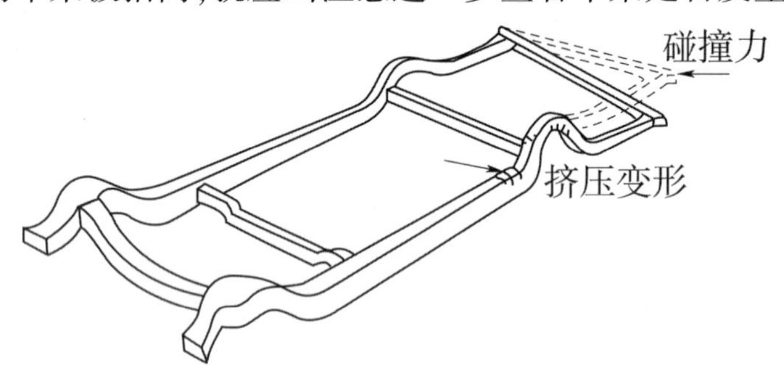

图 11-32 车架的挤压变形

4. 错位变形

错位变形是指汽车的左右两侧发生前后错位，使车架和车身从矩形形状变成平行四边形形状，如图 11-33 所示，通常在汽车的一角发生剧烈碰撞时出现。错位损伤使整个车架都发生了移位变形，对汽车的操纵性能影响很大。在损伤分析时，如果发现发动机舱盖或行李舱盖的边缝不齐，乘员舱或行李舱地板出现褶皱，就应当注意进一步查看车架是否发生了错位变形。

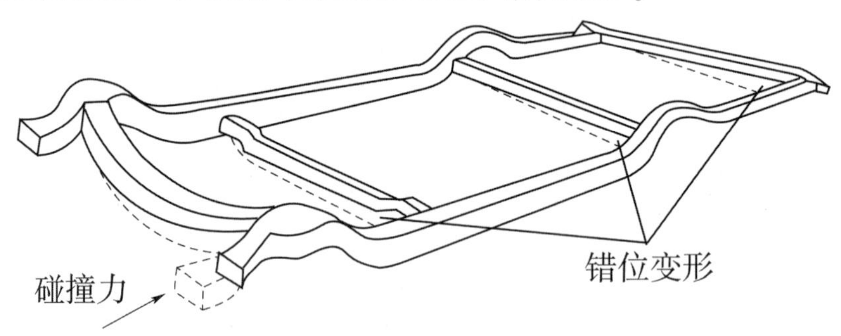

图 11-33 车架的错位变形

5. 扭曲变形

扭曲变形是指汽车在对角线方向上产生变形，即对角线上的一个角高出正常值，另一个角低于正常值，如图 11-34 所示，通常在后部边角碰撞或翻滚事故中出现。如果汽车经常高速通过减速带或路缘石，也可能会导致车架产生扭曲变形。在损伤分析时如果发现汽车的一角下垂，就应当注意进一步查看车架是否产生了扭曲变形。

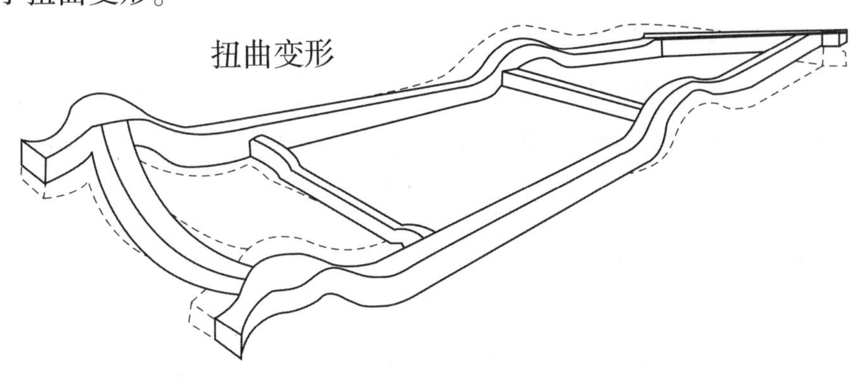

图 11-34　车架的扭曲变形

与承载式车身一样,车架在很多事故中会出现多种变形。除了直接碰撞导致的变形外,车架还可能会因惯性力作用产生二次变形。例如,在剧烈碰撞中,发动机可能会因惯性作用前后移动,这样会导致发动机支座(支撑发动机的横梁)产生变形损坏。在损伤分析中,通过比较车门槛板与前后车架之间的间隙情况,或者比较前翼子板与轮毂前后部的间隙情况,可以初步判断是否有变形。

车架损伤形式和损伤程度因碰撞力的大小、方向及碰撞位置的不同而不同。因此在损伤分析中应当收集尽可能多的信息,由此推断出事故发生的过程,这对于判断车架损伤情况十分重要。当然,最精确的损伤鉴定方法是通过科学的测量,例如,根据汽车制造厂的车身修复手册测量关键的定位孔之间的距离,可以判断车架的变形情况。

(六)车身损伤评估步骤

汽车碰撞诊断的基本步骤如图 11-35 所示。具体的诊断步骤如下:

(1)了解汽车车身结构的类型。通常情况下轿车、运动型多用途车(SUV)使用承载式车身,越野车使用非承载式车身。

(2)目测确定碰撞的位置。确定碰撞位置位于车身的哪一部分,如前部、中部、后部等。

(3)确定碰撞的方向及碰撞力的大小,并检查可能的损伤。对车身整体受损情况进行了解。

(4)确定损伤是否限制在车身范围内,是否还包括功能部件或元件(如车轮、悬架、发动机等)。

(5)沿着碰撞路线系统地检查部件的损伤,直到没有任何损伤痕迹。如支柱损伤可以通过检查门的配合状况来确定。

(6)测量汽车的主要元件,通过比较维修手册车身尺寸图表上的标定尺寸和实际汽车的尺寸来检查汽车高度,并比较车身左侧和右侧高度。

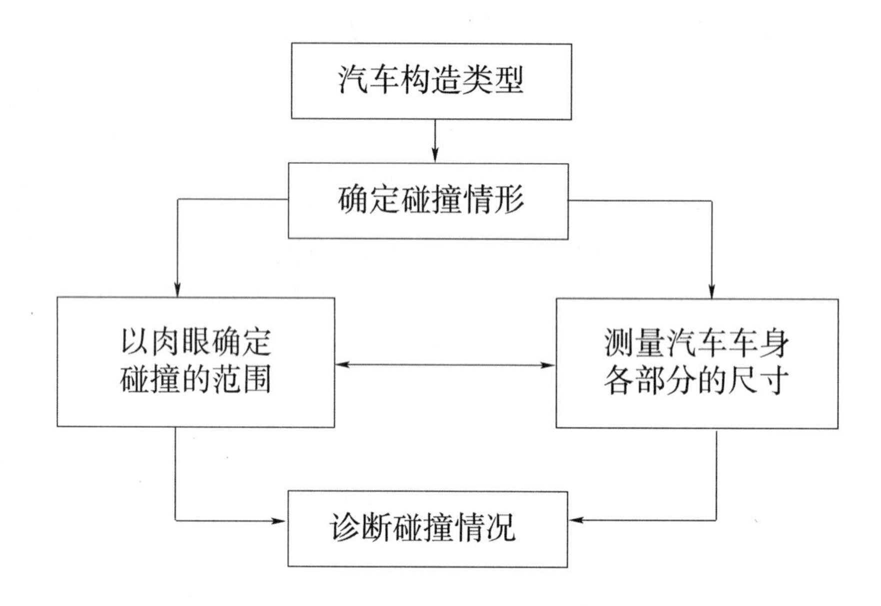

图 11-35　汽车碰撞诊断步骤

二、任务实施

车身损伤评估

1. 准备工作

(1)场地设施:车身修复场地。

(2)设备设施:事故车辆,车身测量仪,卷尺。

(3)工量具:常用拆卸工具,测量工具,门板卡尺等。

(4)劳保用品:工作服,手套,防护眼镜,耳罩,劳保鞋。

2. 技术要求与注意事项

(1)损伤分析时不仅要检查各部分零件,而且还要检查仪表板和前立柱的变形,这一点非常重要。

(2)损伤评估时,一定要断开蓄电池负极。

(3)穿戴干净整洁的工作服。

(4)遵守场地安全规定,注意用电安全。

(5)正确使用测量工具及测量仪器设备等。

3.操作步骤

如图 11-36 所示为某碰撞损伤车辆,下面对该车辆的损伤情况进行评估。

图 11-36 某碰撞损伤车辆

(1)了解碰撞情况。

了解碰撞事故发生情况,有助于全面、准确、迅速地检查所有损伤。从图 11-36 可以看出,该车的左前部受损严重,而其余部分未发生明显损伤。

(2)确定损坏部位。

观察整个车辆,具体方法从碰撞点开始,环绕汽车一圈,判断撞击点,确定损坏顺序。以该车为例,应从车辆左前方开始绕车一圈进行检查,确定撞击点为左前方对撞,造成了车辆左前部的变形。

(3)检查外部损伤和变形。

从车辆的前部、后部和侧部观察车辆,并从侧面检查横向和垂直弯曲、扭曲、变形的线条,以及车身上的隆起和凹陷。同时,检查外板变形或其他与碰撞部位相关联的部位。该车发动机舱盖变形,前保险杠、左前翼子板、左前车门等严重变形。

(4)检查外部车身板件的定位情况。

仔细检查所有带铰链部件(如发动机盖、车门、行李舱盖)的装配间隙和配合状况是否正常,开启与关闭是否正常。通过这些检查除了可以判断覆盖件的变形情况外,还可以判断安装这些覆盖件的结构件变形情况。例如车门是通过铰链安装在车身门柱上的,通过开关车门和观察车门边缘与车身二者间的曲面是否吻合及装配情况等,即可确定车门或支柱是否受到损伤。该车损伤部位主要集中在左前部,通过检查左前车门板件情况,发现左前车门前部严重变形,已造成左前车门内外板分离。检查左前车门和左后车门之间的间隙,间隙均匀,未发生变形。

(5)检查发动机舱。

检查发动机支承以及变速器支座的变形,辅助系统与底盘以及线束与底盘间的接触情况。检查车身各部分的变形以及焊缝密封胶的剥落。如图 11-37 所示为发动机舱损伤情况,造成左前翼子板内骨架严重变形,对于部分检查不到的部位,应对该部位的部件进行拆解后再检查,如图 11-38 所示。

图 11-37　发动机舱损伤情况

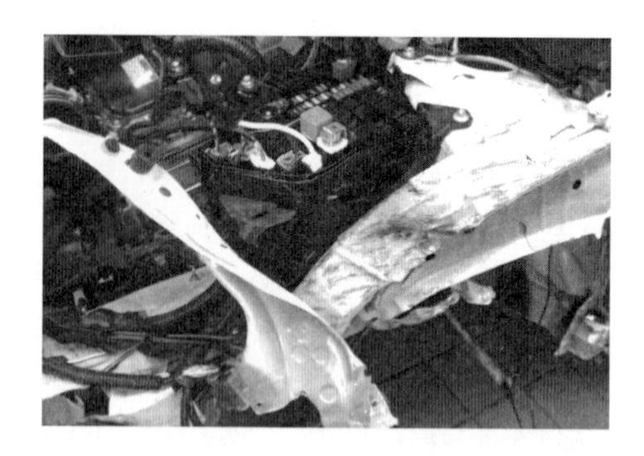

图 11-38　拆解后检查发动机舱损伤情况

(6)检查乘员舱和行李舱

检查乘员舱或行李舱内撞击力造成的间接零件损坏。检查转向柱,仪表板、内板、座椅、座椅安全带以及其他内饰件上因驾驶员或货物而导致的损坏。该车乘员舱和行李舱未发生变形。

(7)检查车身下部。

检查发动机机油、变送器油、制动液或散热器冷却液的泄漏情况。检查车身底部各部分的变形以及焊缝密封胶是否剥落。还应检查转向性能、转向操纵机构等车身下部的部件。进行机械维修部分检查时,应与机械维修技师进行联合检查。

(8)功能检查。

如果一些机械零部件检查完好,应进行功能检查。主要项目包括:起动发动机,检查是否有异常的振动噪声或接触噪声;操作离合器踏板、制动器踏板、驻车制动器操纵杆以及变速杆,检查车辆功能是否正常;检查电气系统的功能,其中包括灯光和附件的开关是否正常。

(9)主要尺寸的测量。

检查评估汽车的损坏程度,用测量法检测是必不可少的手段之一,按维修手册给出的技术参数、测量车架、车身各指定部位点对点的距离,将测量结果与已知数据比较,可以查出损坏范围和方向,有助于对损伤程度进行分析。

(10)完成损伤检查报告。

完成所有检查后应认真完成损伤检查报告,常见格式见表 11-1。

损 伤 记 录 表　　　　表 11-1

<table>
<tr><td>车主姓名</td><td></td><td colspan="2">联系电话</td><td></td><td>地址</td><td></td><td colspan="2">进厂日期</td><td></td></tr>
<tr><td>行驶里程</td><td></td><td colspan="2">车型</td><td></td><td colspan="2">变速器形式</td><td colspan="3"></td></tr>
<tr><td>车辆识别码</td><td colspan="9"></td></tr>
<tr><td>保险公司名称</td><td></td><td colspan="3">保险类型</td><td colspan="2"></td><td colspan="3">定损员：</td></tr>
<tr><td colspan="10">维修项目</td></tr>
<tr><td colspan="2" rowspan="2">预计作业项目及需要的零部件</td><td colspan="3">预计涂装费用</td><td colspan="2">预计零部件费用</td><td colspan="3">预计工时费</td></tr>
<tr><td>数量</td><td colspan="2">金额</td><td>数量</td><td>金额</td><td>数量</td><td colspan="2">金额</td></tr>
<tr><td colspan="2"></td><td></td><td colspan="2"></td><td></td><td></td><td></td><td colspan="2"></td></tr>
<tr><td colspan="2"></td><td></td><td colspan="2"></td><td></td><td></td><td></td><td colspan="2"></td></tr>
<tr><td colspan="2"></td><td></td><td colspan="2"></td><td></td><td></td><td></td><td colspan="2"></td></tr>
<tr><td colspan="2"></td><td></td><td colspan="2"></td><td></td><td></td><td></td><td colspan="2"></td></tr>
<tr><td colspan="2"></td><td></td><td colspan="2"></td><td></td><td></td><td></td><td colspan="2"></td></tr>
<tr><td colspan="2"></td><td></td><td colspan="2"></td><td></td><td></td><td></td><td colspan="2"></td></tr>
<tr><td colspan="2"></td><td></td><td colspan="2"></td><td></td><td></td><td></td><td colspan="2"></td></tr>
<tr><td colspan="10">附加说明：</td></tr>
<tr><td>费用合计</td><td colspan="4"></td><td>评估员</td><td></td><td>日期</td><td colspan="2"></td></tr>
</table>

三、学习拓展

操作安全气囊时的注意事项

每辆车都配有安全气囊，同时随着大家对安全越来越重视，在汽车上配置的安全气囊越来越多，安全气囊系统由安全气囊组件、气囊传感器、安全带预张紧器、电子控制装置等组成。如图 11-39 所示为安全气囊系统布置示意图。

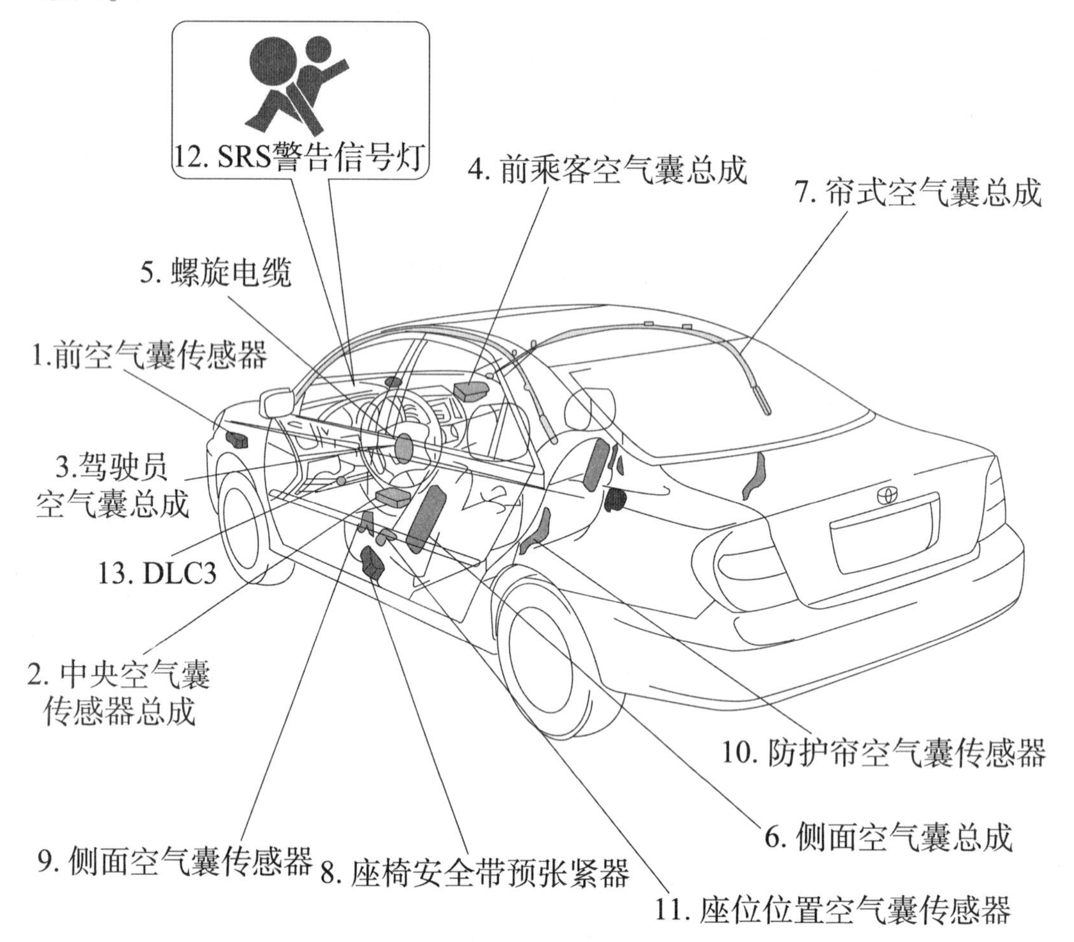

图 11-39　安全气囊系统布置示意图

在进行车身损伤评估时，应注意不要误触碰安全气囊的任意装置，必须以正确方式操作空气囊和预紧器系统。否则，作业期间可能因空气囊展开而导致严重事故。

如果修理不当，则需要时空气囊可能无法正常工作，修理作业（拆卸/安装、检查或更换）期间，要仔细阅读手册并按照正确方法以正确顺序进行作业。应特别注意以下几点：

（1）为了防止气囊的意外引爆，在对安全气囊系统进行任何操作时，均应摘下蓄电池的负极导线，等 30s 以后方可进行操作。

（2）不要使 SRS 部件受到 85℃以上的高温。

(3)安全气囊主件及控制单元应避免受到磕碰和振动。

(4)在拆卸转向盘衬垫或处理新的转向盘衬垫时,应将衬垫正面朝上放置。另外,不要将转向盘衬垫存放在另一个衬垫上面。将转向盘衬垫的金属面朝上存放时,如果转向盘衬垫因为某种原因充气,可能导致严重事故。

四、评价与反馈

1. 自我评价

(1)通过本学习任务的学习你是否已经知道以下问题:

①车身变形分为哪几种?

____。

②碰撞力的传递路径是什么?

____。

(2)车身损伤评估的步骤是什么?

____。

(3)实训过程完成情况如何?

____。

(4)通过本学习任务的学习,你认为自己的知识和技能还有哪些欠缺?

____。

2. 小组评价

小组评价见表11-2。

小组评价　　表11-2

序号	评价项目	评价情况
1	着装是否符合要求	
2	是否合理规范地使用仪器和设备	
3	是否按照安全和规范的流程操作	
4	是否遵守学习实训的规章制度	
5	是否能保持学习实训地整洁	
6	团结协作情况	

3. 教师评价

____

____。

签名：__________ ______年____月____日

五、技能考核标准

考核的方式建议采用每个人独立完成学习领域中的实训任务，培养学生独立自主完成任务的能力。实训任务综合性较强，以根据学生完成实训任务的情况评价整个学习领域的学习效果。表11-3为技能考核标准。

技能考核标准表　　表11-3

序号	项目	操作内容	规定分	评分标准	得分
1	劳保用品	劳保用品穿戴	10分	工作服、劳保鞋、护目镜、耳塞、防尘口罩，每少穿戴一项扣2分	
2	检查车身受损情况	目视检查前隔板（左右侧和上部架的隔板）的变形	5分	未检查扣5分	
3		目视检查前部下横梁的变形	5分	未检查扣5分	
4		目视检查左右侧前纵梁前端变形	5分	每少一项扣5分	
5		目视检查仪表板及其周围的变形	5分	未检查扣5分	

续上表

序号	项目	操作内容	规定分	评分标准	得分
6	检查车身受损情况	目视检查前轮罩和减振器支架的变形	5分	未检查扣5分	
7		目视检查减振器安装部位的位移	5分	未检查扣5分	
8	检查车身受损情况	发动机舱的测量	15分	未测量扣15分,未参照维修手册测量扣10分,扣完为止	
9		测量车身上部、底部	20分	未测量扣10分,未参照维修手册测量扣10分	
10		目视检查左右前轮罩前端、轮拱部位以及仪表板后端下部连接部位的变形	20分	每少一项检查扣5分,扣完为止	
11	5S整理	场地整理	5分	未对场地进行5S整理扣5分	
总分			100分		

学习任务12　维修方案制订

学习目标

☆ 知识目标

1. 能描述确定维修方案时应考虑的主要问题;
2. 能描述确定维修方案依据的原则;

3. 能描述车身严重损坏的维修方案。

☆ 技能目标

能制订事故车维修方案。

建议课时

4 课时。

任务描述

在日常生活中,由于驾驶员的粗心大意造成了车辆的碰撞,车身受到损伤。现需要对车辆损伤部位进行损伤分析并制订维修方案。

一、理论知识准备

(一)制订维修方案时应考虑的主要问题

对车辆进行损伤诊断之后需要制订科学的维修方案,制订维修方案时,应该考虑以下几个问题。

确定修复的方式。在制订维修方案时,应根据车身具体的损伤情况,针对直接受损部位、间接受损部位及惯性效应受损部位,确定具体的修理方式。一般情况下修理方式包括更换新部件和修复损伤件两种。在制订维修方案时,还应考虑修理的工艺性,对于修复工艺复杂的部件应采取更换新部件的方式进行修理。

除了确定修复方式外,还应考虑:根据车身各部位材料的应用情况和维修设备的情况,确定需要采用的焊接工艺;在校正拉伸过程中如何使用辅助支撑定位,以确保顺利修复;在实施焊接换件作业中如何对所需更换部件进行准确定位,以避免在焊接完毕后再对所更换的部件位置进行校正。

在制订维修方案时,也应该参考车辆制造厂的维修手册所阐述的维修方法来制订维修方案。

(二)制订维修方案的依据原则

在进行维修方案制订时,要遵循两个基本原则:维修质量原则、经济效益原则。

在车身修复过程中,首先应确定修复后的质量,车身修复的质量直接影响驾乘人员的安全,所以制订维修方案时一定要以维修质量为前提。在追求维修质量的同时,还要兼顾经济效益。兼顾两方面的原则,综合考虑各方面的影响因素。例如,当进行左前门框局部拉伸时怎么确保车顶、右后门框等周边部位不受影响;在对车身底部、车梁等部位进行焊接时,如何保证金属内部结构不发生较大变化,热应力不过度扩散;还有维修人员常常遇到的维修设备或工具由于空间影响无法正常对损伤部位进行修复。

(三)维修方案的制订对维修技术人员的要求

维修方案的制订对维修技术人员的要求是多方面的。首先,维修技术人员应该具有系统的车身结构、车身对碰撞能量吸收和传递等方面知识,还应该具备汽车机械、电子、电工等方面知识,同时还要掌握科学高效的技术管理知识。除此之外,技术人员对车辆碰撞损伤程度的确认,需要更换部件、需要修理部位、修理方式的确定,设备工具的选用以及各种操作规范化等方面的知识都必须熟知,才能确保修复效果最佳化,进而提高客户满意度。

(四)车身严重损坏的维修方案

根据车身损坏的严重程度,维修方案应做适时调整。车身严重损坏时应先对损坏件进行分析,然后根据分析结果制订修理方案。

1. 车身更换

当汽车发生严重损坏时,车身整体几乎全部被撞烂,底板严重变形,两侧面、汽车顶盖、发动机舱盖和行李舱盖几乎没有一处完好的地方,判定为车身整体无法修复时,可按照用户需求进行整车车身的更换。在受损车上拆下全部可用的总成和零部件,对发动机等主要总成进行全面检查和修理。换用新的轿车车身总成和需要更换的全部零件,按照整车装配工艺重新予以装配。车身的更换费用和各总成的更换费用很高,甚至可达到购买新车的一半费用。

2. 车身局部更换

当汽车发生碰撞时,损伤只发生在局部,如前后翼子板、车门、发动机舱盖或行李舱盖受到损伤时,可以进行车身局部更换,达到省事、省时和降低成本的目的。随着轿车国产化率的提高,在一些制造厂家的汽车配件中有部分汽车车身钣金件出售,其价格远低于车身钣金件的修复费用。如能买到所要更换的部件,如轿车车身的前翼子板，只要在车身上拆下损坏后的前翼子板，再将新的翼子板按照原来的位置装上去，即可轻易达到修复车身的目的。当然在修复中伴随有汽车和其他零部件总成的拆卸和更换，应达到重新修配和恢复原有功能的目的。拆卸损坏后的车身钣金件，应作废品处理。

3. 车身底板校正

当汽车发生严重损坏，涉及车身底板发生变形，无须全部更换车身，应先进行车身底板校正和车身校正，再修复损坏的车身钣金件。车身底板校正全部完成，保证了车身底板的立体位置，可以保证轿车车身的总体位置，确定了发动机总成和前悬架的安放位置，可恢复汽车车轮的定位角度及其他总成的定位。车身底板校正后，再进行车身钣金修理。

4. 车身侧面校正

撞车时，车身侧面受到严重损伤，使车身的一侧发生凹陷变形。碰撞力较大时，车身侧面变形可能由一侧传至车身底板，使车身底板发生严重变形，也可能传至顶盖，使顶盖发生变形。甚至从车身底板和顶盖传至另一侧，使车身侧面凸起，应以校正的方法使其恢复原来的形状。当一侧门槛发生严重变形并且涉及车身底板时，应使用牵引法牵引门槛。可视变形部位和变形情况在门槛处焊上一块或几块牵引铁。顶住前后两端车身底板，使用液压机具和牵引索牵拉牵引铁。根据变形情况的不同，还可以在车身底板前后两端的相反方向进行辅助牵引，有时也能得到良好的效果。

5. 车身支柱换修

当车身支柱、前风窗支柱、前围支柱或后支柱严重损坏后，无法简单修复，只能采用更换法，把损坏后的一段支柱用锯割或气焊方法切割下来。进行相关部位的校正，如支柱损伤，可能涉及车身顶盖和车身底板等部位的变形，首先应使大面积部位的变形得以恢复，然后才能换接上一段规则和形状完全相同的支柱。根据上述确定修复方案的思路，来对我们所要修复的事故车进行修复。

修理计划完成后需要将装饰件及结构性部件拆除完，接着进行车身定位和校正车身底板、立柱及装饰性材料。结构性部件安装要在防锈处理、涂装后进行。

车身严重损伤详细维修方案如图 12-1 所示。

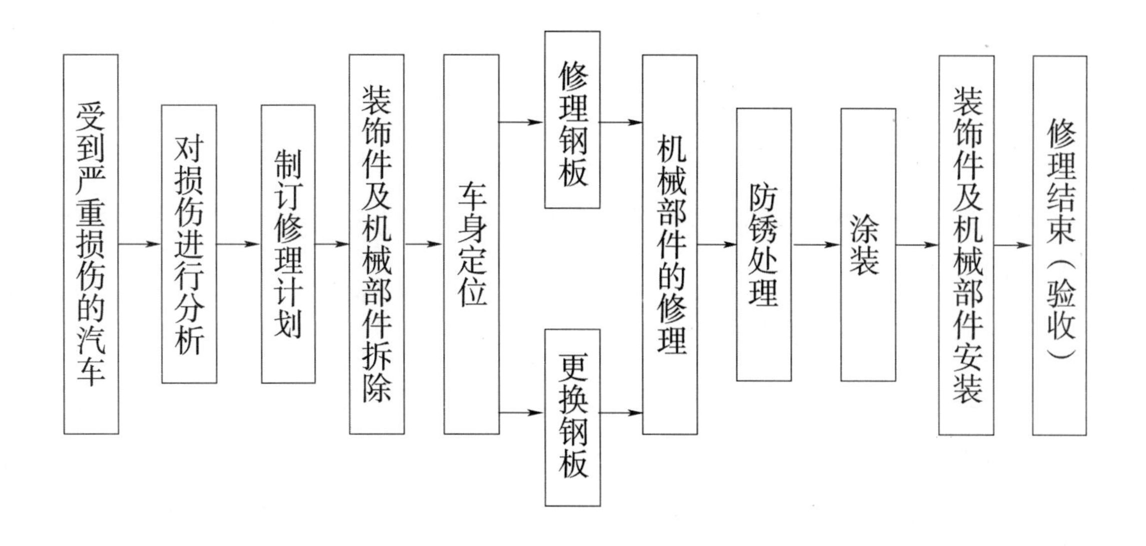

图12-1　车身严重损伤详细维修方案

二、任务实施

（一）维修方案制订

1. 准备工作

（1）场地设施:事故车车辆,车身修复场地。
（2）设备设施:测量仪器设备。
（3）工量具:常用拆卸工具,测量工具等。
（4）文具:签字笔,记录本。
（5）劳保用品:工作服,手套,防护眼镜,耳罩,劳保鞋。

2. 技术要求与注意事项

（1）制订维修方案前应进行系统的损伤分析。
（2）维修方案的制订需注意修复的可行性。
（3）穿戴干净整洁的工作服。
（4）遵守场地安全规定,注意用电安全。

3. 操作步骤

结合学习任务11中的任务分析,对该车进行维修方案制订。

制订维修方案时,应根据车辆的损伤情况、结合维修工艺等方面的因素进行制订。

三、学习拓展

在制订车身维修方案时,应根据受损板件的损伤情况,决定板件是进行更换还是维修。

1. 车身维修部件的修换原则

制订维修方案时,应掌握“以修为主,能修不换”的总原则,但在实际定损过程中也要掌握以下通用原则。

(1)不影响使用性能又不影响外观质量,且利用简单工艺即可恢复的,应以修复为主。

(2)二类以上维修企业技术水平无法修复或在工艺上无法保证维修后质量的,应更换。

(3)受损配件修复后使用可能影响车辆安全及性能时,应考虑更换;若维修能够达到相应的技术要求和标准,从常规和技术的角度考虑,则不必进行更换,应坚持以修为主的原则。

(4)当配件修复费用超过或等于该配件更换费用时,应更换;当配件修复费用超过或等于该配件更换费用的70%时,可以更换;但若该配件价格昂贵且在市场上难以采购时,应协商修理,其修理费用可以按实际情况依照相应的比例进行上浮。

(5)所有更换件定损规格不得高于原车事故前装配的品牌、规格。

2. 结构钣金件的修与换

车身结构钣金件是指通过点焊或激光焊接工艺连在一起,构成一个高强度车身箱体的各组成件,通常包括纵梁、横梁、减振器塔座、前围板、散热器框架、车身底板、门槛板、立柱、行李舱底板等。

车身结构钣金件碰撞受损后修复与更换的判断原则是“弯曲变形就修,折曲变形就换”。

零件发生弯曲变形,其特点是:损伤部位与非损伤部位的过渡平滑、连续;通过拉拔矫正可使它恢复到事故前的形状,而不会留下永久的塑性变形。

零件发生折曲变形,其特点是:变形剧烈,曲率半径小于3mm,通常在很短长度上弯曲可达90°以上;矫正后零件上仍有明显的裂纹或开裂,或者出现永久变形带。

3. 非结构钣金件的修与换

非结构部件又称车身覆盖件,它们通过螺栓、胶黏、铰接或焊接等方式覆盖在车体表面,起到密封车身、减小空气阻力、美化车辆的作用。承载式车身的覆盖件通常包括可拆卸的前翼子板、车门、发动机罩、行李舱盖和不可拆卸的后翼子板、车顶等。

1)发动机罩和行李舱盖

绝大多数汽车的发动机罩和行李舱盖,是用两个冲压成形的冷轧钢板经翻边胶黏制成的。

判断碰撞损伤变形的发动机罩或行李舱盖,应看其是否要将两层分开进行修理。如果不需将两层分开,则应考虑不予更换;若需将两层分开整形修理,应首先考虑工时费加辅料与其价值的关系,如果工时费加辅料接近或超过其价值,则应考虑更换,反之,应考虑修复。

2)前翼子板

前翼子板损伤没有达到必须将其从车上拆下来才能修复的程度,如整体形状还在,只是中间局部凹陷,一般不考虑更换。

前翼子板损伤达到必须将其从车上拆下来才能修复的程度,并且前翼子板的材料价格低廉、供应流畅,材料价格达到或接近整形修复的工时费,可以考虑更换。

3)车门

如果门框产生塑性变形,一般来说是无法修复的,应考虑更换。

许多车的车门面板是作为单独零件供应的,损坏后可单独更换,不必更换总成。其他同前翼子板的修与换。

4)不可拆卸件

碰撞损伤的汽车中最常见的不可拆卸件就是后翼子板,对其进行更换时需从车身上将其切割下来,再将新部件通过焊接的方式焊接在车身上。国内绝大多数汽车维修厂在切割和焊接上,不能满足制造厂提出的工艺要求,从而会对车身结构方面造成新的修理损伤。所以,在国内现有修理行业的设备和工艺水平条件下,后翼子板只要有修理的可能都应采取修理的方法修复。

四、评价与反馈

1. 自我评价

(1)通过本学习任务的学习你是否已经知道以下问题：

①确定维修方案时应考虑的主要问题？

____。

②维修方案的制订对维修技术人员的要求是什么？

____。

(2)维修方案制订的步骤是什么？

____。

(3)实训过程完成情况如何？

____。

(4)通过本学习任务的学习，你认为自己的知识和技能还有哪些欠缺？

____。

2. 小组评价

小组评价见表 12-1。

小 组 评 价 表 12-1

序号	评 价 项 目	评 价 情 况
1	着装是否符合要求	
2	是否合理规范地使用仪器和设备	
3	是否按照安全和规范的流程操作	
4	是否遵守学习实训的规章制度	
5	是否能保持学习实训地整洁	
6	团结协作情况	

3. 教师评价

____

____。

签名：__________ ________年____月____日

五、技能考核标准

考核的方式建议采用每个人独立完成学习领域中的实训任务，培养学生独立自主完成任务的能力。实训任务综合性较强，以根据学生完成实训任务的情况评价整个学习领域的学习效果。表12-2为技能考核标准。

技能考核标准表　　表12-2

序号	项目	操作内容	规定分	评分标准	得分
1	劳保用品	劳保用品穿戴	10分	工作服、劳保鞋、护目镜、耳塞、防尘口罩，每少穿戴一项扣2分	
2	制订过程	损伤评估	25分	进行损伤分析时少项、漏项酌情扣分，未进行损伤分析扣25分	
3	维修方案	说出事故车严重损坏的维修方案	60分	方案中每少一步扣5分，扣完为止	
4					
5					
6	5S整理	场地整理	5分	未对场地进行5S整理扣5分	
总分			100分		

学习任务13　维修工艺编制

学习目标

☆ **知识目标**

1. 能描述车身维修工艺编制原则；
2. 能描述车身轻微损伤维修工艺流程；
3. 能描述车身严重操作维修工艺流程。

☆ **技能目标**

能编制事故车维修工艺。

建议课时

4课时。

任务描述

在日常生活中,由于驾驶员的粗心大意造成了车辆的碰撞,车身受到损伤。现需要对事故车进行维修工艺的编制。

一、理论知识准备

(一)车身维修工艺编制原则

工艺是劳动者利用生产工具对各种原材料、半成品进行加工或处理,如锻压、切削、热处理、检验等,最后使之成为产品的方法,是人类在劳动中积累起来并经过总结的操作技术经验。在狭义上工艺等同于加工方法,广义上的工艺可以理解为工艺技术。

为恢复和保持车辆技术状态所应用和采取的各种符合技术标准和生产要求的修理活动顺序组合,称为修理工艺过程。维修工艺过程是在维修生产实践的基础上,对维修生产活动过程理论化和系统化的总结与综合,是一种物化了的科技成果,也是生产力水平的一种表现。通过科学的组织与全面的管理,可以使维修工艺过程在维修生产和维修服务中得到合理的运用与系统的实施,并成为保持和恢复车辆技术状态和满足维修服务要求的技术前提。

在制订维修方案后,需对车身维修的工艺进行编制。在进行车身维修工艺编制时,应遵循以下原则。

(1)维修后强度、刚度达标。在进行车身维修方案制订时,应参考生产厂商的维修工艺,但在具体编制维修工艺时,应结合实际的损伤情况。维修工艺的编制应首先考虑车身维修后的强度、刚度达标,这样才能保障驾乘人员的人身安全。

(2)技术上的先进性。在制定工艺规程时,要了解国内外本行业工艺技术的发展水平,通过必要的工艺试验,积极采用先进的工艺技术和工艺装备。

(3)经济上的合理性。在一定的生产条件下,可能会有几种能保证技术要求的工艺方案,此时应通过成本核算、相互对比,选择经济上最合理的方案,使能源和材料消耗最少,生产费用最低。

(4)作业条件的安全性。在制定工艺规程时,要注意保证人工操作时有良好而安全的劳动条件。因此,在工艺方案的编制上要注意作业的安全性,同时也采用机械化或自动化措施,以减轻维修技师繁杂的体力劳动,保证作业安全。

(5)生产过程的环保性。应选择绿色环保型生产工艺,保证水、空气和土壤等环境不遭到破坏,实现清洁生产;生产工艺也应是资源节约型的先进技术,并尽量减少生产过程的废弃物等。

(二)车身维修常见工艺流程

通常根据车身的轻微损伤和严重损伤制定不同的维修工艺。

1. 轻微损伤

对有轻微损坏的车身或板件的维修,需要经历的过程包括:首先使用垫圈焊接方式或用锤子和垫模(曲面靠模)维修损坏部分,然后用原子灰整形,最后完成终饰。

对有轻微损坏的车辆维修工艺如图13-1所示,其车身或板件维修主要是对外板或部安装件进行整形,此类工作通常是借助锤子与垫模(曲面靠模)的锤平或采用垫圈焊接方式完成的。在锤平或垫圈焊接整形之后,均需要用原子灰进行整形处理。注:与垫圈焊接或锤平矫正相比,抹原子灰整形所花费的时间要少得多,但从零件强度和耐用性方面考虑,这种维修方式并不可取,因为它只是将板件的凹陷部位填平而已。维修车身板件的最佳方式是,采用锤平或垫圈焊接的方式使这些板件尽可能恢复到接近其原始形状。

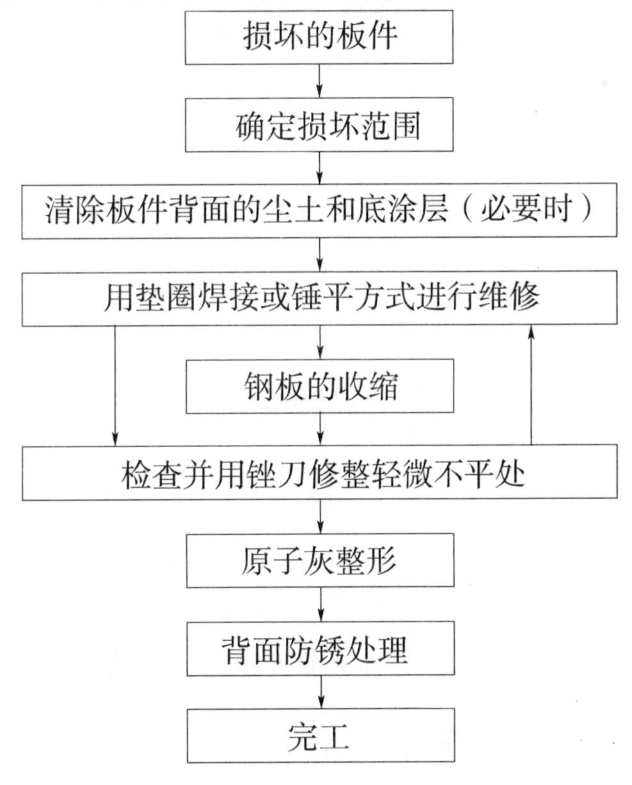

图13-1　轻微损坏的车辆维修工艺

2. 严重损伤

对有严重损坏的车辆,首先要使用车身校正平台进行初步整形,然后将损坏的板件和车架零件更换为新的零件。板件维修完成后,需要进行防锈处理、密封和局部漆层处理。根据损坏情况的不同,有可能遇到塑料零件维修的情况。

碰撞锤击力有可能会波及车身的骨架零件,并且损坏范围可能非常大,致使关键的车身零件处于弯曲、扭曲和应力状态。因此,有可能需要使用大型的车架整形机。此外,根据碰撞等级的不同,可能需要更换大尺寸的零件,如外板等。无论如何,在维修严重损伤的车辆时,尤其有必要对整个车辆的损坏范围进行正确诊断。人工/工时数和维修估计很大程度上取决于初步诊断是否正确。严重损伤车辆维修工艺具体流程如图13-2所示。

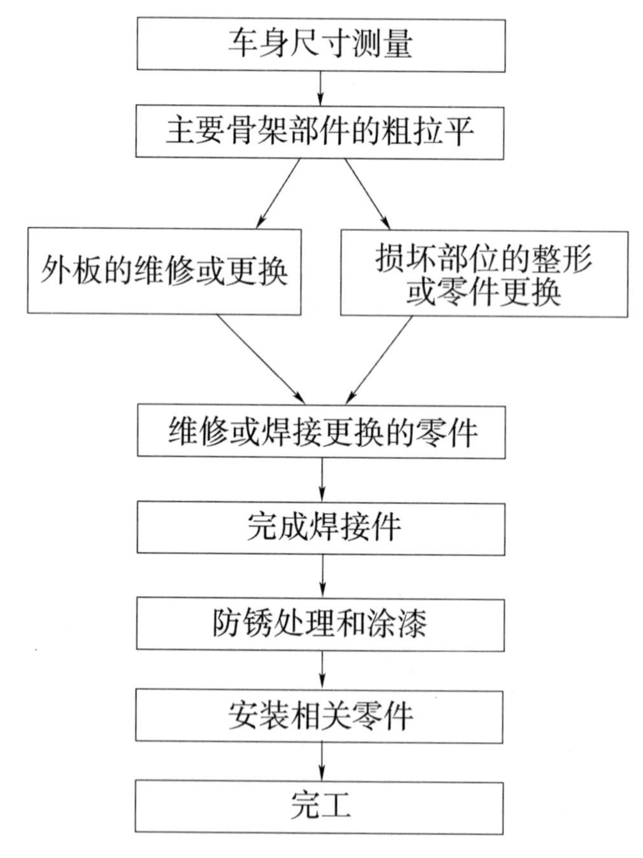

图13-2　严重损伤车辆维修工艺

(三)维修工序编制(以事故车为例)

通常事故车维修工序分为车身校正和板件更换。

1. 车身校正维修工序

车身校正是对车架整体(局部)损伤变形部位进行测量、拉伸校正的作业过程。以事故车“左前纵梁拉伸校正”任务为例制定维修工序。

前纵梁拉伸校正是运用电子测量仪、大梁校正台对其进行数据采集分析、拉伸校正的修复作业。实施分为损伤测量、拉伸校正两个流程。

1)损伤测量

损伤测量是指将车身固定在校正台后,对车身损伤部位进行数据采集,将采集数据与车身出厂数据进行比对,确定损伤类型、损伤范围的过程。损伤测量步骤分为安装测量尺、创建测量工单、设定测量中心线、损伤测量四步。

(1)安装测量尺。

安装测量尺是将测量长尺、测量滑尺安装在车身校正台上,并激活测量滑尺各关节的传感器,同时确保测量滑尺与计算机正常连接,为损伤测量奠定基础。

(2)创建测量工单。

创建测量工单是根据损伤车型来选择测量车型,设置测量公差及填写车辆信息的过程,为查看测量结果奠定基础。

(3)设定测量中心线。

设定测量中心线是采用精确的数学计算方式,将车辆与测量系统数据要求进行匹配的过程,为测量损伤部位数据奠定基础。

(4)损伤测量。

损伤测量是在设定好测量基准后,对损伤部位进行测量(采集数据),将测量数据与车身原有数据进行比对,确定车身损伤部位的变形量大小,为拉伸校正修复奠定基础。

2)拉伸校正

拉伸校正是根据损伤测量结果,对车身损伤部位进行拉拔修复作业。因为变形方向不一,所以拉伸校正过程是一个循环的过程,直至各变形方向拉伸校正完毕。拉伸校正分为拉塔及附件安装、拉伸两步。

(1)拉塔及附件安装。

拉塔及附件安装是通过分析损伤测量数据,在与车身变形受力点部位相反的方向位置,安装相应的夹具及拉塔,通过链条将拉塔与夹具连接,再根据变形量的大小进行拉拔修复作业。

(2)拉伸。

拉伸是在确定损伤部位的变形方向、变形量大小后,在与车身变形受力点部位相反的方向位置，安装相应的夹具及拉塔，通过拉塔及夹具配合对变形部位进行拉拔修复作业。

拉伸时，应保证通过最少量的拉伸校正修复损坏变形板件，而不造成车身结构二次损伤。

拉伸后，还要消除残余应力。

2. 车身板件更换工序

车身板件更换是对车架整体（局部）损伤变形部位进行切割更换的作业过程。以事故车“左后翼子板切割更换”任务为例制定维修工序。

左后翼子板更换修复是运用切割、焊接等工具对其进行修复的作业，实施分为拆卸、安装、调整、检验四个流程。

1）拆卸

拆卸是将损伤板件从车身上拆下，为安装新件做准备。结构性板件拆卸步骤分为确定切割线位置、沿切割线切割、连接焊点查找、连接焊点剔除、连接焊缝剔除、翼子板拆下六步。

2）调整

调整是将新板件与安装位置进行比对，确保安装板件正确。调整步骤包括板件安装位置调整、板件安装位置固定两步。

3）安装

安装是将新板件与车身进行焊接固定。安装步骤包括焊点和焊缝焊接、焊点和焊缝打磨、防水处理三步。

4）功能检验

功能检验是对新安装板件与周边板件（新件安装完毕后安装上）间隙进行检查，确保各部位的间隙对称、功能正常。具体功能检验步骤包括：车门能正常锁止、车门与左后翼子板间隙正确、行李舱盖能正常落锁、行李舱盖与左后翼子板间隙正确。

二、任务实施

维修工艺编制

1. 准备工作

（1）场地设施：事故车辆，车身修复场地。

（2）设备设施：大量校正台（辅件），电子测量仪，计算机，签字笔，记录本。

（3）工量具：钣金修复组合工具，常用拆装工具。

(4)劳保用品:工作服,手套,防护眼镜,耳罩,劳保鞋。

2. 技术要求与注意事项

(1)维修工序编制前,应先对事故车进行损伤分析并制订维修方案。

(2)维修工序编制时,应由维修工艺控制人员和维修工作人员共同讨论协商确定或由各维修小组分别确定。

(3)穿戴干净整洁的工作服。

(4)遵守场地安全规定,注意用电安全。

3. 操作步骤

结合学习任务 11 任务实施中的车身损伤分析、学习任务 12 任务实施中的维修方案制订,编制该事故车的维修工艺流程。

(1)任务准备。

维修工艺编制前应对事故车进行损伤分析、制订维修方案,准备工具等。

(2)编制工艺流程。

制定工艺流程时,应根据维修时先恢复车身尺寸,再进行板件更换、板件修复,最后进行功能性恢复的顺序进行工艺的编制。

根据学习任务 12 中的事故车维修方案,编制该车维修工艺。

如以该车为例应先进行车身测量与校正作业,如图 13-3 所示为该事故车进行车身测量与校正作业。再对板件进行更换,如图 13-4 所示。最后再恢复其功能,如图 13-5 所示为车辆进行四轮定位。具体的工艺流程可以参见理论知识部分。

图 13-3　车身测量与校正

图 13-4　车身板件更换

图 13-5　四轮定位

三、学习拓展

车辆维修费用的组成

车身修理的费用主要包括工时费、材料费及外加工费等。

1)工时费

$$工时费 = 工时费率 \times 工时定额$$

工时费即维修工作中每工时所需的费用价格,一般因维修项目作业和工种的不同而有所差异。

工时费率是指完成一个工时所需要的费用,即每工时收费的标准。工时费率根据工作项目、工作环境和工种等有所差异。除维修工人人力成本外,维修企业为维修车辆所付出的仓储、管理、设备损耗等费用,也都被算进工时费里,而这些成本费用根据各企业的情况不同,有高有低。

工时定额是指完成单项维修作业需要的工作时间。作为一个衡量维修作业工作量的单位,通常并不以工人工作 1h 的实际工作时间来确定,而是比较笼统地规定了该项维修所需要的工作量。

根据车损情况制订维修计划,按照每个维修项目估计确定维修工时,再根据工时定额计算出维修工时费。确定维修工时是计算维修工费的关键,维修工时主要包含拆装工时、换件工时、整形工时及其他工时等。

2)材料费

材料费是维修工作中所需要更换的零件费用和使用的材料费用。如更换后翼子板材料费包括新的翼子板板件零件费用,后翼子板更换时需要锯条、钻头、焊丝等耗材费用。

3)外加工费

外加工费是维修工作中因维修企业条件所限或某些必须专项修理的项目(也包含为降低维修成本而需要的专项修理)需要外协加工和专项修理的实际费用。

四、评价与反馈

1. 自我评价

(1)通过本学习任务的学习你是否已经知道以下问题:

①车身严重损伤维修工艺如何制定?

____。

②事故车维修工序如何编制？

____。

(2)维修方案制订的步骤是什么？

____。

(3)实训过程完成情况如何？

____。

(4)通过本学习任务的学习，你认为自己的知识和技能还有哪些欠缺？

____。

2. 小组评价

小组评价见表 13-1。

小 组 评 价　　表 13-1

序号	评 价 项 目	评 价 情 况
1	着装是否符合要求	
2	是否合理规范地使用仪器和设备	
3	是否按照安全和规范的流程操作	
4	是否遵守学习实训的规章制度	
5	是否能保持学习实训地整洁	
6	团结协作情况	

3. 教师评价

____

____。

签名：____________　________年____月____日

五、技能考核标准

考核的方式建议采用每个人独立完成学习领域中的实训任务，培养学生独立自主完成任务的能力。实训任务综合性较强，以根据学生完成实训任务的情况评价整个学习领域的学习效果。表 13-2 为技能考核标准。

技能考核标准表 表 13-2

序号	项目	操作内容	规定分	评分标准	得分
1	劳保用品	劳保用品穿戴	10分	工作服、劳保鞋、护目镜、耳塞、防尘口罩,每少穿戴一项扣2分	
2	描述维修工艺	描述轻微损伤维修工艺	20分	每少一项扣2分,扣完为止	
3		描述事故车拉伸矫正维修工艺	20分	每少一项扣2分,扣完为止	
4	维修工艺编制	根据实训提供的事故车进行车身维修工艺编制	40分	每少一项扣2.5分,扣完为止	
5	5S整理	场地整理	10分	未对场地进行5S整理扣10分	
总分			100分		

参考文献

[1] 刁玉峰. 钣金工艺[M]. 哈尔滨:哈尔滨工程大学出版社,2011.

[2] 汤其国. 汽车车身修复[M]. 南京:江苏科学技术出版社,2010.

[3] 王永福. 汽车车身修复[M]. 重庆:重庆大学出版社,2011.

[4] 李新起. 汽车车身修复技术[M]. 北京:中央广播电视大学出版社,2014.

[5] 宋年秀,刘宏飞. 汽车维修工程[M]. 北京:北京理工大学出版社,2012.

[6] 何莉萍. 汽车轻量化车身新材料及其应用技术[M]. 长沙:湖南大学出版社,2016.

[7] 田亚梅. 汽车非金属材料轻量化应用指南[M]. 北京:机械工业出版社,2019.

[8] 严成平. 碳纤维及其复合材料在汽车上的应用[A]. 见:王文淦编. 新型汽车工程塑料——正确的设计和制造工艺高研班论文集[C]. 重庆:《西南汽车信息》编辑部,2015. 174~179.

[9] 陈硕琛. 车身用铝合金板件胶粘性能研究[D]. 长沙:湖南大学,2018.